비전과 변화를 위한
긍정 코칭

비전과 변화를 위한 긍정 코칭

초판 1쇄 발행 | 2009년 5월 20일
초판 2쇄 발행 | 2016년 2월 15일

지은이 | 로버트 딜츠
펴낸이 | 양동현
펴낸곳 | 도서출판 아카데미북
출판등록 | 제 13-493호
주소 | 서울 성북구 동소문로13가길 27
대표전화 | 02) 927-2345 팩시밀리 | 02) 927-3199
이메일 | academybook@hanmail.net

ISBN 978-89-5681-093-5 / 13320

From Coach to Awakener
by Robert Dilts
Korean translation copyright ⓒ 2009 Academybook Publishing Company
Korean translation rights arranges with Robert Dilts
All right reserved.

이 책의 한국어판 저작권은 저자와의 독점 계약으로 도서출판 아카데미북이 소유합니다.
신저작권법에 의해 국내에서 보호를 받는 서적이므로 무단 전재와 복제를 금합니다.

잘못 만들어진 책은 구입한 곳에서 바꾸어 드립니다.

www.iacademybook.com

비전과 변화를 위한
긍정 코칭
FROM COACH TO AWAKENER

로버트 딜츠Robert Dilts 지음 | 박정길 옮김

아카데미북

Contents **차례**

12 저자 서문―성공하는 리더를 위한 최고의 코칭 교과서
16 역자 서문―학습과 변화, 성공을 위한 핵심 코칭 기술

도입

21 코칭의 기원
22 코칭 혁명
24 광의의 코칭과 협의의 코칭
26 NLP와 코칭
26 코칭-모델링 연결 고리
28 학습과 변화의 단계들
33 학습과 변화를 위한 코칭의 단계들 : 코칭을 위한 로드맵
33 가이드하기와 보호하기
34 코칭
34 티칭
35 멘토링
35 스폰서링
36 어웨이크닝

CHAPTER 1 보호하기와 가이드하기 Caretaking and Guiding

- 42 환경적 요소들
- 44 보호하기
- 46 가이드하기
- 47 보호자 또는 가이드의 가설과 유형
- 49 보호자 도구 상자 : 정신지리학
- 50 그룹과 팀에서의 정신지리학
- 53 서로 다른 집단 내부 프로세스를 위해 정신지리학 이용하기
- 57 코칭과 '보호' 의 주요한 면으로서의 정신지리학
- 58 보호자 도구 상자 : 수호천사
- 59 수호천사 체크 리스트
- 60 보호자 도구 상자 : 지도 만들기, 은유 그리고 인터비전
- 60 지도 만들기
- 62 은유와 유추
- 63 인터비전
- 64 인터비전 지도 만들기 프로세스
- 66 가이드 도구 상자 : 셀프 지도 만들기와 인과 관계 연결 고리들
- 67 인과 관계 연결 고리들
- 68 인과 관계 연결 고리 지도 만들기
- 74 요약

CHAPTER 2 코칭 Coaching

- 77 행동
- 77 행동 코칭

79	코칭 도구 상자 : 목표 설정하기
81	목표 정의하기
84	목표 설정 질문들
86	코칭 도구 상자 : 잘 형성된 결과들
92	잘 형성된 결과 활동 용지
93	돌고래 이야기
95	돌고래 이야기에 나타난 코칭의 기본 원칙들
97	돌고래 이야기와 코칭의 관련성
98	돌고래 이야기 적용하기
103	코칭 도구 상자 : 피드백과 확장하기
105	코칭 도구 상자 : 비교 분석과 '지도 요소 교차시키기'
109	비교 분석 방식
109	신체 자세와 성과
111	제스처와 성과
112	코칭 도구 상자 : 앵커링
113	내면의 자원을 앵커링하라
115	요약

CHAPTER 3 티칭 Teaching

118	능력 계발하기
120	티칭과 성과의 '내면 게임'
124	표상 채널들
125	표상 채널들과 학습 스타일
127	티칭 도구 상자 : 학습 스타일 평가 질문들
131	학습 스타일 평가 질문들의 결과 적용하기

133	티칭 도구 상자 : 성공을 시각화하고 '멘탈 리허설' 하기
135	티칭 도구 상자 : 상태 관리
138	탁월성의 원
142	모델링 능력들
142	토트 : 효과적인 모델링을 위한 최소한의 필요 조건
144	티칭 도구 상자 : 토트 모델링 질문들
146	티칭 도구 상자 : 효과적인 토트 지도 교차시키기
149	티칭 도구 상자 : 협력 학습
149	협력 학습 프로세스
151	티칭 도구 상자 : '실패' 보다는 피드백에 집중하기
152	커뮤니케이션과 관계의 기본적인 자각 위치들
157	2차적인 입장
158	티칭 도구 상자 : '2차적인 입장'의 관점 만들기
162	티칭 도구 상자 : 다양한 지도 만들기
165	기본적인 다양한 지도 만들기 형태
168	상상 공학
172	티칭 도구 상자 : 상상 공학 코칭 형태
174	'원하는' 단계 — 이상주의자
176	'어떻게' 단계 — 현실주의자
179	'기회' 단계 — 비평가
181	요약

CHAPTER 4 멘토링 Mentoring

185	가치들
187	가치와 믿음

189	믿음의 힘
191	가치와 믿음을 멘토링하라
194	역할 모델링
196	멘토링 도구 상자 : 내면의 멘토 설정하기
198	멘토링 도구 상자 : 가치 검증
199	활동 용지 : 가치 검증 용지
204	가치를 비전과 행동에 정렬하기
205	멘토링 도구 상자 : 변화를 위한 정렬 창조하기
206	멘토링 도구 상자 : 가치를 행동화하기
208	멘토링 도구 상자 : 가치 계획
209	멘토링 도구 상자 : 실천하기
212	믿음 시스템과 변화
215	멘토링 도구 상자 : 믿음 평가
218	믿음 평가 활동 용지
220	멘토링 도구 상자 : 자신감과 믿음을 위해 내면의 멘토 이용하기
222	멘토링 도구 상자 : '마치 ~인 것처럼' 프레임
225	재구성하기
229	한 단어 재구성하기
230	멘토링 도구 상자 : 한 단어 재구성하기 적용
232	멘토링 도구 상자 : 가치 연결
234	비평가와 비평 재구성하기
235	긍정적인 의도를 긍정적으로 진술하기
238	비평을 질문으로 돌리기
239	멘토링 도구 상자 : 비평가가 조언자가 될 수 있도록 돕기
241	요약

CHAPTER 5 스폰서십 Sponsorship

- 248 아이덴티티
- 249 스폰서의 스타일과 믿음
- 251 스폰서십의 메시지
- 253 스폰서십이 없는 것과 부정적인 스폰서십
- 258 스폰서십의 예
- 262 스폰서십의 기술들
- 267 스폰서십 도구 상자 : 자원들의 '원천' 찾기
- 273 스폰서십 도구 상자 : 활동적인 센터링
- 275 스폰서십 도구 상자 : 경청 파트너십
- 278 스폰서십 도구 상자 : '나는 본다 I See'와 '나는 느낀다 I Sense' 연습
- 280 영웅의 여행
- 283 스폰서십 도구 상자 : '영웅의 여행' 지도 만들기
- 285 스폰서십 도구 상자 : '영웅의 여행' 시작하기
- 289 대표 에너지들
- 290 스폰서십 도구 상자 : 대표 에너지들 동시에 스폰서하기
- 292 스폰서십 도구 상자 : 적절한 이름 짓기
- 295 스폰서십 도구 상자 : 잠재성 스폰서하기
- 299 스폰서십 도구 상자 : 집단 스폰서십 형태
- 302 스폰서십 도구 상자 : 잃어버린 스폰서 회복하기
- 305 요약

CHAPTER 6 어웨이크닝

- 313 정신과 영역

- 315 어웨이크너로서의 코치
- 319 알지 못하는 것
- 321 너크-너크
- 322 업타임
- 323 어웨이크너 도구 상자 : '업타임' 앵커 만들기
- 326 무의식으로 접근하기
- 329 어웨이크너 도구 상자 : 활동적인 꿈꾸기
- 331 활동적인 꿈꾸기 연습
- 332 어웨이크너 도구 상자 : 자유로 어웨이크닝 하기
- 334 자유로의 어웨이크닝 형태
- 337 이중 구속
- 340 어웨이크너 도구 상자 : 이중 구속 초월하기
- 343 어웨이크너 도구 상자 : 긍정적인 이중 구속 만들기
- 347 베잇슨의 학습과 변화의 단계들
- 353 학습 단계 4
- 355 학습의 4단계 개요
- 358 생존 전략들
- 359 어웨이크너 도구 상자 : 베잇슨의 학습 단계를 통한 생존 전략 보완
- 363 요약

CHAPTER 7 결론

- 370 보호자에서 어웨이크너까지 정렬된 경로 창조하기
- 371 광의의 코치의 정렬 과정

- 382 핵심 용어
- 383 NLP 전략 연구소

저자 서문 – 성공하는 리더를 위한 최고의 코칭 교과서

이 책 《비전과 변화를 위한 긍정 코칭》은 코치들을 위한 워크북이자 다양한 용도로 활용할 수 있는 코치들을 위한 책이다. 사실 이 책은 1999년 5월 벨기에 브뤼셀에서 앤 피라드Anne Pierard와 알라인 모나트Alain Moenart가 개최한 워크숍 매뉴얼로 시작되었다. 여러 차례 세미나가 진행되면서, 그들은 나에게 다른 사람들을 돕고 자기 계발에 관심이 많은 사람들을 위한 훈련 프로그램을 만들어 주기를 원했다.

세미나의 목적은 코치, 컨설턴트, 트레이너, 카운슬러 그리고 치료사들에게 자신의 고객들이 인생을 사는 데 있어 다양한 목표와 문제들 그리고 변화의 단계를 알려 주는 데 도움이 되는 도구들을 제공하는 것이었다.

책과 더불어 이 세미나의 구조는 신경논리적 단계the Neuro Logical Levels 모델에 바탕을 두고 만들어졌다. 신경논리적 단계는 그레고리 베잇슨Gegory Bateson의 연구에 의해 만들어진 것으로, 이 모델의 기본 개넘은 인생에 있어서 학습과 변화는 논리적 단계 또는 위계 질서가 있다는 것이다. 각 단계는 논리적 단계를 초월하기도 한다. 그러나 상위 단계와 하위 단계는 서로 영향을 주고받으며 일정한 관계를 맺는다.

신경논리적 단계의 각 단계에는 환경environment, 행동behavior, 능력capabilities, 믿음beliefs, 가치values, 아이덴티티identity 그리고 우리의 부분으로 있는 것(환경)보다 더 큰 시스템the larger system이나 영역field과 관련한 목적purpose이라 할 수 있는 영적, 정신적spiritual 단계가 있다.

신경논리적 단계 모델의 전제는 이 위계 질서에 있는 각각의 단계가 우리 생활에서 서로 다른 구조와 기능을 갖고 있다는 것이다. 결론적으로, 다양한 단계들을 통해 효과적으로 변화를 창출하고 관리하기 위해서는 각 단계마다 지원을 달리해야 한다는 것이다. 예를 들면, 우리는 사람들이 새로운 '환경'에 관해서 잘 배울 수 있도록 '가이드guide' 하고, 그들이 구체적인 '행동 역량specific behavioral competencies'을 향상시킬 수 있도록 '코칭coaching' 하고, 그들에게 새로운 '인식 능력들new cognitive capabilities'을 '가르치고teach', '믿음beliefs'과 '가치values'를 강화할 수 있도록 '멘토링mentor' 하고, '아이덴티티identity' 단계에서 성장할 수 있도록 '스폰서sponsoring' 하고, 마지막으로 '좀 더 큰 시스템 또는 영역the larger system or field'을 인식할 수 있도록 '일깨워야awaken 한다.'

이러한 각각의 단계들에서 원하는 결과에 도달하기 위해서 우리는 효과적인 도구들을 필요로 한다. 그래서 《비전과 변화를 위한 긍정 코칭》의 가장 중요한 목적 가운데 하나는 각각의 변화의 단계에 요구되는 구체적인 도구 상자를 제공하는 것이다.

이 책에서 사용된 접근법의 가장 중요한 의미는 각각의 도구들은 모두 다른 용도와 목적이 있다는 것이다. 그리고 그 일에 맞는 최적의 도구를 선택하는 것이 중요하다는 것이다.

예를 들어 어느 단계에서의 변화를 위한 효과적인 도구는 다른 단계에서는 그다지 효과가 없을 수도 있다. 비유해서 말하면, 외과 의사의 수술용 메스는 세포의 유적학적 코드를 변화시키는 시도에서는 별 소용이 없다는 것이다. 행동 단계의 기술을 사용하면서 믿음을 업그레이드하려는 시도는, 합판을 반으로 자르는 데는 나사못을 돌리거나 드라이버 또는 톱을 사용하는 것이 더 쉽고 효과적인데도 불구하고 망치를 사용하려는 것과 비슷하다.

이 책에 소개된 '도구들'은 어떤 중요한 것이 망가졌을 때 그것을 수리하기 위해 한 번 쓰고 마는 기법들이 아니라 그것보다 훨씬 더 중요한 의미를 담고 있다. 도구들은 이미 존재하고 있는 것을 향상시키고 수리하기 위해서뿐만 아니라 새로운 것을 만들기 위해서도 여러 차례 사용될 수 있다.

이 책의 전반적인 목적은 코치와 고객들이 이러한 도구들을 사용하여 고객이 원하는 미래를 만들고, 그 미래에 도달하기 위해 필요한 자원들을 활성화하는 데 있다. 코치들의 역할은 고객 스스로 이러한 도구들을 배우고 적용하도록 돕는 것이다. 고객이 도구 상자에서 각각의 도구들을 좀 더 능숙하게 사용할 때, 그들은 코치들에게 의존하지 않고 자신들의 성공을 위해 적극적으로 이러한 도구들을 활용할 수 있을 것이다. 이런 점에서 이 책은 코치뿐만 아니라 고객에게도 매우 큰 가치가 있다.

이 책의 각 장들은 서로 연결되어 있다. 환경 단계에서의 변화를 위해 필요한 도구들과 지원들로 시작되어 영적인 단계로 끝마치게 된다. 책을 읽는 데 있어 순서를 고집하거나 자료들을 사용할 필요는 없다. 자유롭게 건너뛰어도 된다. 당신과 가장 관련 있는 변화의 단계들에 집중하면 된다.

캘리포니아 산타 크루즈에서

로버트 딜츠

역자 서문 — 학습과 변화, 성공을 위한 핵심 코칭 기술

1999년, '성공하는 10대들의 7가지 습관' 프로그램을 개발하면서 "NLP(신경언어프로그래밍)"를 처음 만났다. 2001년 《네 안에 잠든 거인을 깨워라》 책과 프로그램을 국내에 소개하면서 NLP에 대해 궁금해졌다. 그래서 2002년 'NLP 프랙티셔너' 과정을 밟았다. 그러면서 NLP 트레이너가 되어야겠다는 목표를 가졌다. 2003년과 2004년에 걸쳐 미국의 산타크루즈에서 'NLP 매스터 프랙티셔너'와 'NLP 트레이너' 과정을 마쳤다. 그러는 동안 10년에 가까운 세월이 흘렀다.

'10년의 법칙'은 우리 인생을 관통한다. 10년은 전문가가 되거나 무언가를 성취하기 위한 필요 충분 조건이다. 역자는 인생에서 가장 중요한 시기라고 할 수 있는 30대를 NLP를 배우고 적용하고 공유하면서 보냈다. 이제 NLP는 역자의 분신이 되고 말았다. 역자가 투자한 것 가운데 가장 잘한 것 가운데 하나가 바로 NLP에 투자한 것이다.

무엇이었을까? 역자를 10년 동안 NLP에 묶어 두게 한 것이.

역자는 '네 안에 잠든 거인을 깨워라'와 'NLP 전문가 과정'을 거치면서 실은 신경논리적 단계Neuro Logical Levels를 만나고 있었다. 그리고 신경논리적 단계는 나를 계속 빨아들이고 있었다. 우리의 신경, 좀 더 넓게 말하면, 우리의 두뇌는 나름의 논리적 단계가 있다는 가설이다. 그 논리적 단계는 학습은 물론 변화와 성공에도 그대로 적용된다. 신경논리적 단계는 가장 하단에서부터 '환경', '행동', '능력', '믿음·가치', '아이덴티티', '정신적·영적'인 단계로 이루어져 있다.

가장 아래에 있는 '환경'에는 가정과 직장, 모임, 국내, 국외 등 주변적 요소와 시간, 장소 등의 다양한 환경적 요소들이 자리한다. 우리는 이러한 환경에 영향을 받는다. 그리고 이러한 환경들은 우리의 '행동'에 영향을 준다. 환경에 맞는 행동과 그렇지 않은 행동은 학습과 변화 그리고 성공에 영향을 미친다. 환경에 일치되는 행동의 반복은 '능력'에 영향을 미치게 된다. 각각의 환경에는 그에 맞는 능력들이 있는데, 이러한 능력의 유무가 성공과 변화에 영향을 미친다. 능력의 유무는 '믿음과 가치'에 영향을 미친다. 자신이 어떤 믿음을 갖고 있고 어떤 것에 가치를 두느냐가 성공과 변화의 중요한 요소가 되는 것이다.

믿음 중에서도 자신에 대한 믿음, 즉 '나는 누구인가?'에 대한 답이 바로 '아이덴티티' 단계이다. 자신이 누구인지를 분명히 아는 것은 매우 중요한 믿음이다. 그리고 아이덴티티 위에는 처음 시작한 환경보다 큰 시스템인 '정신적·영적'인 단계가 있다. 이 단계는 '무엇을 위해서, 누구를 위해서'라는 질문에 답을 하는 것이다.

신경논리적 단계의 환경, 행동, 능력, 믿음·가치, 아이덴티티, 정신적·영적인 각각의 단계는 우리가 성공과 변화 그리고 학습을 함에 있어서 반드시 유념해야 할 요소들이다. 각각의 단계들이 그만큼 중요하다는 말이다. 이러한 단계들은 서로 유기적이면서도 체계적으로 서로간에 영향을 주고받는다.

상호 작용 가운데 하나는 '하위 단계는 상위 단계에 영향을 준다.'는 것이다. 즉 환경은 행동에, 행동은 능력에, 능력은 믿음과 가치에, 그리고 믿음과 가치는 아이덴티티와 정신적·영적인 단계에 영향을 미친다는 것이다. 또 하나의 중요한 상호 작용은 '상위 단계는 하위 단계를 지배한다'는 것이다. 여기서 가장 중요한 것이 바로 '아이덴티티'이다. '자신이 누구인지'를 아는 것은 그 아래 단계인 믿음과 능력, 행동 그리고 환경을 지배한다.

역자는 이러한 신경논리적 단계에 마음을 빼앗겨 10년 가까운 시간을 NLP에 투자했다. 그래서 강의와 코칭의 중심 역시 신경논리적 단계에 맞추어 진행해 왔다. 그러던 역자에게 지난 2004년, 이 책의 원제《From Coach To Awakener》라는 책이 눈에 들어왔다. NLP의 핵심이라고 할 수 있는 신경논리적 단계에 맞춘 '코칭' 기법이 정리된 책이었다. 환경 단계를 도와주는 보호자caretaker와 가이드guide, 행동 차원을 도와주는 코치coach, 능력 단계를 발전시키는 데 도움을 주는 티처teacher, 믿음과 가치 단계를 지지해 주는 멘토mentor, 아이덴티티 단계를 지원해 주는 스폰서sponsor, 정신적·영적인 단계를 일깨워 주는 어웨이크너awakener에 이르기까지 각 단계별로 무엇을 어떻게 도와주고 지원해 줄 것인가에 대한 방법과 도구뿐만 아니라, 보호자·가이드·티처·멘토·스폰서·어웨이크너가 되는 길을 제시해 주고 있는 책이었다.

실로 참 반가웠다. 학습과 변화, 성공에 대해서 늘 고민하는 독자들에게 신경논리적 단계와 그 논리적 단계를 활용하는 코칭을 나누고 싶은 마음이 간절해졌다. 그래서 NLP 스승이자 이 책의 저자인 로버트 딜츠 Robert Dilts와 직접 계약을 맺고 이 책을 번역하게 되었다. 이 책은 NLP와 코칭에 관심이 있는 사람뿐만 아니라, 교사·세일즈 종사자·교육 담당자 등 끊임없이 대인 관계를 유지해야 하는 사람들이라면 반드시 읽어야 할 책이라고 자신 있게 권한다.

NLP와 코칭의 정수를 맛볼 수 있는 이 책이 아무쪼록 여러분들을 탁월한 '보호자·가이드·코치·티처·멘토·스폰서 그리고 어웨이크너'로 이끄는 데 좋은 도구가 되었으면 한다. 워크북 형식이라는 점이 여러 출판사들이 출간을 망설이는 이유가 되었다. 하지만 오히려 워크북이라서 실질적이라고 생각한다. 이 책은 '~해야 한다.', '~하라.'는 식의 추상적이고 당위적인 이야기를 하지 않는다. 실제로 '어떻게' 해야 하는지, '무엇을' 해야 하는지를 중심으로 세계 최고의 NLP 전문가인 로버트 딜츠의 구체적인 방법과 도구들이 제공되고 있다. 흔쾌히 이 책의 출판을 맡아 준 아카데미북에 진심으로 감사드리며, 이 책을 통해 독자들이 정말 많은 것들을 얻어 자신의 것으로 만들기를 바라는 마음이 간절하다.

2009년, 하얀 벚꽃이 떨어지는 자리에 붉은 철쭉이 피어나는 계절에
NLP전략연구소에서 **박정길**

도입

일반적으로 '코칭'은 '개인이나 팀이 가진 능력을 최대한 발휘할 수 있도록 돕는 과정'을 뜻한다. 코칭은 사람들의 장점을 이끌어 내고, 장애나 한계를 넘어 최상의 실력을 발휘할 수 있도록 돕는 일이다. 또한 코칭은 팀의 일원으로서 좀 더 효과적으로 자신의 책임을 다할 수 있도록 돕는 일이기도 하다. 그래서 효과적인 코칭은 임무task와 관계relationship에 대해서 끊임없이 강조한다.

코칭은 왕성한 변화를 강조하며, 특정 목표를 명확히 하고, 그것을 성취하는 데 전력을 기울일 것을 강조한다. 코칭은 문제 중심이라기보다는 결과 중심의 접근법이다. 이러한 접근법은 문제를 해결하거나 과거의 대립을 해소하기 위해 노력하기보다는 새로운 생각과 행동을 이끌어 내기 위한 새로운 전략과 대안에 더 초점을 맞춘다. 이와 반대로 과거 문제의 해결이나 개선적인 변화에 집중하는 것은 카운슬링이나 심리 치료와 좀 더 관련이 있다.

코칭의 기원

코치coach는 '마차 또는 운반'을 뜻하는 'coche'라는 중세 영어에서 유래되었다. 사람들이 기차나 비행기의 이코노미 클래스로 여행한다고 할 때 트래블 코치travel coach라고 하는 표현에서 볼 수 있듯이, 실제로 이 단어는 오늘날에도 여전히 비슷한 의미를 지니고 있다. '코치'는 문자 그대로 '개인이나 조직을 출발 지점에서 원하는 지점으로 이동시키는 운송 수단'이다.

교육적인 의미에서 코칭의 개념은 '시험을 통해서 교사가 학생을 어떤 수준에서 다른 수준으로 옮기거나 이동시킨다는 개념에서 비롯되었다. 교육적인 코치는 '개인 교사', '개인 또는 팀이 성과를 낼 수 있도록 지도하고 훈련시키는 자' 또는 '경쟁이 치열한 스포츠에서 선수들을 지도하거나 팀 전략을 지시하는 자'로 정의할 수 있다. 코치가 되는 과정은 '지도와 연습을 통해 집중적으로 훈련하는 것'이라 할 수 있다.

그래서 역사적으로 코칭은 행동 차원에서 구체적인 성과를 개선하는 방향으로 초점이 맞추어졌다. 목소리 코치voice coach, 행동 코치acting coach, 투구 코치pitching coach와 같은 분야에서 탁월한 코치들은 먼저 개인의 행동을 관찰한다. 그리고 그들에게 주어진 특정한 상황에서 어떻게 하면 그들이 효과적으로 성장할 수 있는지에 대한 힌트를 제시하거나 길잡이 역할을 한다. 코치는 이렇게 주의 깊은 관찰이나 피드백을 통해서 개인의 행동 차원의 능력이 발전하도록 노력한다.

코칭 혁명

1980년대부터 시작하여 최근 몇 년 동안 코칭의 개념은 더욱 대중화되고, 그 의미도 매우 확장되고 있다. 조직에서의 코칭은 '프로젝트 코칭', '상황 코칭' 그리고 '전환 코칭' 등으로 구성원들이 더욱 효과적으로 성과를 낼 수 있도록 돕는 다양한 방법의 하나로 사용되고 있다.

프로젝트 코칭Project coaching은 가장 효과적으로 결과에 도달하기 위해서 팀을 전략적으로 관리하는 것을 말한다. 상황 코칭Situational coaching은 주어진 상황에서 성과를 구체적으로 향상시키고 개선하는 데 초점을 맞춘다. 그리고 전환 코칭Transitional coaching은 사람들이 자신이 맡았던 특정 업무job나 역할role을 또 다른 것으로 전환하도록 돕는 것을 말한다.

많은 기업과 단체들이 전통적인 교육에 더하여, 또는 전통적인 교육을 대신해서 이러한 유형의 코칭을 선택하고 있다. 왜냐하면 코칭은 좀 더 집중적이고, 상황에 적응하기 좋으며, 개인적인 목표를 설정하고 있어서 전통적인 교육 방법들에 비해 보다 실질적인 변화를 만들어 내는 데 비용 대비 효과가 크기 때문이다.

모든 유형의 조직 코칭에서 가장 핵심적인 문제는 '어떻게 하면 관리자와 리더들이 개인적인 발전을 도모하면서도 조직을 더 효과적으로 만들 수 있을까?'이다. 이러한 물음에 실질적인 해답을 제시하기 위해서 조직을 위한 '임원 코칭executive coaching'이라는 것이 있는데, 임원 코칭은 다음과 같은 범위의 활동을 한다.

- 조직의 목표와 같은 방향으로 개인을 정렬하고 발전시킨다.
- 일 대 일 방식에 기초한 비즈니스 컨설팅을 한다.
- 미래의 목표를 향해 개인과 조직이 같은 방향으로 정렬함으로써 조직을 변혁한다.

임원 코칭에서 주로 다루는 일반적인 과제는 비즈니스와 기업가 정신의 주요 영역에서 원하는 결과를 얻기 위해 필요한 것들이다. 그것은 다음과 같다.

- 가능성 창출하기
- 선택하기
- (자신 또는 다른 사람들의) 목표 설정하기
- 명쾌하게 커뮤니케이션하기
- 시간 관리하기
- 과거의 실수에서 배우기
- 문제 해결하기
- 업무 관계 개선하기
- 관리하기(상하 모두를 포함하여)
- 개인적인 삶과 직업적인 삶의 균형 만들기

코칭 분야에서 가장 급진적으로 발전하는 분야가 '라이프 코칭 Life coaching' 이다. 라이프 코칭은 개인적인 목표를 달성할 수 있도록 돕는 것을 말한다. 여기서 개인적인 목표란 직업적 또는 조직적 목표들과는 별개의 것을 말한다. 전환 코칭과 비슷할 수도 있는데, 라이프 코칭은 개인들이 삶의 한 국면에서 다른 국면으로 이동할 때 그들이 직면할 수 있는 갖가지 수행 과제들을 효과적으로 처리할 수 있도록 돕는 것을 말한다.

광의의 코칭과 협의의 코칭

개인 코칭, 임원 코칭, 그리고 라이프 코칭은 서로 다른 여러 단계의 지원을 제공하는데, 그 단계는 행동, 능력, 믿음, 가치 그리고 아이덴티티(정체성)이다. 임원 코칭과 라이프 코칭처럼 새롭고 일반적인 유형의 코칭은 '광의의 코칭capital "C" Coaching'이라 부를 수 있다. (역자 주 - 신경논리적 단계는 환경, 행동, 능력, 믿음과 가치, 아이덴티티, 영적인 단계로 이루어져 있다. 이러한 신경논리적 단계의 모든 단계를 포함하는 것을 광의의 코칭, 즉 대문자 C 코칭이라고 하고, 신경논리적 단계의 '행동' 단계만을 코칭하는 것을 협의의 코칭, 즉 소문자 c 코칭이라고 한다.)

'협의의 코칭small "c" coaching'은 행동 단계에 더 초점을 맞춘다. 즉 다른 사람이 특정한 행동 차원에서의 성과를 성취하거나 향상시키는 것을 돕는 과정을 말한다. 협의의 코칭 방법은 주로 스포츠 훈련에서 비롯되어 자원과 능력을 의식적으로 깨닫도록 격려하고 의식적으로 역량을 발전시킨다.

광의의 코칭은 다양한 단계에서 효과적인 결과를 얻도록 하기 위해 사람들을 돕는 것을 말한다. 이것은 왕성한 변화를 강조하고 아이덴티티와 가치를 강화하는 데 집중하며, 꿈과 목표를 현실로 이루어 내는 것을 강조한다. 따라서 이것은 협의의 코칭뿐만 아니라 그 이상을 포함한다.

이 책은 광의의 코칭을 효과적으로 수행하는 코치가 되기 위해 필요한 도구와 기법을 다루고 있다. 따라서 특별한 언급이 없는 한 이 책에 나오는 '코칭'은 '광의의 코칭'을 뜻한다.

NLP와 코칭

이 책에 소개할 기술과 방법들은 주로 신경언어 프로그래밍Neuro-Linguistic Programming(이하 NLP)에서 가져온 것이다. NLP의 기법과 도구들은 효과적인 코칭을 하는 데 최적이다. 잘 형성된 결과들well-formed outcomes, 모델링modeling 기술 그리고 탁월한 성장을 위한 단계별 과정을 만들어 내는 능력에 초점을 맞춘 NLP의 방법론은 광의와 협의의 코칭을 수행하는 코치들 모두에게 가장 중요하면서도 강력한 방법 가운데 하나다.

효과적인 코칭을 지원하기 위한 일반적인 NLP 기술, 도구 그리고 기법들은 다음과 같다.

목표 설정, 잘 형성된 결과, 개인의 내적 상태 관리, 입장 바꿔 생각하기, 최고의 상태 확인하기, 자원을 비교 분석하여 지도 만들기, 높은 수준의 피드백 제공하기 등이다.

코칭 – 모델링 연결 고리

코칭은 사람들이 무엇을 하는가, 그리고 효과적으로 성과를 달성하기 위해서 무엇이 필요한가에 주목한다. 그리고 NLP와 NLP 모델링 과정은 가장 적절하게 성과를 도출하는 방법에 주목한다.

'모델링'이란 성공적인 수행 사례들을 명확히 파악하고 분석하는(벤치마킹과 성공 분석을 조합한 한 형태) 것이다. 물론 때로는 성공적이지 않은 수행 사례를 비교 분석하기도 한다.

코칭과 모델링은 가장 효과적인 수행을 위한 필수적이면서도 보완적인 과정이다. 그리고 성과를 얻기 위해서 필요한 것과 그것을 수행하는 방법 사이의 연결 고리를 만드는 과정이다. 모델링은 핵심적인 임무와 행위가 어떻게 최선을 만들어 낼 수 있는지 정의함으로써 코칭을 강화한다. 그리고 코칭은 모델링된 것을 내면화하고 실천하도록 사람들을 도움으로써 모델링을 강화한다.

'코칭 - 모델링' 연결 고리는 이중 연결 고리 학습의 한 전형이다. "만약 당신이 자녀들에게 물고기를 준다면 그들은 하루를 살 수 있을 것이다. 그러나 당신이 자녀들에게 고기 낚는 법을 알려 준다면 그들은 남은 인생을 잘 살 수 있을 것이다."라는 오래된 금언이 있다. 이중 연결 고리 학습은 사람들에게 고기를 낚도록 돕고, 그렇게 함으로써 동시에 고기 낚는 법을 가르치는 일이다. 따라서 한 번에 두 가지, 즉 무엇을 할 것인가와 동시에 어떻게 할 것인가를 배우는 결과를 얻을 수 있다.

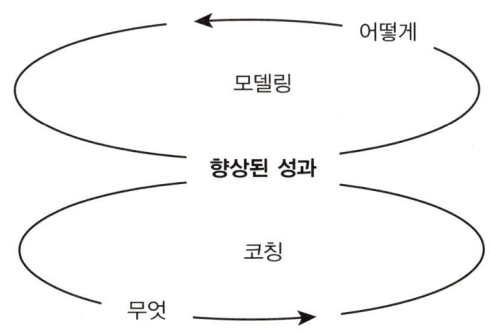

■ 이중 고리 학습은 동시에 두 가지 학습 단계를 배우게 한다.

어떤 의미에서 이중 연결 고리 학습은 일석이조의 효과를 얻을 수 있다. 예를 들어 이중 연결 고리 창조 과정에서 사람들은 중요하고 혁신적인 아이디어나 해결책을 얻도록 코칭을 받을 수 있다. 동시에 훗날 다른 상황에서도 적용할 수 있는 또 다른 창조적인 아이디어를 만들어 내는 전략이나 비결을 배울 수도 있다.

이 책에 있는 도구와 과정들의 목적은 좀 더 뛰어난 성과를 얻을 수 있도록 코칭과 모델링을 조합하는 이중 연결 고리 능력을 제공하는 것이다.

학습과 변화의 단계들

코치를 위한 가장 유용한 NLP 모델 중 하나는 신경논리적 단계Neurological Levels이다. 코칭과 모델링이 성공하기 위해서는 학습과 변화의 다양한 단계들이 필요하다. 신경논리적 단계 모델에 따르면 어떤 시스템이나 사람은 각각 서로 다른 단계에 논리적으로 연결되어 있으며, 그 단계는 환경, 행동, 능력, 믿음과 가치, 아이덴티티 그리고 영적인 단계이다.

가장 기본적인 단계는 '환경'이다. 코칭과 모델링은 시스템, 구성원들이 서로 영향을 주고받는 환경, 다시 말해 활동이 일어나는 시간과 장소, 그리고 시스템이나 조직이 차지하고 있는 관계에 초점을 맞춰야 한다. 환경적인 요소들은 상황과 사람들이 활동하는 한계를 결정한다. 이를테면, 한 조직의 환경은 그 활동이 이루어지는 지리적인 위치, 곧 '일터'라고 정의할 수 있는 빌딩이나 시설, 사무실, 공장 등과 같은 것들로 구성된다. 게다가 이러한 환경적인 요인들은 그 조직의 구성원들에게 영향을 미친다. 또한 조직의 구성원은 조직의 환경이 자신들에게 미치는 영향이나 효과를 파악할 수 있고, 자신들의 환경에 영향을 주는 것들이 어떤 것들인지 파악할 수 있다.

또 다른 단계는 집단 또는 개인의 구체적인 '행동이나 활동'이다. 다시 말해 조직이나 개인이 자신들의 환경 안에서 무엇을 하는가이다. 환경에서 하는 특이한 업무 형태, 상호 작용, 또는 커뮤니케이션은 무엇인가? 조직의 입장에서 볼 때 행동은 일반적인 절차로 정의할 수 있다. 개인의 입장에서 볼 때 행동은 개인의 일상 업무나 업무 습관, 직업과 관련된 활동의 형태를 띤다.

신경논리적 단계의 다음 단계는 '능력, 전략, 기술'과 관련이 있다. 이것을 바탕으로 조직이나 개인은 주어진 환경에서 자신들이 취할 행동을 선택하고 지시한다. 다시 말해 어떤 특별한 상황에서 그들의 행동을 어떻게 이끌어 내고 가이드하는가이다. 개인의 입장에서 볼 때 능력은 인식 전략과 특정한 행동이나 임무의 수행을 이끌어 내는 학습, 기억, 의사 결정, 창의력과 같은 기법을 포함한다. 조직의 입장에서 볼 때 능력은 조직 구성원간의 커뮤니케이션, 혁신, 기획과 의사 결정 등을 지원할 수 있는 인프라 같은 것이다.

신경논리적 단계의 다음 단계는 '믿음과 가치'이다. 이러한 가치와 믿음은 주어진 환경에서 행동적 결과를 달성하게 하는 전략이나 능력 이면에 있는 동기 부여나 가이드라인을 제공한다. 다시 말해 사람들이 특정한 시간과 장소에서 그들이 하던 식으로 일하는 이유를 말한다. 우리의 가치와 믿음은 강화 작용(동기 부여와 인정)을 일으켜 특정한 능력과 행동을 지원하거나 습관이 되게 한다. 가치와 믿음은 사건에 어떤 의미가 있는지를 결정하고, 그와 더불어 판단과 문화의 중심이 된다.

가치와 믿음은 개인이나 조직의 '아이덴티티'에 영향을 미친다. 신경 논리적 단계의 다음 단계가 바로 '아이덴티티'이다. 다시 말해 아이덴티티는 왜, 어떻게, 무엇을, 어디서, 언제의 이면에 있는 '누구'를 뜻한다. 아이덴티티 단계의 과정은 사람들의 비전과 그들이 속해 있는 것보다 더 큰 시스템에 대하여 그들이 가진 역할이나 미션에 대한 인식과 관련이 있다.

전형적으로, 미션은 특정한 역할을 가진 사람이 수행하는 서비스의 형태로 정의할 수 있다. 특정한 아이덴티티나 역할은 몇 가지 주요한 가치나 믿음의 형태로 표현할 수 있다. 이때 가치와 믿음은 주어진 역할에서 개인이 따라야 할 우선순위를 결정한다. 이번에는 이러한 것들이 또한 좀 더 넓은 범위의 기술이나 능력의 지원을 받으며, 이러한 기술이나 능력은 특별한 가치와 믿음을 명백히 표현할 것을 요구한다. 효과적인 능력은 구체적인 행동과 활동들의 일련의 형태를 만들어 낸다. 이때 행동과 활동들은 여러 가지 특별한 환경적인 상황이나 조건과 관련해 가치를 표현하고 받아들이게 된다.

또 다른 단계는 영적인 단계라고 할 수 있다. 이 단계는 자신이 속해 있고, 참여하고 있는 시스템보다 더 큰 시스템에 관한 사람들의 인식에 관한 것이다. 이러한 인식은 그들이 누구를 위해 또는 무엇을 위해 행동하고, 능력을 개발하고, 신념과 역할에 관한 아이덴티티를 확고히 하는가와 같은 의미 부여와 목적의식과 관련되어 있다.

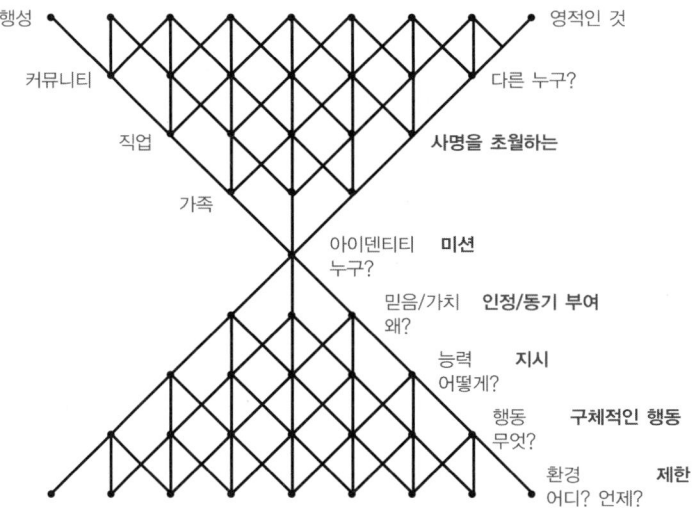

■ 개인과 조직 안에서의 프로세스의 단계들

요약하자면, 코칭과 모델링은 다음과 같은 몇 가지 요소의 단계에 주목해야 한다.

- **환경**은 개인이나 조직이 인식하고 반응해야 할 외적인 기회와 한계들을 결정한다. 환경은 성공하기 위해서 어디서(장소)와 언제(시간)를 고려해야 한다는 것을 말한다.
- **행동**은 성공에 도달하기 위해 취해야 하는 구체적인 행동 단계들이다. 행동은 성공하기 위해 구체적으로 이루어져야 하거나 수행해야 하는 것이 무엇인가에 관한 것이다.
- **능력**은 성공으로 인도하는 정신적 지도와 계획, 전략 등과 관련 있다. 능력은 어떤 행동들을 선택하고 관찰해야 하는지를 알려 준다.

도입 31

- **믿음과 가치**는 특별한 능력과 행동을 지원하거나 습관이 되게 하는 강화 작용을 제공한다. 믿음과 가치는 왜 특정한 과정을 수행해야 하는지에 대한 인식을 강화하고, 사람들이 행동하고 인내하도록 하는 좀 더 깊이 있는 동기 부여와 관련 있다.
- **아이덴티티**는 자신의 역할이나 미션에 대한 사람들의 인식과 관련된다. 아이덴티티는 개인이나 조직이 '자신이 누구인가' 라는 기능을 한다.
- **영적인 것**은 사람들이 자신이 속해 있는 좀 더 큰 시스템에 대해 바라보는 것과 관련된다. 영적인 것은 누구를 위해서, 또는 무엇을 위해서 특정한 행동 단계들이나 과정들을 수행해야 하는가 하는, 즉 목적을 포함한다.

학습과 변화를 위한 코칭의 단계들 : 코칭을 위한 로드맵

코치의 임무는 고객들이 학습과 변화의 각 단계마다 성공적으로 발전하고, 성장하고, 성숙하도록 돕는 데 필요한 지원과 수호자 역할을 제공하는 것이다. 상황과 고객의 요구에 기초해서, 코치는 학습과 변화의 과정에서 한 단계 또는 모든 단계를 지원해 달라는 요청을 받는다. 물론 몇몇 역할들 가운데 하나를 요청받을 수도 있다.

가이드하기와 보호하기 Guiding & Caretaking

'가이드하기와 보호하기'는 변화가 일어나는 환경과 관련하여 지원하는 것이다. 가이드하기는 개인이나 조직을 현재의 어느 상태에서 원하는 상태로 안내하는 과정이다. 이것은 가이드가 이전에 이미 그곳에 도달해 본 경험이 있고, 원하는 상태에 도달하기 위한 최고의 방법을 알고 있다는 것을 전제로 한다.

보호자나 후견인이 된다는 것은 안전과 도움을 제공할 수 있는 환경을 조성한다는 것이다. 이것은 외부 상황에 주의를 기울이고, 필요한 것을 확실히 지원하고, 외부로부터 불필요한 혼란이나 간섭이 없도록 해야 하는 것이다.

코칭 Coaching

'전통적인 코칭(협의의 코칭)'은 행동 단계에 초점을 맞춘 것으로, 누군가가 특정한 행동을 수행하거나 향상시킬 수 있도록 도와주는 과정이다. 이 단계의 코칭 방법은 주로 스포츠 훈련 모델에서 따온 것으로, 자원과 능력 그리고 의식적 능력의 발전을 위한 인식 능력을 증진시킨다. 이러한 코칭 방법들은 세심한 관찰과 피드백을 통해 사람들의 능력을 발굴하고 강화하고, 그들이 팀의 다른 구성원들과 협력할 수 있도록 도와주는 것이다. 이러한 형태에 있어서의 훌륭한 코치는 사람들의 행동을 유심히 관찰하고, 어떻게 하면 주어진 상황이나 관계에서 그들의 행동을 향상시킬 수 있는지에 대한 팁과 가이드를 제공해 준다.

티칭 Teaching

'티칭'은 사람들의 인식 기법이나 인식 능력을 계발하도록 돕는 것이다. 티칭의 목표는 일반적으로 사람들이 학습 영역에서 필요한 역량과 사고 기법을 계발할 수 있도록 지원하는 데 있다. 티칭은 특정한 상황에 필요한 특정한 수행 방법을 향상시키는 것보다는 일반적인 인식 능력을 습득하는 데 더 초점을 맞춘다. 티처는 사람들이 사고와 행동을 개발할 수 있도록 새로운 전략들을 만드는 데 도움을 준다. 티칭은 개인이 이전 수행 방법을 다시 다듬는 것보다 새로운 학습을 더욱 강조한다.

멘토링 Mentoring

'멘토링'은 사람들이 자기 자신을 믿고, 자신의 긍정적인 의도를 확인함으로써 자신의 무의식적 역량을 발견하고, 내적 저항과 간섭을 극복하도록 그 사람을 가이드하는 것을 말한다. 멘토는 사람들이 긍정적인 방향으로 자신의 믿음과 가치들을 형성하고 중요하게 여기도록 돕는다. 멘토는 자신의 경험이나 사례를 통해서 개인들이 자신의 내면의 소리에 귀 기울이게 하며, 내면의 지혜가 마음껏 흐르고 밝혀질 수 있도록 한다. 이러한 멘토링의 유형은 개인의 한 부분으로 이미 내재되어 있어서 멘토의 외적 존재가 더 이상 필요하지 않을 수도 있다. 사람들은 자기 인생의 많은 상황에서 '자기 안에 있는 멘토 inner mentor'를 카운슬러나 가이드로 불러올 수 있다.

스폰서링 Sponsoring

'스폰서십 Sponsorship'은 다른 사람의 핵심 또는 아이덴티티를 알아보고 승인하는, 즉 바라보고 축복하는 과정이다. 스폰서십은 다른 사람들 안에 있는 잠재 능력을 발견하여 보호하고, 아이덴티티와 핵심 가치의 발전에 초점을 맞춘다. 효과적인 스폰서십은 이미 개인이나 조직이 자신 안에 있는 좋은 점을 더욱 발전시키겠다는 결단으로부터 결과가 만들어진다. 그러나 이것은 발휘할 수 있는 모든 능력을 명확히 해 주지는 않는다. 이것은 다음과 같은 메시지들을 끊임없이 보내면서 이루어진다.

"당신은 그런 멋진 사람입니다. 그런 멋진 당신이 지금 여기에 존재합니다. 나는 당신을 보고 있습니다. 당신은 가치 있는 사람입니다. 당신은 중요하고, 특별하며, 독특한 사람입니다. 당신은 언제나 환영받는 사람입니다. 당신은 누군가를 위해 공헌할 특별한 무언가를 지닌 사람입니다."

훌륭한 스폰서는 사람들이 행동할 수 있고, 성장할 수 있고, 더 발전할 수 있는 상황을 창조한다. 스폰서는 스폰서링을 받는 집단이나 개인이 그들 자신의 능력과 기술을 발전시키고 사용하는 데 집중할 수 있는 상황, 교류 관계 그리고 자원을 제공해 준다.

어웨이크닝 Awakening

'어웨이크닝'은 코칭, 티칭, 멘토링, 그리고 스폰서링을 넘어서 비전, 미션 그리고 영적인 단계를 포함하는 상위 개념이다. 어웨이크너는 사람들이 사랑, 자아 그리고 영성에 대해 가장 잘 이해할 수 있도록 상황과 경험을 제공함으로써 사람들을 지원한다. 어웨이크너는 자신의 참모습과 내적 일치를 통해서 다른 사람들이 깨어나도록 한다. 어웨이크너는 자신의 미션과 비전을 온전히 만나는 것을 보임으로써 다른 사람들이 그들의 비전이나 미션을 체험하도록 한다.

리틀 야구팀의 사례를 통해서 이러한 코칭의 다양한 지원 단계들을 간단하면서도 실질적으로 묘사해 보자.

어린아이들로 이루어진 리틀 야구팀을 훌륭한 팀으로 만들기 위해서 코치는 운동장, 유니폼, 장비 그리고 휴식 같은 꼭 필요한 환경적 자원들을 조직해야 한다. 이러한 것들은 다양한 보호자들caretakers에 의해 제공될 수 있다. 선수들은 또한 어떻게 운동장에 도착하고, 훈련 시간과 경기하는 시간, 다시 말해 활동이 일어나는 장소와 시간에 관해서 가이드를 받아야 한다.

이러한 기회와 자원들을 적절하게 활용하기 위해서 아이들은 경기를 구성하는 기본 행동들을 수행할 행위 능력을 익혀야 한다. 이것은 전통적인 코칭, 즉 협의의 코치가 담당한다. 예를 들면, 투수 코치와 타격 코치는 선수들이 공을 던지거나 배트를 휘두르는 것을 주의 깊게 관찰하고, 구체적인 피드백과 팁을 각각의 선수들에게 제공한다. 코치들은 또한 선수들이 팀플레이를 잘할 수 있도록 수비 위치와 공격 같은 활동들이 조화를 이룰 수 있도록 도와야 한다.

그러나 선수들이 게임을 이해하지 못한다면 행위 능력들은 소용이 없어진다. 그래서 코치들은 선수들에게 게임의 규칙을 가르치고, 다른 상황에서 어떻게 그들의 행동을 적용할 것인지를 설명해야 한다. 이것은 있을 수 있는 우연한 경우와 결과에 대한 이해에 기반한 의식적인 이해력과 판단력을 포함한다. 선수들은 또한 주의력을 집중시키는 방법과 게임에서 평정심을 유지하는 법을 배워야 한다. 이것은 스포츠에서 흔히 말하는 게임의 내면 요소들이다. 게임을 하기 위한 기술과 능력을 위한 기본을 형성하는 것은 바로 이러한 지식과 이해력이다.

성공적으로 운동을 하기 위해서, 그리고 승리에 대한 의지를 높이기 위해서 선수들은 또한 그들 자신과 팀 구성원들을 믿어야 하고, 공통된 가치를 공유해야 한다. 코치의 주요 업무는 선수들이 성장하고 성공할 수 있게 해 주는 가치와 믿음을 불어넣는 일이다. 코치들은 선수들에게 동기를 부여하여 존경과 책임감, 훈련, 팀워크 같은 중요한 가치들을 펼쳐 보일 수 있게 해야 한다. 그리고 이렇게 하기 전에 자신들의 사례를 통해서 먼저 모범을 보여야 한다. 좋은 코치는 선수들이 집중력을 유지하고 도전할 만한 상황을 경험하도록 영감을 불러일으키고 동기를 부여할 필요가 있다. 때때로 선수들이 '슬럼프'에 빠질 수 있는데, 그런 상태에서는 선수들이 제 기량을 충분히 발휘할 수 없다. 이것은 선수들의 자신감과 자신에 대한 믿음을 위협한다. 그러한 상황에서 코치는 멘토로서의 역할을 하여 선수들이 긍정적인 마인드를 회복할 수 있도록 도와야 한다.

예를 들어 선수가 투수 마운드나 홈플레이트를 배트로 툭툭 치면서 힘겨워하고 있다면 코치는 '타임 아웃'을 불러 선수와 가벼운 대화 시간을 가질 수 있다. 이야기를 하는 동안 코치는 전형적으로 구체적인 행동 차원의 피드백을 제공하거나 선수에게 게임을 설명하는 것이 아니다. 대신, 코치는 "자, 파이팅하자. 너는 이 순간을 넘길 수 있어. 알고 있지? 네 뒤에는 우리가 있어. 긴장 풀어. 그냥 최선을 다해."라고 이야기한다. 이렇게 용기를 북돋우는 메시지의 목적은 자기 안에 있는 선수들의 믿음을 강화하고 신장시키는 데 있다.

최고의 코치는 또한 선수들을 위한 스폰서이기도 하다. 그래서 코치는 선수들을 독특하고 특별한 개인들이라고 인정하고, 각각의 선수들을 팀에 있어 중요하고 가치 있는 공헌자로 환영하는 모습을 보여 준다. 선수들 개개인이 최선을 다할 수 있도록 깊이 있게 동기를 부여하는 것은 이러한 인식과 인정 때문이다. 이러한 형태의 스폰서십의 파워를 가장 잘 알 수 있게 해 주는 것이 바로 탁월한 상태 그리고 최고의 성과를 거두었던 때를 떠올리게 하는 시도들이다. "네가 정말 최선을 다했고, 그리고 멋지게 성공한 그때를 생각해 봐."라는 요청을 받았을 때, 선수들은 전형적으로 특정한 사건을 회상할 것이다. 그러나 종종 최고 상태를 완벽하게 재현하는 것에 어려움을 겪는 사람들도 있다. 반면 "너에게 있어서 최고의 코치를 생각해 봐."라는 요청을 받을 때 많은 선수들은 즉각 강력하고 자원이 충만한 상태로 들어가게 된다. 그들이 자신을 운동 선수 그리고 승리자로 볼 수 있도록 하는 것은 바로 코치의 인정과 인식 때문이다.

사람들은 스포츠에서 인생의 중요한 교훈을 배울 수 있다고 자주 이야기한다. 이것은 코치가 스포츠 경험을 인생을 위한 깊은 은유로 일깨울 때 일어난다. 의심 없이, 어떤 사람은 자신의 삶을 스포츠로 묘사하는데, 그 이유는 그들이 스포츠를 통해서 뭔가 더 중요한 것들에 연결되어 있다고 느끼기 때문이다. 확실히 코치로서 가장 염두에 두어야 할 결과는 '팀 정신'을 창조하기 위해 노력하는 것이다. 이러한 팀 정신은 선수들에게 목적의식과 소속감을 갖게 한다. 이것은 모든 챔피언 팀들을 위한 가장 중요한 성공 요소이다. 그리고 사람들의 인생에 있어서도 가장 오래 지속되는 중요한 것이다.

보호하기와 가이드하기, 코칭, 티칭, 멘토링, 스폰서링 그리고 어웨이크닝 같은 역량들은 상호 보완적인 역할을 하면서도 하나로 묶을 수 있는데, 이러한 것을 광의의 코칭의 기술들로 정의한다. 이러한 것들은 핵심적인 기술이다. 어떤 한 사람이 리틀 야구팀을 코칭하든, 동료의 커뮤니케이션 능력을 향상시키려고 노력하든, 회사에서 프로젝트 팀을 운영하든, 인생의 변화를 만들려고 하든, 다국적 기업의 최고 경영자이든 그것이 누구이고 무엇을 이루려고 하는가를 불문하고 반드시 필요한 기술이다. 코치는 각각의 지원 단계에 어울리는 도구들을 필요로 한다. 예를 들면 멘토링 도구들은 티칭, 가이드 또는 어웨이크닝의 도구들과 구별되어야 한다.

리틀 야구 사례에서도 묘사했듯이 많은 상황들은 도구와 기술 그리고 지원 형태에서 서로 조합하거나 일련의 순서로 구성할 것을 요구한다. 이 책의 목적은 상황의 유형과 특별한 역할 보호자, 가이드, 코치, 티처, 멘토, 스폰서, 어웨이크너에 초점을 맞추기 위해 광의의 코칭에 요청되는 상황을 정의하고, 각각의 역할에 맞는 구체적인 도구를 제공하는 데 있다. 다른 말로 하면, 광의의 코칭에 필요한 전체 활동 영역, 즉 보호하기에서 어웨이크닝까지를 관리하기 위해 코치에게 필요한 성공적인 도구를 제공하기 위한 것이다.

CHAPTER 1
보호하기와 가이드하기

1장의 개요

환경적 요소들
보호하기
가이드하기
보호자 또는 가이드의 가설과 유형
보호자 도구 상자 : 정신지리학
그룹과 팀에서의 정신지리학
서로 다른 집단 내부 프로세스를 위해 정신지리학 이용하기
코칭과 '보호'의 주요한 면으로서의 정신지리학
보호자 도구 상자 : 수호천사
수호천사 체크리스트
가이드 도구 상자 : 지도 만들기, 은유 그리고 인터비전
지도 만들기
은유와 유추
인터비전
인터비전 지도 만들기 프로세스
가이드 도구 상자 : 셀프 지도 만들기와 인과 관계 연결 고리들
인과 관계 연결 고리들
인과 관계 연결 고리 지도 만들기
요약

01
보호하기와 가이드하기

당신은 영토를 알아야 한다. _ 뮤직 맨The Music Man

가이드하기와 보호하기는 개인적 또는 조직적으로 변화가 일어나고 있는 '환경'에 대해 지원을 제공하는 것이다.

환경적 요소들

우리의 환경은 우리의 행위들과 상호 작용이 발생하는 외부적인 상황이다. 우리는 '환경'을 우리의 '외적인 어떤 것'이라고 이해한다. 특정한 '환경'은 방의 유형, 기후 상태, 음식, 소음 정도와 같이 개인이나 조직을 둘러싸고 있는 요소들로 이루어진다. 이와 같은 외부적인 자극들은 개인과 집단 구성원의 반응과 상태에 영향을 끼친다. 그리고 이러한 것들은 목적을 위한 과정의 일부로 고려해야 한다. 그래서 환경적인 요소들은 개인이나 조직이 반드시 인지하고 반응해야 하는 외적인 기회나 한계들을 결정짓는다. 그러한 환경적인 영향력은 변화의 특별한 '문제 공간problem space'에서의 장소와 시간에 대한 우리의 경험을 형성한다. 다시 말해서, 물리적인 공간과 시간적 한계 같은 상황적인 요소들은 우리가 문제나 목표에 접근하는 방법에 영향을 준다.

결정 이론decision theory에서 환경 변수environmental variables는 행동 주체나 의사 결정권자의 통제를 넘어서 '문제 공간'의 모든 차원을 포함한다. 이를테면 날씨는 고전적인 환경 변수이다. 이것은 우리가 직접적으로 통제할 수 없는 것일뿐더러 거기에 적응해야만 하는 것이다. 그러나 입을 옷을 선택하는 것은 특정한 환경 변수에 대한 행위적인 반응과 관련된 '결정 변수decision variable'이다. 외출을 할 때 따뜻하고 건조한 상태라는 결과에 성공적으로 도달하기 위해서는 반드시 환경 변수와 결정 변수를 모두 고려해야 한다.

특정한 결과나 원하는 상태에 도달하기 위해, 환경적인 기회들과 한계들은 어떠한 방법으로든 확인되고 표현될 필요가 있다. 그러므로 효과적인 수행은 현재 상태와 원하는 상태를 명확히 하는 것은 물론이고, 누군가가 활동하고 있는 환경 안에 있는 기회들의 이점을 취하고, 한계를 표현하는 것까지 포함한다. 사람들의 결정과 그들이 동원하기로 한 자원들은 종종 사람들이 행동하기로 받아들이거나 가정한 환경이 낳은 결과이다. 환경적인 요소들은 계획에서 '우연적인 요소'로 표현되는데, 왜냐하면 이러한 요소들은 다양할 수도 있고 그렇지 않을 수도 있으며, 개인이나 조직이 인위적으로 통제하는 것이 불가능하기 때문이다.

보호자나 가이드들은 우리가 환경적인 기회를 창조하거나 이용하고 환경적인 한계들을 확인하고 표현하도록 도와준다.

보호하기

보호자 또는 '후견인'이 되는 것은 안전과 도움을 제공할 수 있는 환경을 조성하는 것이다. 이것은 외부 상황에 주의를 기울이고, 필요한 것을 확실히 지원하고, 외부로부터 불필요한 혼란이나 간섭이 없는지 살피고 조치를 취해야 하는 것이다.

예를 들어 좋은 부모는 자녀를 위해 안전하고 활동적으로 움직일 수 있는 놀이 공간을 준비할 때 보호자로서 행동해야 한다. 모든 잠재적인 위험 요소를 제거하고, 자녀들의 관심을 끌기 위해 흥미로운 장난감과 도구 그리고 놀이 기구를 제공해야 하는 것이다. 이러한 환경은 아이들의 개인적 관심과 욕망에 따라 마음껏 실험하고 탐험할 수 있는 기회를 제공한다.

보호하기에 관한 또 다른 좋은 예는 어떤 사람이 병원이나 상담소를 갈 때이다. 그러한 환경에서 환자의 육체적인 요구가 충족되며, 환자들은 스트레스와 공해 그리고 자신을 둘러싼 전형적인 환경의 유혹에서 벗어난 자유로운 상황에 놓이게 된다. 이는 사람들이 그들 자신 그리고 회복하거나 치유되기 위해서 자신에게 필요한 개인적 또는 내적인 변화에 집중하도록 한다.

관리자들이 회사 밖에서의 모임이나 회식 등의 이벤트를 만드는 것도

'보호하기' 유형의 또 다른 예다. 이러한 이벤트의 목적은 팀을 만들고, 개인의 성장에 이바지하며, 풍성한 환경을 제공하는 데 있다.

이러한 사례들에서 알 수 있듯이 코치가 보호자로서 행동할 때 그는 고객들이 목표를 달성하고 성공적으로 발전할 수 있도록 최상의 지원을 할 수 있는 환경을 만들려고 한다. 여기에는 다음과 같은 문제들이 관련되어 있다.

- 자신의 목표를 달성하기 위해서 고객들은 어떠한 외부적인 자원과 지원을 필요로 하는가?
- 고객들은 어디서 이러한 자원을 구할 수 있고, 누가 그것을 제공해 줄 수 있는가?
- 결과를 얻기 위해서 고객들은 어떠한 행동과 행위를 탐험하고 실험할 필요가 있는가?
- 고객들은 어디서, 언제 그리고 누구와 함께 이러한 행동과 행위를 시도해 볼 수 있는가?
- 이를 실현하기 위해서 고객들은 타인에게서 어떠한 환경과 지원 그리고 보호를 필요로 하는가?
- 자신들의 목표를 달성하기 위해 고객들은 어떠한 도구와 물질적인 자원(예를 들면 의자나 다과, 필기도구, 일지, 화이트보드, 플립 차트, 마커 등)을 필요로 하는가?
- 고객에게 안전하고, 방해받지 않으며, 편하게 듣고, 계획된 시간과 제한 시간을 명확히 하는 등의 물리적인 환경을 보장해 주기 위해서 코치는 어떠한 조치들을 취할 수 있는가?

가이드하기

《메리암 웹스터 사전merriam webster's dictionary》에서는 가이드guide라는 단어에 대해 "타인의 길을 이끌거나 지도하는 사람" 그리고 "관심의 요점을 표시하고 설명하는 사람"으로 정의해 놓았다. 그러므로 가이드하기는 타인이 현재의 어떤 상태에서 원하는 상태를 향해 나아갈 수 있도록 지도하는 것을 돕고, 그 사람이 그 여정 중에 만나게 될 주요한 기회들과 한계들을 깨닫도록 도와주는 과정이다.

원래 이 용어는 '무엇을 안다'라는 뜻을 가진 고대 영어 'witen'에서 어원을 찾을 수 있다. 이는 'guide'란 이미 과거에 그곳에 간 적이 있어서, 다시 말해서 '몇 번이나 그 일을 한 경험이 있어서' 원하는 상태에 도달할 수 있는 최상의(또는 최소한 한 가지) 방법을 안다는 의미를 내포한다.

새로운 도시나 박물관, 공항, 쇼핑몰 등과 같이 익숙하지 않은 장소 또는 환경에 놓였을 때 우리는 목적지를 찾기 위해 지도나 현지 가이드 같은 어떤 유형의 길잡이guidance를 찾게 된다. 가이드는 우리가 주요 문화재를 배우고 인지하며, 우리가 특정한 목적지에 가고자 할 때 무엇을 지표로 삼아야 할지 알려 준다. 잘 계획된 도시와 장소에서는 종종 사람들이 길을 잃지 않도록 길을 따라 다양한 지점에 가이드들이 배치되어 있다. 가이드들은 또한 우리 주변 환경과 관련된 배경이나 역사를 이해하고, 우리가 중요한 사고방식과 관습들을 친숙하게 느낄 수 있도록 도와준다.

따라서 가이드로서 행동할 때 코치는 자신의 경험에 기반하여 방향과 정보, 조언을 제공하며, 이를 통해 고객으로 하여금 그들이 가야 할 목표에 도달할 수 있도록 도와준다. 여기에는 다음과 같은 문제들이 관련되어 있다.

- 고객이 원하는 상태에 도달하기 위해서 가고자 하는 새로운 영토는 어떤 곳인가?
- 그 새로운 환경을 성공적으로 항해하기 위해 고객은 어떠한 정보를 필요로 하는가?
- 고객은 언제 그 정보를 필요로 하는가?
- 그 상황에서 고객이 알아야 하는 가장 중요한 단서는 무엇인가?
- 고객의 여정이 좀 더 편해질 수 있도록 함께 공유할 수 있는 나의 개인적 경험은 어떤 것인가?
- 나는 고객을 위해 어떤 '로드맵'을 제공할 수 있는가?
- 그 지도에는 어느 정도의 세부 사항들을 담을 것인가?
- 그 고객을 위해 내가 제공할 수 있는 '이정표'나 참고 사항들에는 어떤 것들이 있는가?

보호자 또는 가이드의 유형과 가설

다른 사람을 돕거나 지원할 때 가이드나 보호자는 다음과 같은 믿음을 가진다.

- 사람들은 성공에 필요한 능력을 가지고 있다.
- 충분히 안전한 환경에서, 사람들은 지신의 목표를 달성하는 데 필요한 자원들을 발견하고 활용할 것이다.
- 지도나 도구 등 적절한 가이드가 제공된다면 고객들은 방법을 찾고 일을 진행시키기 위해서 자신들의 자원을 사용할 수 있다.

보호하기나 가이드하기에 사용되는 전형적인 리더십 유형은 '예외 사항만 관리하기 management by exception'으로 잘 알려져 있다. '예외 사항만 관리하기'란 문제가 발생했을 때 또는 고객에게 무언가 특별한 것이 필요할 때만 코치가 개입하는 리더십 유형을 말한다. 사람들이 '지속적으로 발전'하고, 일이 제대로 진행되는 한 가이드나 보호자는 어떤 것도 바꾸려고 하지 않는다. 만약 고객에게 무언가가 필요하고, 고객이 무엇을 잃어버리거나 궤도를 벗어날 때 보호자나 가이드는 환경을 조정하거나 정보를 제공하는 등의 도움을 준다.

리더십 유형으로서 '예외 사항만 관리하기'는 리더십을 타인에게로 전이시키는 효과가 있다. 상대적으로 안전한 환경에서 가이드하기와 보호하기는 사람들에게 자기 임의로 행동할 수 있도록 많은 자유를 선사한다. 리더가 실습 시간 동안 학생들을 관찰하거나 자녀가 연극을 하는 동안 부모가 모니터링을 하는 것처럼 위기 상황이나 어려운 상황이 닥쳤을 때 가이드나 보호자는 그들을 돕거나 문제를 해결할 수 있다.

| 보호자 도구 상자 | 정신지리학

'효과적인 보호하기'의 목표 중의 하나는 고객이 원하는 목표에 도달하는 데 환경이 도움이 되도록 보장하는 것이다. 정신지리학 Psychogeography(역자 주 - 일종의 자리 배치 및 위치 선정이라고 할 수 있다.)은 미세한 지리학적인 배열과 관계가 사람들의 심리적인 과정과 대인 관계의 상호 작용에 미치는 영향을 말한다.

'정신지리학'은 집단 구성원 사이의 지리적 관계가 집단 내부의 프로세스와 서로간의 상호 작용에 중요한 비언어적인 영향을 끼친다는 사실과 관련이 있다. 사람들 사이의 공간상의 관계와 방향 설정은 집단 구성원들 사이의 상호 작용에 물리적이면서도 상징적인 영향을 끼친다. 정신지리학은 사람들 사이에 일종의 관계적인 '회로'를 만들고, 상호 작용의 유형과 수준을 결정한다. 따라서 정신지리학은 '보호하기'의 중요한 수단이다.

두 사람이 서로 상호 작용하고 있는 가장 간단한 사례를 생각해 보자. 만약 두 사람이 가까운 거리에서 얼굴을 마주보고 서 있다면, 정신지리학은 그것이 긍정적이든 부정적이든 간에 두 사람 사이에 직접적이고 활발한 상호 작용을 만들어 내고 지원하게 될 것이다. 그러나 그 두 사람이 멀리 떨어져 있다면 상호 작용의 활발함은 약해질 것이다. 그리고 그 두 사람이 한 방향을 보고 나란히 서면 그들의 관계와 상호 작용의 본질은 약간 바뀔 가능성이 있다. 그들은 그들 각자에게 집중하기보다는 공통된 방향이나 임무에 집중하는 파트너나 같은 팀의 구성원과 더 가까워질 것이다. 한 사람이 다른 사람의 약간 뒤나 약간 옆으로 물러선다면 그 사람

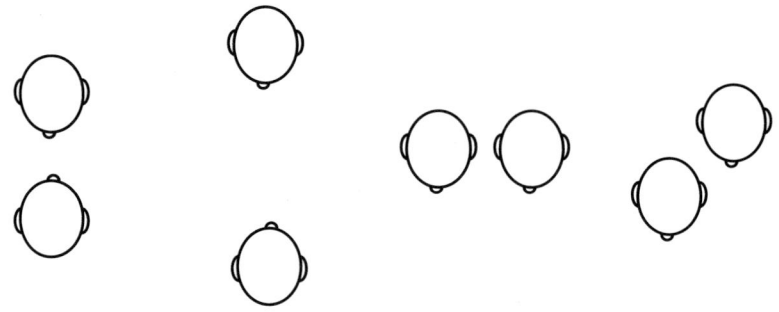

| 직접적이거나 대면적인 관계에서의 대화에서 "나" vs "당신" | 덜 직접적인 관계 | 파트너들-같은 방향을 향해 함께 바라본다. "우리" | 지원이나 멘토링을 제공하는 관계 |

■ '정신지리학'은 사람들 사이의 관계와 상호 작용의 질에 영향을 주며, 위와 같이 표현한다.

은 다른 사람의 후원자나 코치 또는 멘토 역할을 할 가능성이 높다.

코치들에게는 고객과 코치 자신의 물리적인 관계가 미치는 영향을 고려하는 것이 중요하다. 그리고 그러한 물리적 관계가 다른 사람과의 상호 작용에 어떠한 영향을 미치는지를 고객이 깨닫도록 돕는 것 역시 중요하다.

그룹과 팀에서의 정신지리학

좌석 배열의 같은 유형은 더 큰 그룹들의 행위에 영향을 주고받는다. 다음 상호 작용 다이어그램에 나타난 좌석 배열을 잘 살펴보라. 그들의 정신지리학에 의해 관련된 개인들 사이의 다양한 상호 작용과 관계의 질에 대해 많은 것들을 추론해 볼 수 있다.

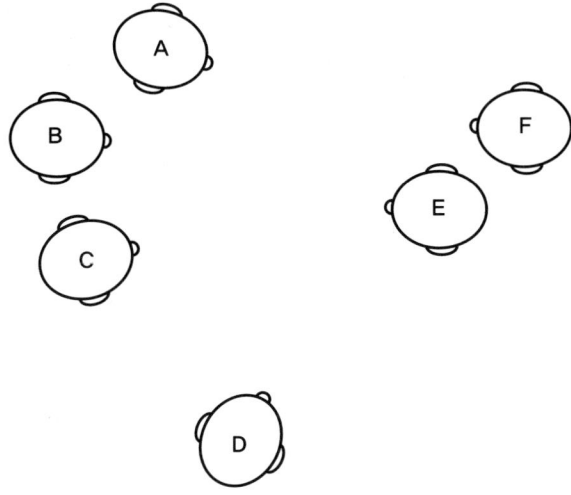

■ 집단의 정신지리학은 서로의 관계와 상호 작용을 반영한다.

그림을 통해 A와 B 그리고 C가 한 그룹이고, E와 F가 또 다른 그룹이며, D는 관찰자라는 것을 알 수 있다. 그러나 자세히 살펴보면 모든 그룹의 구성원들이 대부분 E에 집중하고 있는 것으로 보인다. E는 F를 후원자로 둔 상황에서 리더의 역할을 수행하는 것으로 보인다. 반면 A와 B 그리고 C는 좀 더 동등한 지위에 있는 것으로 보인다.

위의 조 배치와 F가 위치를 바꾼 뒤에 조 배치 사이의 차이점에 주목하라.

이러한 배치에서는 어떤 방식으로든 E가 그룹을 이끌거나 지도하면서 모든 개인들이 하나의 그룹에 속한 것으로 보인다. 하지만 F는 E 말고 다른 곳에 관심이 있는 것처럼 보인다.

정신지리학은 팀 코칭과 리더십 그리고 그룹 역학과 밀접한 관련이 있

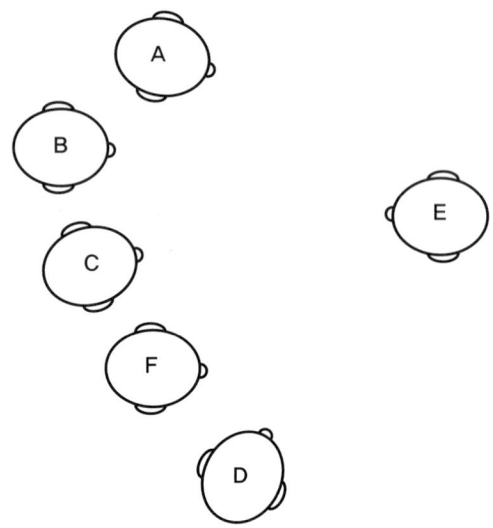

■ 다른 정신지리학은 다른 상호 작용들과 관계들을 반영하고 강화한다.

다. 예를 들어 일정한 방식으로 회의실을 꾸미는 것은 사람들이 참여했으면 하고 기대하는 상호 작용의 한 종류로, 일종의 '메타 메시지meta message'이다.

일례로 원탁에서처럼 둥글게 둘러앉는 것은 사각형 탁자나 '극장형' 배열에서와는 다른 종류의 피드백과 상호 작용을 불러일으킨다. 원탁은 또한 그룹 구성원들 사이에서 다른 종류의 상징적인 관계를 시사하기도 한다.

예를 들어 앞쪽에 칠판이 놓여 있고 의자가 '극장형'으로 놓인 방에 누군가 들어간다면 그 사람은 이 상황을 '프레젠테이션' 상황으로 해석할 가능성이 높고, 사람들은 소극적으로 앉아서 이야기를 들을 준비를 할 것이다. 그러나 그 사람이 '원탁' 형태로 서로를 마주보고 앉도록 배치되어 있는 작은 그룹이 있는 방에 들어간다면 그는 이 상황을 '토의'의 상황으로 해석할 가능성이 높고, 그 분위기에 맞춰 제안하고 참여할 준비를 할 것이다.

원형의 정신지리학은 사람들을 그들의 대인 관계에 집중시키는 경향이 있으며, 모든 그룹 구성원들에게 동등하게 주의를 배분시키며, 그들 모두가 동등한 지위라는 걸 암시한다. 반면 사각형 탁자 주위에 둘러앉는 것은 위계 질서의 분위기를 조장한다. 전형적으로 탁자 머리 부분 쪽으로 주의가 집중되고, '탁자 머리 쪽'에 앉는 사람이 주로 가장 지위가 높은 사람이며, 그 다음으로는 그 사람의 '오른쪽'에 가장 가까운 사람 그리고 '왼쪽'에 가까운 사람순으로 앉게 된다.

반원 모양으로 둘러앉는 것은 무엇이든지 반원 앞쪽으로 그룹 구성원들의 주의를 끄는 경향이 있다. 반원에서 개인의 지위는 그들의 공통된 관심사가 무엇이든 간에 동등하다. 일직선으로 나란히 앉아 있는 그룹은 모든 구성원들에게 공통된 관심사가 있다는 것을 암시하지만 구성원들 사이의 상호 작용은 현격히 줄어든다. 그들은 행동하지만 그룹으로서 '상호 작용'은 하지 않는다.

서로 다른 집단 내부 프로세스를 위해 정신지리학 이용하기

서로 생각이 다른 사람들이 모인 그룹에서 소기의 성과를 도출하기 위해 정신지리학을 활용할 수 있다. 예를 들어 원은 '꿈꾸기'나 브레인스토밍을 위한 효과적인 정신지리학이다. 왜냐하면 구성원들 사이의 상호 작용을 강화시키기 때문이다.

또한 이것은 모든 구성원, 즉 모든 사람들의 아이디어는 동등한 가치가 있다는 것을 암시한다. 그리고 사람들이 어떤 특정 아이디어에만 특별하게 초점을 맞추지 않고 통통 튀는 공처럼 새로운 아이디어가 사람들 사이에서 이리저리 튀며 발전할 수 있도록 돕는 역할로 한다.

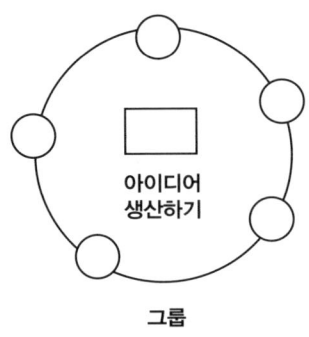

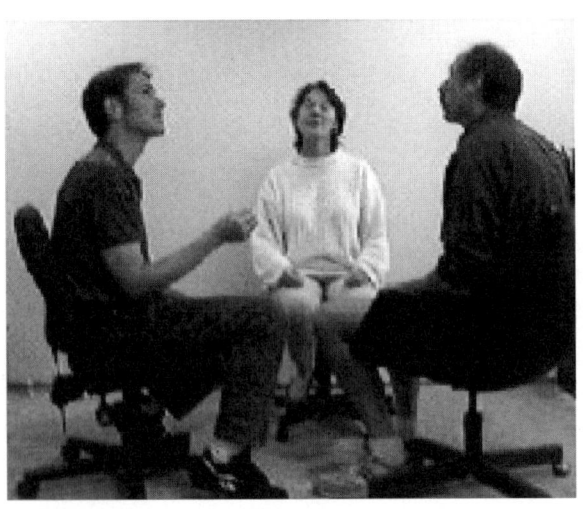

■ '꿈꾸기' 또는 브레인스토밍을 위한 효과적인 '정신지리학'

반원은 '실현시키기', 다시 말해 특정한 목표나 꿈을 실행할 계획을 수립하는 데 있어 좀 더 효과적인 정신지리학이다. 반원에서 사람들은 여전히 동등하지만, 그들의 초점은 훨씬 더 특정한 지점에 맞춰져 있다. 아이디어나 계획은 그룹의 어느 특정 구성원에게서 떨어져 나와서 그룹 내 모든 사람들의 공통 관심사가 되었다. 이는 그룹 구성원들이 그들의 관계보다는 그들의 업무에 훨씬 더 많이 집중하고 있으며, 그들이 합의

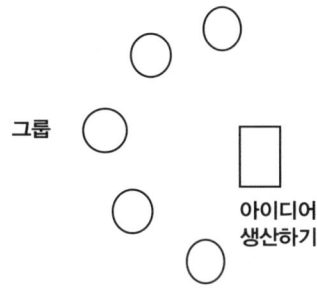

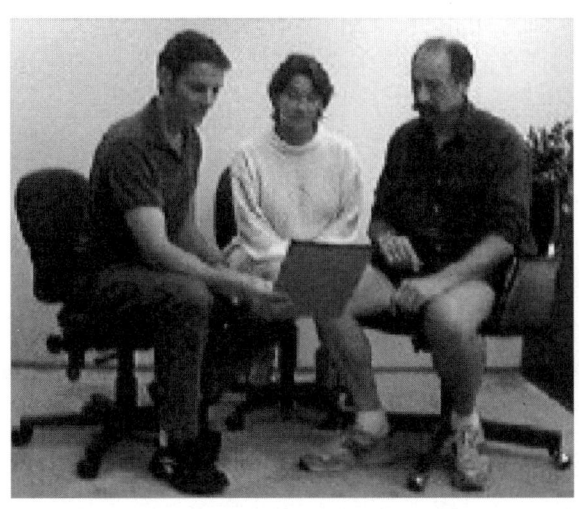

■ '실현시키기' 또는 계획 수립을 위한 효과적인 '정신지리학'

된 결론을 향해 나아가고 있다는 것을 뜻한다.

그룹 구성원 각자가 패널처럼 목표나 아이디어를 바라보면서 일렬로 나란히 앉아 있는 정신지리학은 비판이나 평가에 좀 더 효과적인 정신지리학이다. 그룹 구성원들 사이의 근접성은 각 개인이 같은 그룹의 구성원이라는 의미를 내포한다. 그럼에도 불구하고 다른 그룹 구성원들의 반응을 살펴보는 것과는 대조적으로 개인들은 각자의 관점에 따라 반응

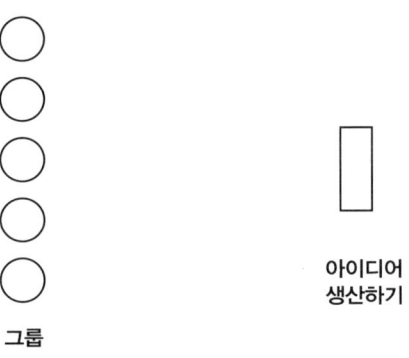

■ '비평' 또는 '평가'에 효과적인 '정신지리학'

하려는 경향이 훨씬 더 많을 것이다.

코칭과 '보호'의 주요한 면으로서의 정신지리학

코칭의 핵심적이면서도 매우 실용적인 측면은 당신이 고객에게 코칭을 할 때 정신지리학을 활용하는 것이다. 당신의 고객이 코칭 과정에 참여할 때 환경이 코칭을 지원하는 것은 중요하다. 당신이 고객과 코칭을 시작하기 전에 다음과 같은 사항들을 고려해 보라.

- 이번 코칭에서 고객을 위해 나는 어떤 종류의 환경을 창출하고 싶은가?
- 이번 코칭에서 고객은 어떤 유형의 상호 작용이 필요한가?(즉 탐구를 위한, 브레인스토밍을 위한, 오픈된, 집중된, 반성하는 등)
- 방을 어떤 식으로 배치할 때 역동적으로 실행하기 좋은가?(탁자, 의자, 플립차트, 화이트보드, 프로젝터 등의 유무와 위치)
- 이번 코칭에서 고객의 목표가 구체적으로 주어졌다면 원하는 상태에 성공적으로 도달하기 위해서 어떤 정신지리학이 개인이나 팀을 가장 잘 지원하겠는가?
- 나는 _____에 대해서 내 고객과의 자리 배치를 어떻게 할 것인가?
  - 나의 위치
  - 플립차트, 화이트보드, 프로젝터 등
  - (만약 있다면) 다른 참가자들

| 보호자 도구 상자 | 수호천사

보호자의 역할은 어떤 면에서 멀리서 다른 사람을 지켜보고 보호해 주는 '수호천사'의 역할과 비슷하다. 수호천사라는 용어는 NLP 연습에서 사용되는데, 특정한 집단 구성원들에게 지원과 격려를 해 주는 것이 과업인 '메타 퍼슨Meta Person'의 유형을 표시하기 위해 쓰인다. 이러한 '수호천사'의 공통된 역할은 수행하려고 하는 사람을 돕는 조력자라는 것이다. 수호천사는 다음과 같이 다양한 방법으로 수행자를 돕는다.

- 수행자의 물질적인 필요를 제공한다(즉 수행자가 의자나 물, 필기 도구, 화이트보드, 플립 차트 등을 가지고 있는지 확인한다).
- 수행자가 안전하고, 방해받지 않으며, 잘 들리는 환경과 수행의 제한 시간을 명확히 보장해 준다.
- 고개를 끄덕이거나 미소를 짓거나 웃는 등 비언어적인 방법으로 수행자의 의견과 아이디어를 북돋운다.
- "조금만 더 얘기해 주세요.", "멋지네요.", "그래요." 등 자신감을 북돋우는 말을 사용하여 용기를 준다.

수호천사는 '고객'이 수행하는 동안 용기를 북돋우는 피드백을 제공하고 자원을 확보해 줌으로써 고객이 자원이 풍부한 상태에 머물 수 있게 돕고 거리를 두고 지속적으로 후원한다.

이제부터는 고객에게 제공된 모든 적절한 외부적인 지원을 보장하기 위해서 수호천사가 밟는 일반적인 단계에 대한 몇몇 예를 소개하겠다.

수호천사 체크 리스트

1. 고객에게 지금 어떤 내적인 자원이나 마음의 상태를 원하는지 질문하라.

2. 고객으로 하여금 지금까지 그런 마음의 상태나 자원을 경험한 적이 있는지를 묻고, 그 경험을 떠올리게 하여 그때의 사건을 다시 경험하게 하라.

3. 고객이 그때의 사건을 떠올릴 때 코치는 고객이 그 상태를 제대로 재현하고 있는지 신체적인 단서들을 확인하라. 이때 관찰할 신체적인 단서는 고객의 자세, 몸짓, 목소리 톤, 얼굴 표정 등이다. 이는 수호천사가 언제 고객이 원하는 상태에 도달하는지 또는 그 상태에서 벗어나는지를 알 수 있도록 하기 위해서이다.

4. 고객은 사건을 떠올리면서 자신의 마음 상태가 가장 충만해질 때 수호천사가 그 상태를 알 수 있도록 엄지손가락을 들거나 윙크를 하거나 고개를 끄덕이거나 미소를 짓는 등 신호나 앵커를 선택할 수 있다.

5. 진행하는 동안 일어날 수 있는 문제에는 어떤 것들이 있는지 고객에게 질문하라. 이러한 질문은 수호천사가 고객의 기억이나 때로 용기가 필요할 때 도움을 주기 위해 꼭 알고 있어야 하는 중요한 사항이다.

6. 수호천사가 사용할 정신지리학을 결정하라. 예를 들면 수호천사가 고객으로부터 어디에 어떻게 위치를 잡을지를 결정한다.

7. 고객이 사용할 S.O.S 신호를 설정하라. 예를 들어 수호천사로부터 더 큰 격려가 필요할 때 사용할 신호 같은 것 말이다.

8. 진행의 일정 부분에 대해서 역할극을 해 봄으로써 실제 진행하는 동안 당신이 신호를 어떻게 사용할 것인지를 연습해 보라.

이 과정은 프레젠테이션을 하거나 팀을 이끌거나 또는 다른 사람과 의사소통을 하는 등 다양한 범위의 상황에서 적용할 수 있다.

| 가이드 도구 상자 | 지도 만들기, 은유 그리고 인터비전

좋은 가이드의 중요한 역할은 코칭을 진행할 때 도움이 되는 지도를 제공하는 것이다. 지도는 우리가 좀 더 성공적으로 새로운 영토를 항해할 수 있도록 도와준다. 그러므로 효과적으로 가이드하기 위한 핵심적인 도구는 특정한 영역이나 분야에 좀 더 익숙해질 수 있도록 길잡이가 되는 지도를 만드는 것이다.

지도 만들기 mapping

지도 만들기는 어떤 경험적인 '영토'에 대한 소개서를 만드는 과정이라고 할 수 있다. 지도 만들기는 어떤 특정한 현상이나 프로세스를 이루는 주요 요소들을 규정하고 인코딩encoding하는 것과 관련된다. 예컨대 어떤 도시의 거리를 만드는 것, 인간의 순환 체계인 동맥과 정맥을 표시하는 것, 기상 전선의 움직임을 표시하는 것, 어떤 주州나 나라의 지리학적인 특징을 표시하는 것 등이다.

일례로《웹스터 사전》은 지도 만들기를 "어떤 하나의 모든 요소에는 또 다른 어떤 것의 독특한 요소가 되는 것이 있는데, 이 두 요소를 서로 비교하고 분석하는 기능"이라고 정의하고 있다. 상징적인 지도, 개요적인 지도 그리고 은유적인 지도 등 서로 다른 많은 유형의 '지도들'이 있지만 가장 중요한 지도의 특징은 지도상의 요소들과 그들이 나타내고자 하는 영역의 실제 요소들 사이의 일치 정도이다.

지도 만들기의 가치는 우리가 그 장소에 실제로 '존재하지' 않아도 어떠한 경험이나 현상을 이해하고 의견을 교환할 수 있게 해 주는 데 있다. 관심 있는 중요한 부분들은 분석, 대조되고 변화되어 어떤 구조로 코드화할 수 있다. 지도 만들기는 또한 미래의 반응이나 사건을 어느 정도까지 예상 가능한 선에서 전망하거나 예측할 수 있도록 도와준다. 예를 들어 건축물 조사관은 집 아래 물이 있는 곳의 장소를 알아내고, 인접 영역의 높낮이를 검사해서 물을 모으거나 움직이는 방법을 알아내며, 물 문제를 해결할 배수 시스템을 만들어 낸다.

이처럼 NLP의 관점에서 보면 개인적인 '상황'의 특징은 지도로 만들어지고, 변화와 개선을 위한 효과적인 계획을 세우는 데 쓰일 수 있다. 예를 들어 NLP 모델링 과정은 한 사람의 행동 패턴들을 도식화하여 그것을 다양한 방식으로 적용하는 것까지를 포함한다.

그럼에도 불구하고 '지도는 영토가 아니다.'라는 사실을 반드시 명심해야 한다. 모든 지도의 주요한 특징은 그것이 표시하는 영토의 실제 모습들을 어느 정도까지는 삭제하고 왜곡하며, 일반화할 수밖에 없다는 것이다. 또 한 가지 기억해야 할 중요한 점은 영토는 변한다는 사실이다. 어떤 영토를 매우 상세하고 정확하게 표현한 지도도 영토가 변하면 쓸모가 없어진다.

NLP의 관점에서 보면 인간은 욕심 많은 지도 제작자이다. 그리고 우리의 세계 지도는 우리 주위의 세계를 해석하고 반응하기 위한 주요한 가이드 역할을 한다. 우리의 정신적인 지도들은 우리를 도울 수도 있고 제한할 수도 있다. 우리의 정신적인 지도들이 실제 영토의 요소들과 어느 정도 일치하느냐 그리고 가능한 선택들을 할 수 있느냐에 달려 있다.

은유와 유추 Metaphor and Analogy

코치들의 경험에는 한계가 있으므로 자신의 경험을 기반으로 은유나 유추의 방법으로 남에게 도움이 되는 지도를 만든다.

가이드로 요청받을 때 코치들이 가끔 직면하는 딜레마는 자신의 고객이 겪게 될 특정한 상황이나 환경에 대해 직접적으로 경험해 본 적이 없다는 것이다. 이러한 유형의 도전에 대처하는 한 가지 방법은 코치가 '은유'나 '유추'를 사용하여 고객을 위한 지도를 만드는 것이다. 은유나 유추는 우리가 어떠한 환경이나 경험과 또 다른 환경이나 경험 사이에 평행선을 그릴 수 있도록 도와준다.

인류학자이자 커뮤니케이션 이론가인 그레고리 베잇슨Gregory Bateson에 따르면, 유추하는 능력은 추측 사고Abductive thinking의 기능인데, 그는 이것을 연역법이나 귀납법과는 대조적으로 설명하고 있다. 베잇슨은 추측 사고 또는 유추는 좀 더 창의적인 쪽으로 이끌어 주기 때문에 예술과 천재를 위한 자원이 된다고 말한다. 베잇슨은 유추법이 우리가 우리 경험의 표면적인 차이보다는 더 깊은 구조에 집중하도록 도와준다고 믿는다.

그러므로 은유와 유추를 사용하는 또 다른 이점은 그것들이 우리로 하여금 어떤 과정이나 현상에 대한 이해가 풍부해지도록 자극하고, 우리의 전제를 발견하고 평가하게 한다는 데 있다. 상황이나 현상을 이해하기 위해서 사용하는 은유를 바꾸는 것은 종종 창의력을 자극하고 우리를 새로운 관점으로 이끈다. 은유적인 표현은 아이디어나 상황 또는 개념을 이해하는 것과 관련하여 새로운 연상을 일으키는 매우 일반적이고도 강력한 방법이다. 이는 또한 다른 상황들 사이에서 다른 배움을 얻는 유용한 도구이기도 하다. 그것은 사고의 유형을 자극하여 상황들 사이에서 특정한 배움을 얻거나 적용하는 데 필수적인 추상의 단계로 이끈다.

매우 다른 유형의 상황 사이에서 유추하는 것(예를 들어 스키 타는 것과 사무실에서 일하는 것)은 새로운 영역의 '지각적인 공간'을 만들 수 있다. 예를 들어 스키는 혼자 타는 것이고 업무는 다른 사람들과 함께 하는 것이지만 스키 타기와 사무실에서 일을 하는 것 사이에서 은유적이거나 유추적인 관련성이 있다는 것을 찾을 수 있을 것이다. 스키를 탈 때 나무와 구멍을 피하는 것은 사무실에서 사람들 간에 예상되는 방해 요소들에 대처하는 것으로 유추할 수 있을 것이다.

인터비전 Intervision

'인터비전'이라는 용어는 유럽의 정신 치료사들이 치료하는 동안 대면하게 되는 도전적인 상황이나 고객을 상대하는 방법에 대해 그룹 토론을 하고 훈련하는 과정을 묘사하는 방법으로 쓰였다. 인터비전은 수퍼비전supervision과 대조되는 개념이다. 수퍼비전에는 사람들 사이에 내재된 '위계 질서적인 관계hierarchical relationship'가 있다. 감독자가 다른 사람에게 '올바른 지도'를 제공하는 것은 슈퍼비전과 관계가 깊다. 인터비전에서는 사람들을 동료로 가정하며, 거기에는 '올바른 지도right map'가 없다.

인터비전은 문제와 아이디어 그리고 결과를 파악하고 개념화하는 방식이다. 이 인터비전 과정의 목표들 가운데 하나는 해결책을 만드는 데 도움이 되는 시각적이고 상징적인 사고 전략들을 적용하는 것이다. 사람들이 세상에 대한 서로 다른 지도를 가지고 있다는 사실에서 함께 창의력을 만들어 가는 강력한 형태가 일어난다. 다른 누군가가 특정한 개인의 문제 또는 결과를 제시하는 방법은 자동적으로 개인이 처한 상황에 대한 인식을 풍부하게 하는 데 도움이 된다. 아인슈타인의 명언 중에 "우리의 사고는 같은 유형의 사고로는 해결할 수 없는 문제들을 만들어 낸다."라는 말이 있다. 새로운 지도를 얻는 것은 새로운 해결책을 찾아내는 매우 강력한 방법이다.

인터비전 지도 만들기 프로세스

다음은 코칭하는 상황에서 가이드로서 인터비전 프로세스에 적응하는 방법을 진술한 것이다.

1. 고객은 자신에게 지도가 필요한 경우에 그 상황을 다음과 같이 묘사한다. '나는 다음과 같은 상황 때문에 지도가 필요합니다……'
2. 가이드는 그 상황의 주요한 요소와 패턴들('더 깊은 구조')을 듣는다. 고객이 상황에 대한 묘사를 끝냈을 때 가이드는 그 자신이 경험한 상황 중에서 고객이 묘사한 것과 비슷한 것에 대해 생각해 본다. 만약 가이드가 고객이 묘사한 것과 비슷한 물리적 상황에 처한 경

험이 없을 때는 고객이 묘사한 주요 요소나 패턴들과 관련하여 비슷한 상황을 찾기 위해 유추를 사용할 수 있다.
3. 가이드는 자신이 고객의 상황에 대해 이해한 것을 고객에게 제안해야 할 상징적이거나 은유적인 그림을 그린다. 어떤 종류의 도표나 스케치가 되어도 상관없다. 예를 들어 어떤 사람은 나무나 풍경을 그리고 어떤 사람은 사각형이나 원, 별과 같은 기호의 그룹을 그리고, 그것들을 선과 화살표 등으로 연결한다.
  가이드는 고객의 상황에 대해 개인적으로 이해한 그림과 가능한 해결책을 제안할 수 있도록 그려야 한다.
4. 그런 다음 가이드는 고객에게 자신의 그림을 보여 주면서 가능한 해결책에 대해서 설명한다. 즉 가이드는 자신의 지도를 보여 주면서 말한다.

- 당신의 상황에 대해서 저는 이렇게 이해합니다.
- 저는 당신이 묘사한 것과 같은 비슷한 상황에 처한 적이 있었습니다. 그것은 …… 이었습니다.
- 내가 한 것은 …… 이었습니다.
- 당신에게 필요한 것은 …… 라고 생각합니다.

만약 당신이 그룹이나 팀으로 일하고 있다면 좀 더 폭넓은 범위의 다양성을 얻기 위해서 가이드 역할을 하는 몇몇 사람들과 이 과정을 실행해 보는 것이 유용하다. '서로 보이는intervision'이라는 말은 말 그대로 '상호간에 보이는'이라는 의미이기 때문에 그룹의 인터비전은 일반적으로 원을 만들어 앉아서 실행하면 좋다. 가이드들은 고객이 처한 상황에 대한 이해와 이와 관련하여 그 사람에게 제안해야 할 가능한 해결책에 대해 가이드 자신의 그림을 그린다.

가능한 해결책이 고객에게 제시된 뒤에, 다양한 그림과 해석 뒤의 가설들에 대해서 논의하는 것은 유용할 수 있다. 특정한 환경에 대한 다른 사람들의 지도들과 가설들을 대조하는 것은 지각 공간에 대한 인식 능력을 풍부하게 하고 다른 가설들을 밝혀내는 방법이다.

이 워크에 대한 가정은 그림의 형태로 외부적인 지도를 만드는 것이 1) 사람들 사이의 지도의 다양함을 인지하고, 2) 특정한 상황에 대한 다양한 관점을 만들어 내는 데 있어 효과적인 수단이라는 것이다.

인터비전 과정의 마지막에서는, 고객은 자신의 상황에 대한 지도들이 어떻게 풍성해졌는지에 대해 가이드에게 피드백을 해 주어야 한다. 고객은 자신의 지도가 더 풍부해질 수 있도록 그 상황에 대해서 다시 진술하고 묘사한다.

가이드 도구 상자 | 셀프 지도 만들기와 인과 관계 연결 고리들

가이드가 고객을 도울 수 있는 또 다른 방법은 고객들 스스로 이전에 경험한 성공을 지도로 만들 수 있도록 하는 것이다. 이는 스스로 지도 만들기 모델링의 유형으로 고객이 자신의 환경을 명확히 이해하고 잠재적인 자원들을 구체화시킬 수 있도록 돕는 것이다.

다른 유형의 지도는 이전에 알아차리지 못한 특정 영토에 대한 특징들을 발견하게 해 준다. 인과 관계 연결 고리 지도들은 특정한 환경이나 상황과 관련된 주요한 시스템적 역동성을 밝히고 명확히 하는 지도 만들기의 특별한 노출법이다.

인과 관계 연결 고리들

'인과 관계 연결 고리들'에 관하여 과정과 현상을 개념화하는 것은 시스템적 사고방식에서 필수적인 부분이다. 피터 센게Peter Senge(1991)는 시스템적인 사고방식에 대한 그의 고전적인 저서 《제5경영 The Fifth Discipline》에서 시스템적인 사고방식의 '본질'에 대해 다음과 같이 기술했다.

a) 직선적인 원인-결과 연결 고리보다는 관계들을 보는 것
b) 단면적인 부분보다는 전반적인 변화의 과정을 보는 것

시스템적으로 사고하기 위해 우리는 반드시 우리가 이해하거나 영향을 주고자 하는 상황에 대한 구조에 대해 시각화하고 지도를 만드는 방법을 바꿔야 한다고 그는 주장한다. 그에 대한 출발점으로 유리잔에 물을 채우는 과정을 그린 다음의 도표에서처럼 센게는 순환적인 구조의 유형을 제안한다. 이 도표는 간단한 피드백 고리로서의 활동에서 관련된 기본적인 요소들을 묘사하고, 이 피드백 고리는 화살표로 서로 연결되어 다양한 요소들이 서로에게 미치는 '영향'을 나타낸다. 센게는 개인이 전반적인 피드백 연결 고리를 상상하고, 직선적이고 기계적인 사고방식을 확실히 깨는 방법으로 순환적인 화살표의 사용을 강조한다.

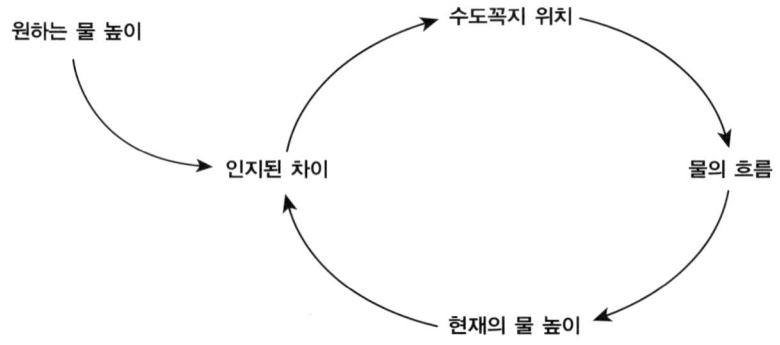

■ 유리잔에 물을 채우는 '인과관계 연결 고리' 도표

고객들이 '환경 변수'와 '결정 변수' 사이의 관계를 시각화할 수 있도록 하기 때문에 인과 관계 연결 고리들을 사용하면 가치 있는 지도 제공을 도울 뿐 아니라 그들이 어떻게 기회를 활용하고 제약들을 다루어야 하는지에 대한 이해를 돕는다.

다음의 과정은 고객들이 그들 자신의 성공 경험에서 주요 성공 요소들을 유형화하는 것을 돕기 위해 인과 관계 고리 지도를 사용하는 구조를 제공한다.

인과 관계 연결 고리 지도 만들기

고객이 전환이나 변화의 시기를 성공적으로 이끌었던 때, 즉 '역경을 극복' 하거나 '변화하는 세상에서 살아남은' 순간을 회상하게 하라. 고객과 함께 다음의 단계를 밟아 가며 그 변화의 과정을 그린 인과 관계 연결 고리를 만들어라.

1. 고객이 이야기하는 동안 종이 위에 그 이야기나 사례에서 7~10개의 키워드를 적어라. 키워드는 그것이 행동이든 사람이든 신념이든 가치든 현상이든 상관없다.

2. 키워드들 사이의 영향력을 설명할 수 있도록 키워드 사이를 연결하는 화살표를 그려 이야기의 흐름을 포착하라. 이때 화살표는 직선보다는 활 모양이나 반원 모양 형태로 한다. 플러스 기호(+)를 화살표 아래에 추가함으로써 긍정적이거나 강화하는 영향력을 표시할 수 있다. 화살표 아래에 마이너스 기호(−)를 추가함으로써 부정적이거나 약화시키는 영향력을 표시할 수 있다.

3. 당신의 고객이 이야기를 다 마치면 초기 지도로 돌아가서 키워드를 확인하고 고객이 직접 그것을 편집하거나 당신이 놓쳤을지 모르는 다른 키워드를 첨가하게 하라. 재검토한 뒤에는 키워드 사이에 당신이 그려 놓은 연결 고리들을 확인하라.

4. 당신은 사안에 따라 피드백 고리가 '닫혔다'는 것을 확실하게 표시하라. 경험 법칙에 의해, 모든 키워드들은 최소한 하나의 화살표가 그들로부터 나가고 또 다른 화살표가 그들을 향해 들어와야 한다.

5. 고리들 사이에 끼어 있을지 모르는 불필요한 요소를 고려하고, 이야기의 중요한 부분 중 빠졌을지 모르는 고리들을 찾아내 지도를 재정비하라.

6. 이 고리들은 어떤 가설들을 가정하는가? 즉 어떤 믿음들이 지도 뒤에 있는지를 발견하라.

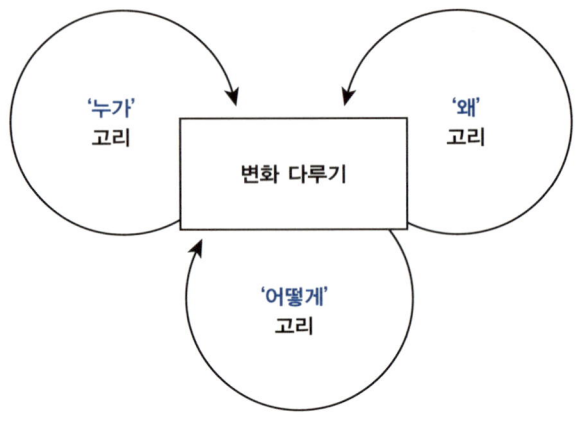

■ '어떻게', '왜' 그리고 '누가'를 종종 포함하는 변화 다루기

종종, 어떻게(단계들과 전략들을 포함해서), 왜(변화와 관련된 믿음들, 가치들, 동기) 그리고 누가(역할과 아이덴티티 문제들)와 관련된 몇 개의 고리들을 포함한 변화 다루기를 찾아낼 수 있을 것이다.

다음은 고객이 어려운 상황을 효과적으로 다룰 수 있었던 순간에 대해 말한 것이다. 잘 살펴보기 바란다.

몇 년 전, 나는 새로운 벤처 사업에 몸담고 있었다. 처음에는 모든 일이 순조로웠고, 일에 대해서도 매우 흥분해 있었다. 우리는 매우 혁신적인 아이디어들을 가지고 있었고, 시장을 주도해 나갈 것처럼 보였다. 그러나 경쟁이 심해졌고, 경기도 나빠지기 시작했다. 이로 인해 우리 경영팀 내부적으로 많은 질책이 오갔고, 나아갈 방향을 두고 갈등이 생기기 시작했다. 나는 창립 멤버의 한 사람으로서 엄청난 압박을 받게 되었고, 그 압박은 견딜 수 없을 만큼 점점 더 커져 갔다. 결국 나는 한 발 뒤로 물러서서 내 마음속에 몇 가지 한계선을 그었다. 그 덕분에 압박감에서 조금은 자유로워질 수 있었고, 우리의 비전이 무엇이며 우리가 무엇을 위해 나아가야 할지 생각할 수 있었다. 그 결과 나는 우리의 목표를 분명히 깨닫게 되었고, 이를 달성하기 위해서 내가 어떤 역할을 해야 하는지도 알게 되었다. 우리는 팀 회의를 하고 원래의 비전과 가치의 재정비가 가진 중요성에 대해 논의했다. 이로 인해 우리는 우리가 하고 있던 일들을 바라보고, 우리의 에너지를 낭비하고 산만하게 만드는 것들이 무엇인지 점검할 수 있었다. 몇몇 사람들은 회사를 떠나갔지만 남은 사람들의 의지는 확고했다. 비록 조직은 작아졌지만 이전보다 큰 집념과 집중력으로 무장하게 된 것이다.

우리는 또한 처음부터 우리와 함께 한 몇몇 주요 고객들과 이야기를 나누고, 그들에게 필요한 것이 무엇인지를 물어보았다. 그리고 더 나은 서비스를 제공받기 위해 우리에게 바라는 것도 함께 물어보았다. 그 결과 우리는 그동안 해 오던 일 중 몇 가지를 중단하거나 일부 상품의 용도를 변경하는 등 이제까지와 다른 관점에서 사업을 운영하게 되었다. 또한 우리는 슬럼프에서 빠져나오게 되었고, 경쟁 업체들보다 고객들이 필요로 하는 것을 제공할 준비를 더 잘 할 수 있게 되었으며, 새로운 기회를 활용할 준비까지 할 수 있게 되었다.

인과 관계 연결 고리 접근법을 이용해 이러한 '변화의 이야기'를 지도로 만드는 방법을 다음 도표에서 살펴보자.

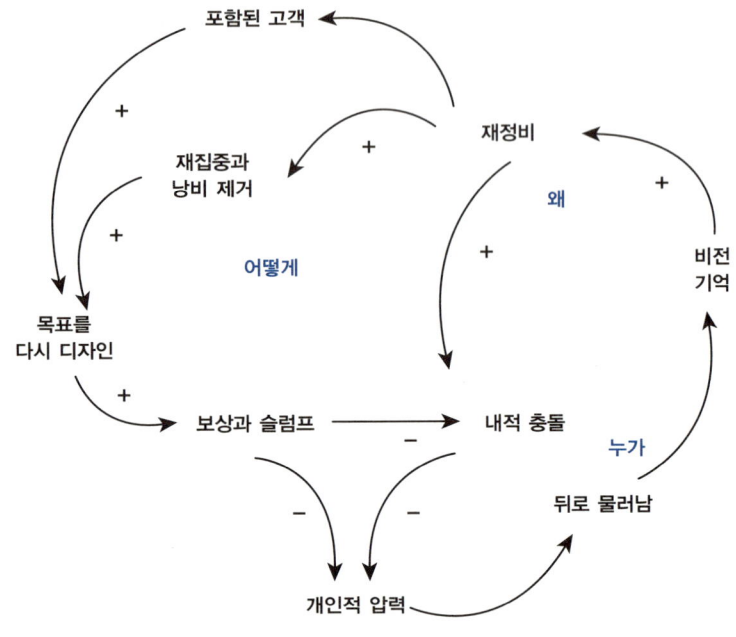

■고객의 변화의 과정을 위한 인과관계 연결 고리 지도의 예

    도표는 경쟁과 지속적인 경기 침체가 경영팀의 내부적인 갈등을 불러왔다는 것을 묘사한다. 이 두 가지 요소는 고객이 느끼는 개인적인 압박감을 증가시킨다. 뒤로 물러나서 비전을 회상하는 연결 고리(누가 고리)를 통해 과정을 재정비하게 되고, 이는 팀 내부의 갈등을 감소시킨다(왜 고리). 이 역시 재집중과 절약이라는 하나의 고리와 상품과 서비스의 재고안과 용도 변경을 이끈 고객 참여라는 또 하나의 고리(이 두 가지가 어떻게 고리)를 자극했고, 궁극적으로 경쟁과 경기 침체에서 비롯된 문제를 긍정적으로 다룰 수 있도록 해 주었다.

이러한 지도들은 고객들로 하여금 그들 자신의 경험으로부터 유형들을 '깨닫도록' 도와 그것으로부터 배우고, 이러한 유형을 앞으로 다가올 도전에 대응하는 효과적인 전략으로 발전시킬 수 있도록 해 준다.

요약

정리하면 보호하기와 가이드하기는 고객의 환경적인 배경을 다루는 과정들이다.

보호하기는 고객이 처한 외부 상황에 주의를 기울이고, 고객에게 필요한 것을 확실히 지원하고, 외부로부터의 불필요한 혼란이나 간섭이 없는지를 살피는 단계를 포함한다.

정신지리학은 고객이 수행하는 공간과 상호 작용적인 관계를 극대화하도록 돕는 보호 도구이다.

수호천사로서 행동하는 것은 새로운 수행에서 장애 요소나 도전적인 환경에 직면한 고객들을 위해 주요한 지원을 코치가 제공하는 또 다른 보호의 자원이다.

가이드하기는 그들에게 지시, 조언 그리고 다른 유용한 지식들을 가이드 개인의 경험과 더불어 제공함으로써 고객들이 낯선 환경으로 나아갈 때 방향을 잡을 수 있도록 돕는 것이다.

지도 만들기, 은유 그리고 인터비전의 과정은 고객들에게 새로운 환경에 대한 유용한 지식과 통찰력을 얻을 수 있는 방법을 제공하는 도구들이다.

인과 관계 연결 고리 지도들은 고객들이 그들의 환경 내에서 중요한 시스템적인 역학을 알 수 있도록 돕고, 어떻게 기회를 이용하고, 한계들을 다룰지에 대해서 더 명백히 인지할 수 있도록 돕는다.

CHAPTER 2

코칭

2장의 개요

행동
행동 코칭
코칭 도구 상자 : 목표 설정하기
목표 정의하기
목표 설정 질문들
코칭 도구 상자 : 잘 형성된 결과들
잘 형성된 결과 활동 용지
돌고래 이야기
돌고래 이야기에 나타난 코칭의 기본 원칙들
돌고래 이야기와 코칭의 관련성
돌고래 이야기 적용하기
코칭 도구 상자 : 피드백과 확장하기
코칭 도구 상자 : 비교 분석과 '지도 요소 교차시키기'
비교 분석 방식
신체 자세와 성과
제스처와 성과
코칭 도구 상자 : 앵커링
내면의 자원들을 앵커링하라
요약

02
코칭

중요한 것은 의지가 아니다. 의지는 모든 사람이 가지고 있다. 정말 중요한 것은 이길 준비가 되어 있는 의지다. _ 폴 "베어" 브라이언트 paul 'bear' Bryant

우리 모두는 꿈을 가지고 있다. 그러나 꿈을 현실로 만들기 위해서는 끔찍할 정도의 결단력과 헌신, 자기 훈련 그리고 노력이 필요하다. _ 제시 오웬스 Jesse Owens

보호하기와 가이드하기는 종종 더 깊이 있는 코칭으로 진화하는데, 이때는 고객과 다른 관계를 형성할 뿐만 아니라 그에 사용되는 도구들도 달라져야 한다. 코치들은 가이드와는 대조적으로 고객이 특정한 행동 차원의 능력을 계발할 수 있도록 적극적으로 돕는다.

 이 장에서 사용하게 될 코칭 개념은 협의의 코칭 또는 '행동 코칭'이다. 앞에서 확인한 바와 같이 협의의 코칭은 행동 단계, 즉 다른 사람이 어떤 특정한 행동 차원에서 구체적인 성과를 달성하거나 개선하도록 돕는 과정에 초점을 맞춘다.

행동

효과적인 행동 차원의 성과란 당신이 특정한 외부 환경에서 당신의 행위들을 감지하고 조화롭게 만드는 것을 뜻한다. 이 단계에서 학습과 변화는 어떤 환경에서 발생하는 행동 차원의 행위들과 결과, 다시 말해서 특정한 장소와 시간에 일어난 무엇 또는 일어날 것으로 예상하는 것과 관련되어 있다. 그러므로 우리의 행동들은 우리를 둘러싼 사람 또는 환경과 상호 작용하는 신체적 행위이자 반응이다. 행동은 정신 운동 시스템의 산물이며, 우리가 우리의 환경을 지각하기 위해서 사용하는 감각 기관들보다 더 깊이 있는 단계의 신경학적인 요소이다.

각종 업무와 절차 그리고 대인 관계에서의 상호 작용과 같이 사람들이 적극적으로 관여하는 특정한 행동들은 원하는 목표와 결과를 성공적으로 성취하기 위한 주요한 수단으로 작용한다. 행동적인 요소들은 성공에 도달하기 위해 취해야 하는 특정한 행동 단계들이다. 보다 엄밀히 말하면, 행동적인 요소들은 성공하기 위해서 반드시 해야 하거나 또는 수행해야 하는 것이다.

행동 코칭

앞에서 언급한 것처럼 협의의 코칭 방법들은 주로 운동 경기 훈련 모델에서 파생되었다. 그렇기 때문에 자원과 능력의 의식적인 자각과 적성의 개발을 활성화시킨다. 이러한 방법들은 주의 깊은 관찰과 피드백 그리고 개인이 팀의 다른 구성원들과 조화롭게 행동하도록 촉진함으로써 사람들의 능력들을 이끌어 내고 강화하는 것을 뜻한다. 유능한 코치들은 고객의 행동을 주의 깊게 관찰하고, 그들이 어떻게 하면 특정한 정황과 상황 속에서 개선될 수 있는지에 대해 조언과 가이드를 제공한다.

다른 사람을 지원하거나 함께 일할 때 협의의 코치는 다음과 같은 믿음을 가진다.

- 사람은 저마다 효과적으로 성과를 내는 데 필요한 능력들을 가지고 있다. 이러한 능력들은 적절한 보상과 문제 해결을 위한 정보 제공을 통해 이끌어 낼 수 있다.
- 만약 적절한 격려와 피드백을 해 준다면 나의 고객은 자신의 성과를 자연스럽게 개선시킬 것이다.
- 모든 사람은 세상에서 가장 잘하는 무언가를 가지고 있다. 만약 내가 적절한 격려와 피드백을 해 준다면 나의 고객은 자신이 도달할 수 있는 최고의 상태에 도달하게 될 것이다.
- 만약 사람들이 이미 자신이 잘하고 있는 것에 대해 더 잘 안다면 그들은 그것을 쉽게 확장할 수 있다.
- 나의 고객들은 그들 자신을 확장시키고 시도할 때마다 긍정적인 피드백을 받음으로써 그들의 능력을 기르고 개선시킬 것이다.

협의의 코치가 가져야 할 리더십 유형은 '조건적 보상contingent reward'의 리더십이다. 조건적 보상은 상당히 직접적인 리더십 유형으로, 이것은 일종의 노력과 보상의 교환 계약이라 할 수 있다. 이 단계에서 좋은 코치는 성공하거나 보상받기 원한다면 무엇을 해야 하는지를 알려 준다. 노력에 대한 대가로 그들이 바라는 것을 얻고 있다는 것을 사람들에게 확신시켜 주고, 잘한 일을 인정하고 칭찬해 준다. 또한 유능한 협의의 코치들은 개선 방법에 대한 구체적이고도 지속적인 행동 차원의 피드백을 제공한다.

코칭 도구 상자 | 목표 설정하기

가장 중요한 코칭 기술 중 하나는 사람들이 목표를 명확히 설정하고 구체화할 수 있도록 돕는 것이다. 서문에서 서술한 바와 같이 코칭 방법론들은 문제 중심이기보다는 해결책 중심이거나 결과 중심이라고 할 수 있다. 확실한 목표 없이는 어떠한 보상이나 피드백 시스템도 확립될 수 없다.

《웹스터 사전》은 '목표goal'를 '야망과 노력이 지향하는 최후의 지점', '행동의 과정들을 거친 뒤에 야기되는 상태나 상황'으로 정의해 놓았다. 그렇다면 목표는 본질적으로 개인 또는 집단이 원하는 상태나 결과를 의미한다. 이는 곧 '당신은 무엇을 원하는가?'라는 질문에 대한 대답이다. 목표는 동기의 근원이다. 그리고 목표는 의식적, 무의식적인 자원 모두를 동원하는 강력한 자기 조직화self-organizing 과정을 자극할 수 있다.

목표는 모든 NLP 기술과 전략, 개입에 있어서 근본적인 것이다.

목표는 목표 대상 그리고 어떤 특정한 개입 또는 전략에 따르는 모든 활동들에 있어 중심이 되는 것이다. "만약 당신이 아무것도 하고 싶지 않다면, NLP는 당신에게 아무런 가치가 없는 것이다."라고 사람들은 말해 왔다.

목표가 매우 중요하기 때문에, 코치들은 고객들이 적절하고 의미 있는 목표를 확립할 수 있도록 도울 필요가 있다. 이러한 의미에서 좋은 코치가 되는 일은 택시 기사가 되는 것과 어느 정도 비슷하다. 손님이 승차할 때 기사가 처음으로 하는 질문이 무엇인가? "어디로 가십니까?"이다. 이 질문에 당신은 바로 대답하지 않고 이렇게 말할 수도 있다. "전, 여기가 싫어요. 나에게는 너무나 많은 문제가 있었어요. 굉장히 끔찍했죠." 하지만 인내심을 가지고 당신의 말에 귀 기울이며 당신의 불편함을 파악한 뒤 기사는 존중하는 마음으로 똑같은 질문을 반복할 것이다. "그래서 가고 싶은 곳이 어디입니까?" 당신은 이 질문에 다음과 같이 대답할 수 있다. "글쎄요, 맥도널드에는 가고 싶지 않아요. 지난번에 갔던 그 끔찍한 동물원도 싫고요. 그리고 추운 곳에도 가고 싶지 않아요." 다시 한 번, 기사는 친절하게 당신의 걱정에 귀를 기울여 줄 것이다. 하지만 여전히 이렇게 물을 수밖에 없다. "그렇다면 이번엔 어디로 가시고 싶으십니까?"

예로 든 택시 기사의 경우처럼 코칭에서도 고객들로부터 목표와 결과를 도출해 내기가 매우 어려운 경우도 있다. 종종 사람들이 코칭에 참여할 때 그들은 하고 싶은 것보다는 하고 싶지 않은 것에 대해서 더 많이 알고 있다.

다음의 서술은 사람들이 그들의 목표를 규정하는 데 사용하는 일반적인 방법들 가운데 일부로, 각각은 고객이 바라는 상태의 본질에 대한 각기 다른 통찰을 제공한다.

목표 정의하기

목표는 현재 상태 또는 문제 상태와 관련하여 세워진다. 예를 들어 어떤 사람이 '대중 연설에 대한 두려움'을 갖고 있다고 하자. 목표 설정의 가장 간단한 유형(어떤 때는 가장 문제가 되는 유형일 때도 더러 있지만)은 문제 상태를 부정함으로써 목표를 정의하는 것이다. 만약 문제 상태가 '대중 연설에 대한 두려움'에 관한 것이라면, 그는 처음에 자신의 목표를 '여러 사람들 앞에서 말하는 것에 대한 두려움을 없애고 싶다.'라고 할 수 있다.

이것은 목표를 확인하는 일반적인 방법임에 틀림없고, 좋은 출발점이 될 수 있다. 하지만 이 전략의 문제점은 이것이 실제로 '당신은 무엇을 원하는가?'라는 질문에 대한 답이 될 수는 없다는 것이다. 이는 그 사람이 무엇을 원하지 않느냐에 대한 진술이므로 절대로 실제적인 목표가 될 수 없는 것이다. 사실 이것과 같은 부정문들은 종종 사람들이 원하는 상태보다 원하지 않는 상태에 더 초점을 맞춘다.

다음과 같은 역설적인 지시를 생각해 보라. '앞으로 30초 동안 파란 코끼리에 대해 생각하지 마라.' 어떤 것에 대해 생각하지 않기 위해서는 당신은 그것에 대해 계속 생각해야만 한다.

두 번째 일반적인 목표 설정 방법은 문제 상태의 반대 상태 또는 상반된 상태를 목표로 규정하는 것이다. 앞서 예로 든 '대중 연설에 대한 두려움'의 경우 그 사람은 "나는 사람들 앞에서 자신 있게 말하고 싶다."라고 말할 수 있다. 다시 말해 이는 논리적인 전략으로, 그 사람이 문제보다는 다른 어떤 부분에 더 초점을 맞출 수 있도록 도와준다. 그러나 이 또한 내적 반대와 마찰을 초래할 수 있다. 이 방법은 문제 상태에 대해 지속적으로 참고하고 비교하게 만든다. "문제를 초래하는 것과 같은 수준의 사고로는 문제를 해결할 수 없다."고 한 앨버트 아인슈타인의 말이 있다. 반대편 상태는 그것이 반대하는 상태와 같은 수준의 사고라고 정의할 수 있다.

 세 번째 목표 설정 과정은 원하는 상태를 명확하게 하는 수단으로 외부의 참고인 또는 역할 모델을 설정하는 것이다. 조직적인 계획이나 개발에서 이는 종종 '벤치마킹'이라고 불린다. 대중 연설을 예로 들면, 어떤 사람은 "나는 사람들 앞에서 마틴 루터 킹 목사처럼 말하고 싶다."라고 말함으로써 목표를 정할 수 있을 것이다. 이는 단순한 부정이나 반대편 상태의 추구를 넘어서는 이점들을 가지고 있다. 이는 본받을 수 있는 구체적인 인물을 제공하는 한편 문제 상태로부터 주의를 다른 곳으로 돌리는 효과가 있다. 이 방법이 초래할 수 있는 어려움 가운데 하나는 이것이 거리가 있는 결과라는 것이다.—이는 외면화된 참고 사항이다. 역할 모델을 세우는 것으로는 개인적인 자기 동일시가 어렵다. 그것은 또한 당연하게도, 사람들이 부적절한 기대를 하게끔 만들거나 모방에서 비롯된 부적합하고 불성실한 유형들을 만들어 낼 수도 있다. 이는 부정적인 비교를 초래하고 실패의 느낌을 불러올 수 있다. 또 한 가지 상황에서 역할 모델의 적합한 행위가 맞지 않는 다른 상황에 적용할 때 야기될 수 있는 생태학적인 위험도 있다.

 목표를 명확히 하는 또 하나의 전략은 원하는 상태의 구조를 명확히 하면서 주요 특징들을 이용하는 것이다. 이러한 특징들은 그 자신으로부터 또는 주요 역할 모델들로부터 끌어낼 수 있다. 앞에서도 여러 번 언급한 예를 이용하여 다음과 같은 추론을 할 수 있다. "나는 사람들 앞에서 말할 때 융통성과 조화성, 성실성과 같은 전문적인 기술을 수준 있게 구현하고 싶다." 이는 본질적으로 연역법적인 접근법이다. 이는 좀 더 높은 단계의 특징들과 구체적인 상황들에서의 원칙들을 분명히 밝히는 것이다. 이는 좀 더 융통성 있는 행동과 표현을 가능하게 만드는 동시에 반드시 특정한 개인의 경험으로부터 도출된다. 따라서 무엇이 필요한지 확실히 인지할 수 있지만 이를 실천할 수 있는지는 보장하지 않는다.

다섯 번째 목표 설정 방법은 생성적인 결과generative outcome를 만드는 것이다. 생성적인 결과는 문제 상태를 명확히 하거나 외부적인 또는 추상적인 참고인들을 따르기보다는 현존하는 자원이 충만한 상태의 특징들을 확장하는 것이다. 생성적인 목표는 사람이 '더 많은 무엇을'이라는 표현으로 원하는 것을 드러내며, 이는 '더 많이'라는 단어로 특징지을 수 있다. 예를 들어 대중 연설과 관련된 상황에서 "나는 좀 더 균형감 있고 창의적이고 싶다."라고 말할 수 있다. 결과를 명확히 하는 이러한 생성적인 방법의 중요한 특징은 어떤 사람이 이미 가지고 있는 것에 대해서 가정하고, 희망하는 소질들이나 특징들 중 적어도 일부라도 행동으로 옮길 수 있다는 것이다. 이러한 방법론을 적용하면 결과라는 것은 그 사람이 이미 가지고 있는 것을 더 많이 가질 수 있다는 단순한 문제로 보인다.

그리고 최종적인 목표 설정 전략으로는 이미 자신이 희망하는 상태에 '마치 도달한 것처럼as if' 행동하는 방법이다. 문제 상태에 여전히 빠져 있으면서 목표를 명확히 한다는 것은 어려운 일이다. 사실상 문제 그 자체가 되기도 하는 누군가가 문제 상태에 갇혀 있다면 창의력을 발휘해서 대안을 구상하기가 훨씬 더 어려워진다. '마치 ~인 것처럼as if'의 전략을 통해 사람들은 자신이 처한 문제 상태에서 벗어날 수 있다. 이는 자신이 원하는 상태에 이미 도달했다면 어떻게 될 것인지에 대해서 상상할 수 있게 한다. 또한 이를 통해 늦지 않게 원하는 상태에 도달할 수 있다. 대중 연설에 빗대어 설명하자면, "내가 만약 이미 원하는 상태에 도달했다면 나는 지금 사람들 앞에서 긴장을 풀고 편안한 상태로 있을 것이다."라고 말할 수 있을 것이다.

지금까지 목표를 규정하는 전략들에 대해 소개했다. 이것들은 저마다 장점을 가지고 있으며, 고객과 코치 모두가 고객이 원하는 상태에 대해서 더 잘 이해할 수 있도록 돕는다. 사실 가장 효과적으로 목표를 설정하는 전략은 목표를 명확히 하는 방법들을 동시에 사용하는 것이다. 이는 여러 가지 관점으로부터 성취 가능한 목표들을 찾아내고 쌓아 나가는 강력한 결과물들을 만들어 낼 것이다.

목표 설정 질문들

다음 질문들은 고객들이 그들의 관심을 '문제 상태'에서 '원하는 상태'로 이동시키고, 그들의 목표를 풍성하고 강건하게 묘사하도록 돕는다.

문제 상태를 명확히 하라.

당신이 바꾸고자 하는 문제 상태는 무엇인가?
나의 문제는 내가 _____ 것이다.

각각의 목표 설정 전략들을 사용하여 당신의 목표를 명확히 하라.
1. 문제 상태를 부정하기. 당신이 그만 하고 싶거나 피하고 싶은 것은

무엇인가?

나는 _____을 그만하고 싶다.

2. 문제의 반대편 상태를 명확히 하기. 문제 상태의 정반대 상태는 무엇인가?

나는 대신에 _____을 하고 싶다.

3. 외부적인 참고인과 관련하여 원하는 상태를 명확히 하기. 당신이 원하는 것과 비슷한 상태에 이미 도달한 사람은 누구인가?

나는 _____처럼 행동하거나 되고 싶다.

4. 원하는 상태의 구조를 명확히 하기 위해서 주요한 특징들 사용하기. 당신이 원하는 상태에서 증명하고 싶은 몇몇 중요한 특징들(당신의 이전 대답에서 당신이 선택한 역할 모델들에 의해 구체화된)은 무엇인가?

나는 _____와 같은 특징들을 구체화하고 싶다.

5. 발전적인 결과 확립하기—자원이 충만한 상태의 특징들을 확장하기. 원하는 상태와 관련해서 당신이 이미 가지고 있는 것 중 당신이 더 필요로 하거나 더 가지고 싶은 특징들은 무엇인가?

나는 더 _____되고/하고 싶다.

6. '마치 ~인 것처럼' 행동하기. 이미 당신이 원하는 상태에 도달했다

면 당신은 무엇을 할 것이며, 또 어떤 일을 더 할 것인가?

만약 내가 원하는 상태에 이미 도달했다면,

나는 _____하고 있을 것이다.

일단 당신이 목표를 설정하였다면 목표가 잘 만들어졌는지를 확인하는 일이 중요하다.

NLP는 결과들을 위한 몇 가지 '잘 형성된 조건들well-formed conditions'을 만들었다. 이것들은 목표들이 현실적이고, 동기를 부여하며, 성취 가능하다는 것을 확신할 수 있도록 돕는다.

코칭 도구 상자 | 잘 형성된 결과들 well-formed outcomes

잘 형성된 조건들은 효과적이고 생태학적인 결과를 창출해 내기 위해 결과가 반드시 충족시켜야 하는 조건들의 집합이다. NLP에서는 다음과 같을 때 그 특정한 목표가 잘 형성되었다고 여긴다.

1. 긍정적인 용어들로 진술되어 있다.
2. 감각적으로 진술되거나 표현되어 있다.
3. 자기가 할 수 있는 일들이다. 자기 통제 아래에 있다.
4. 현재 상태의 문제를 해결하는 내용이다.
5. 주변 환경이나 상황에 적절하다.

요약하면 다음의 조건들을 충족시킬 때 결과는 잘 형성된 것으로 여겨진다.

1. 결과는 반드시 긍정적인 용어들로 진술되어야 한다. 여러 측면에서 누군가에게 경험을 부정하도록 한다는 것은 논리적으로도 불가능하고 실질적으로도 불가능하다. 그러므로 만약 고객이 "나는 더 이상 불안한 마음을 가지고 싶지 않아요.", "나는 더 이상 나 자신에 대해서 비판적이고 싶지 않아요.", "나는 내 동료들에게 더 이상 화내고 싶지 않아요."라고 말한다면, 이 상황에서 코치의 첫 번째 임무는 실제로 고객이 이러한 부정적인 경험(앞의 택시 기사의 예처럼)에서 고객이 정말로 원하는 것이 무엇인가를 찾아내는 것이다. 예를 들어 코치는 "만약 당신이 불안하지 않다면 대신 어떤 느낌을 가질까요?"라거나 "당신 자신을 비판하지 않는 대신에 무엇을 할 수 있죠?" 또는 "만약 당신이 동료 직원들에게 화를 덜 낸다면 어떻게 될까요?" 등을 질문할 수 있다. 일반적으로 부정적인 것을 피하는 것보다는 긍정적인 결과를 향해 고객을 코치하는 것이 훨씬 더 쉽다.

2. 결과는 반드시 감각적인 경험에 의해 검증되거나 시험될 수 있어야 한다. 누구에게나 유용한 결과를 설정하는 유일한 방법은 당신이 그것을 성취하기 위해 시도할 때 이 과정을 명백하게 지각하고 평가하는 것이다. 택시 기사의 이야기로 비유하면, 우리가 택시 기사에게 실제로 도달할 수 있는 목적지를 제공해야 한다는 것이다. 만약 어떤 사람이 "난 어딘가 근사한 곳에 가고 싶어요."라고 말한다

면 그 기사는 거기에 도달할 수 있는 충분하면서도 구체적인 정보를 가질 수 없다. 이와 유사하게 코치들은 고객이 원하는 상태를 확인하고 행동으로 증명할 수 있도록 도울 필요가 있다.

유능한 코치는 고객이 결과를 얻기 위해 두 가지 기준이나 테스트를 마련하기를 요구할 것이다. a) 진행되는 코칭의 상황 그리고 b) 코칭 환경의 외부에서 고객이 활용할 수 있는 것들.

예를 들어 코치는 다음과 같이 질문할 수 있다. "오늘 이 자리에서 당신이 원하는 결과를 스스로 성취할 수 있다는 것을 보여 주기 위해 당신은 나에게 무엇을 증명해 보이겠는가?" 그리고 "당신이 당신의 직장 동료들(배우자, 자녀들, 가족, 상사 또는 다른 사람들)과 함께 결과를 성취해 왔다는(또는 성취하고 있다는) 것을 어떻게 증명할 수 있는가?" 그런 다음 코치는 고객과 언제 성공적인 결과를 만들어 낼 수 있었는지 명백히 알게 된다.

3. 원하는 상태는 반드시 고객에 의해 시작되고 유지되어야 한다. 좋은 코치의 주요 목표들 중의 하나는 결과를 성취하는 것에 대한 통제권이 고객에게 있도록 해야 한다는 것이다. 그러므로 고객이 만약 "나는 내 상사가 나를 더 이상 무시하지 않길 바랍니다."라고 말한다면 그 진술은 아직 잘 형성된 결과를 만족시키지 못한다. 이러한 경우에 코치는 이렇게 묻고 싶을 것이다. "당신의 상사가 당신을 무시하지 않는다면 그는 무엇을 할 것 같은가요?"(결과에 대한 긍정적인 진술을 얻기). 코치는 상사가 어떻게 하면 고객에게 주의를 기울이고 있다는 것을 알 수 있느냐에 대한 감각적인 진술을 얻기 원

할 것이다. 몇몇 만족할 만한 대답들은 다음과 같다. "상사는 내가 진행 중인 프로젝트에 대해 더 많이 말하려고 할 것입니다." 또는 "상사는 내 업무에 대해 좀 더 알고 질적인 면에서 코멘트를 할 것입니다." 그러면 코치는 다음과 같이 질문함으로써 고객이 결과에 대해 자기가 관리하거나 통제할 수 있도록 유도하는 질문을 할 것이다. "당신의 상사가 당신의 프로젝트에 대해 이야기하고 싶어 하고, 당신의 프로젝트에 대해 더 자주 코멘트를 하게 하려면, 당신은 어떤 일들을 할 수 있을까요?"(무엇을 해 왔느냐? 무엇을 하고 있느냐?) 그런 다음 코치는 고객이 결과를 성취하기 위해 융통성을 발휘하며 행동할 수 있도록 도울 것이다.

4. 원하는 상태는 반드시 현재 상태의 모든 긍정적인 부산물들을 유지해야 한다. 외관상 부정적으로 보이는 행위들의 긍정적인 부산물들은 우리가 습관(흡연이나 과식, 과음 등)이라고 부르는 것들에서 가장 잘 표현되어 있다.

예를 들어 많은 흡연가들이 긴장할 때 마음을 진정시키기 위해 담배를 피운다. 많은 흡연가들은 스스로를 일깨우고 자극하며, 더 깊은 호흡을 위해 담배를 피운다고 한다. 만약 흡연가가 담배를 끊고 나서 긴장을 풀거나 깊은 호흡을 통해 마음을 정리할 수 있는 대체 요법을 발견하지 못한다면 그는 엄청난 어려움과 불편함에 직면할 것이다. 아무리 원하는 상태에 이른다 할지라도 이전에 부정적인 요소들로 누렸던 긍정적인 부산물이 대체되지 못하면 사람들은 대안을 찾게 되고, 이는 전에 겪었던 문제를 불러일으키는 요소가 된다.

예를 들어 사람들은 긴장할 때 흡연 대신 과식이나 과음을 선택하는 것이다. 우리는 이를 '증상 대체symptom substitution'의 다른 유형이라고 표현한다. 많은 사람들은 조치를 취하는 것에 따르는 불편한 결과들을 피하기 위해서 늑장을 부린다. 특히 회사나 조직 내에서는, 원하는 결과가 초래하는 간접적 영향에 대해 구체적으로 탐구해야 한다. 그리하여 그것을 적절히 다룰 수 있도록 준비되어 있어야 한다. 코치는 고객과 고객의 시스템이 어떤 결과를 성취함에 따라 얻는 것과 함께 잃는 것은 무엇인지에 대해서 미리 탐구하고 싶을 것이다. 때때로 한 구성원의 행동 차원의 변화가 초래한 시스템 전반에 대한 충격은 기존의 문제보다 더 큰 문제를 낳기도 한다.

5. **결과는 반드시 적절하고 상황에 맞고 생태학적이어야 한다.** 대부분의 경우 사람들은 그들이 얻은 결과가 완전 무결하거나 '보편 타당한 것'으로 표현한다. 이러한 경우에 결과는 모든 상황들과 모든 환경들에서 요구된다는 것을 암시한다. 하지만 실제적으로는 이전의 습관이 어떤 상황에서는 꽤 유용하고 적절할 수 있지만 다른 상황에서는 부적절하며 문제가 될 수도 있다. 그러므로 누군가가 "나는 나의 아이디어를 공유하는 데 망설이고 싶지 않다."라고 말한다면 코치는 다음과 같이 질문하고 싶을 것이다. "당신의 아이디어들을 공유하고 싶지 않은 상황이 있는가?" 이것처럼 누군가가 "나는 팀 구성원들이 협력적이지 않을 때 뛰어난 설득력을 발휘하고 싶다."고 말한다면 코치는 "당신의 팀원들이 협조적이지 않은데도 그들을 별로 설득하고 싶지 않을 때가 있는가?"라고 반응할 수 있다.

각각의 경우 코치는 원하는 결과와 원하지 않는 결과들에 대한 적절한 범위와 한계선을 구체화하고 있다. 효율적인 코칭의 목표는 반응하거나 행동하게 하는 것 또는 한 가지 행동을 다른 것으로 단순히 대체하는 것이 아니라 고객에게 더 많은 선택 사항들을 제공하는 것이다. 고객에게 선택 가능한 사항들이 최선책이라는 것을 확신시키기 위해서 코치는 종종 원하는 결과들을 특정한 시간이나 사람, 장소, 활동 등으로 상황에 맞추어야만 한다.

잘 형성된 결과 활동 용지

1. **결과**—긍정적인 용어들로 진술되어 있다. 당신은 무엇을 원하는가?

2. **감각적인 증거**—결과에 대한 관찰 가능한 행위 차원의 증명. 당신이 이 목표를 달성한 것을 구체적으로 어떻게 알 수 있을까? 수행에 대한 기준은 무엇인가? 어떻게 검증될 수 있는가?

3. **스스로 달성 가능함**—목표는 그것을 원하는 개인이나 집단에 의해 설정되고 유지될 수 있어야 한다. 이러한 목표를 달성하기 위해서 구체적으로 당신은 무엇을 할 것인가?

4. **긍정적인 '부산물'의 유지**—문제 상태에 대한 긍정적인 의도와 이차적인 획득. 어떤 식으로든 당신이 현재 문제를 처리하는 방법에서 어떤 긍정적인 것들을 얻을 수 있는가? 당신의 새로운 목표를 위해 그러한 것들을 어떻게 유지할 것인가?

5. **적절하게 상황에 부합**—결과는 적절하게 상황에 맞고, 생태학적이다. 이 목표에 도달하는 것이 누구 또는 무엇에 영향을 끼칠 수 있는가? 어떤 조건에서 당신은 이러한 결과를 원하고 또 원하지 않는가?
   - 결과를 원하는 상황들 :
   - 결과를 원하지 않는 상황들 :

 돌고래 이야기

협의의 코칭의 가장 중요한 역할은 고객들에게 피드백과 격려를 제공하여 그들이 중요한 행동과 행위를 인식하고 극대화할 수 있도록 하는 것이다. 다음의 '돌고래 이야기'는 모든 유형의 코치들을 위해 강력한 유추와 원칙을 제공할 것이다.

인류학자 그레고리 베잇슨은 돌고래들의 의사 소통 유형을 연구하는 데 많은 시간을 보냈다. 그가 속해 있던 연구 기관은 그의 조사를 보완하기 위해서, 동물들로 하여금 종종 관객 앞에서 라이브 쇼를 하게 했다. 그러면서 연구를 계속 진행했다. 어떤 경우에는 하루에 세 번씩이나 쇼를 하기도 했다. 연구원들은 돌고래가 묘기를 부리도록 훈련하는 과정을 관객들에게 보여 주기로 결정했다. 돌고래들은 관객들이 보는 가운데 돌고래 대기 장소에서 공연 장소로 인도되었다. 조련사는 돌고래가 어떤 특이한 행동을 할 때까지 기다렸다. 그것은 사람들이 보았을 때 특이한 행동으로, 예를 들면 머리를 물 밖으로 내미는 것들이었다. 조련사는 돌고래들이 특이한 행동을 하면 그 자리에서 바로 호루라기를 불고 물고기를 먹이로 주었다. 그런 다음 조련사는 돌고래가 같은 행동을 반복할 때까지 기다렸다가 역시 특이한 행동을 보이면 호루라기를 불고 물고기를 주었다. 곧 돌고래는 물고기를 얻기 위해서 어떻게 해야 하는지를 알게 되었고, 종종 머리를 들었다. 이는 돌고래의 학습 능력을 증명하는 성공적인 증거가 되었다.

몇 시간 뒤, 돌고래는 두 번째 쇼를 위해서 공연 장소로 옮겨졌다. 자연스럽게 돌고래는 첫 번째 쇼에서 그랬던 것처럼 머리를 물 밖으로 내밀기 시작했고, 호루라기 소리와 함께 물고기가 날아오기를 기다렸다. 물론 조련사는 돌고래가 똑같은 묘기가 아닌 새로운 묘기를 보여 주기를 원했다. 첫 번째 공연에서 공연 시간의 2/3를 한 가지 묘기만을 반복한 돌고래는 결국 좌절하고 꼬리를 내렸다. 조련사는 틈을 놓치지 않고 즉각 호루라기를 불고 물고기를 던졌다. 놀라고 약간 혼란스러운 돌고래는 조심스럽게 자신의 꼬리를 다시 뒤집었고, 물고기를 받을 수 있었다. 돌고래는 곧 즐겁게 자신의 꼬리를 뒤집었고, 자신의 학습 능력을 성공적으로 보여 준 뒤 그의 보금자리로 돌아갔다.

세 번째 공연을 위해 공연 장소로 옮겨진 뒤, 돌고래는 지난번 공연에서 배운 꼬리 뒤집기를 의무적으로 했다. 하지만 이번에도 조련사는 돌고래가 새로운 것을 배우기를 원했다. 결국 돌고래는 아무런 보상도 받지 못했다. 돌고래는 점점 절망하며 반복해서 꼬리를 뒤집다가 결국 화가 나자 뭔가 다른 것, 예를 들면 한 바퀴 돌기를 했다. 조련사는 즉각 호루라기를 불며 돌고래에게 물고기를 주었다. 몇 분 뒤 관객들 앞에서 성공적으로 한 바퀴 돌기를 선보인 돌고래는 대기실로 돌아갔다.

14회나 계속된 공연을 하는 동안 돌고래는 이러한 패턴을 계속해서 반복했다. 공연의 상당한 시간을 이전 공연에서 배운 행동을 반복하느라 낭비한 돌고래는 겉으로 보기에 '우연'으로 보이는 새로운 종류의 특이한 행동을 찾아서 조련 시연을 성공적으로 완성했다. 하지만 각각의 공연에서 돌고래는 자신이 '잘못한 것'으로 인해 점점 더 기분이 상하고 좌절감을 느끼게 되었다. 조련사는 조련 상황의 법칙을 깨고 정기적으로 돌고래에게 '이유 없는 물고기'를 주었는데, 이는 그와 돌고래 사이의 관계를 유지하기 위해서였다. 만약 돌고래가 조련사와의 관계에서 심한 좌절을 경험하게 되면, 돌고래는 더 이상 조련사에게 협력하려 하지 않을 것이고, 이는 결국 연구와 공연 모두에 심각한 지장을 줄 것이기 때문이었다.

결국 14회와 15회째 연습을 할 때 돌고래는 갑자기 마치 금광을 발견한 것처럼 아주 즐거운 상태가 되었다. 그리고 돌고래가 15회째 공연을 위해서 공연 장소에 들어갔을 때 돌고래는 8가지의 완전히 다른 행동을 포함한 묘기를 보여 주었다. 이중 4가지 묘기는 이전의 돌고래들에게서 한 번도 관찰할 수 없었던 것이었다.

돌고래 이야기에 나타난 코칭의 기본 원칙들
이 이야기의 중요한 요소들은 다음과 같다.

1) 돌고래는 특정한 행동에 반대되는 일련의 행동들을 배워야 했다.
2) 조련사가 아니라 돌고래가 행동의 특성들을 결정했다. 오히려 조련사의 주요한 임무는 돌고래에게서 새로운 행동을 이끌어 낼 수 있도록 상황을 다루는 것이었다.
3) 학습의 문제는 상황이 얼마나 구체적이냐(공연 장소) 하는 것이었다.
4) 호루라기는 특별한 반응을 불러일으키기 위한 특정한 자극이라기보다는 돌고래가 이미 한 무언가에 대한 메시지였다.
5) 돌고래에게 주어진 물고기는 돌고래가 특정한 행동을 하게 하기 위한 강화 장치라기보다는 조련사와 돌고래의 관계에 대한 메시지였다. 물고기는 메타 메시지다.

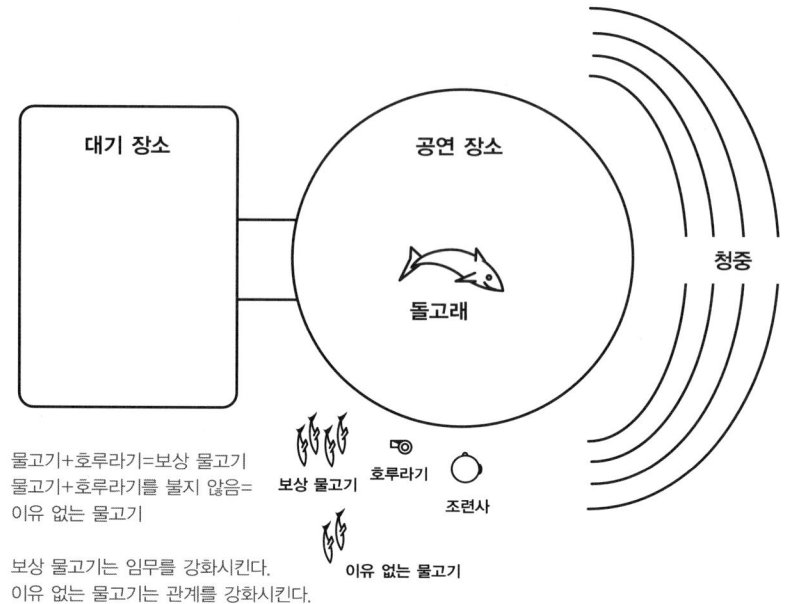

- 유능한 돌고래 조련사는 반드시 피드백(성취했을 때 주는 물고기)과 격려(성취와 무관한 물고기) 두 가지를 모두 주어야 한다.

6) 만약 조련사가 자신과 돌고래의 관계에 대해 둔감하여 그 관계를 유지하기 위한 노력을 하지 못했다면 아마도 그 실험은 실패했을 것이다.
7) 관객들은 돌고래와 조련사 양쪽을 다 보고 있었다. 이는 관객들을 즐겁게 했는데, 이것이야말로 전체 조련 상황의 목적으로 규정된다.

베잇슨에 의하면 이러한 학습 경험에서 사용된 자극들은 반사 작용들을 크게 증폭시키지는 못하지만 동물들이 그 상황을 해석하는 단서, 즉 일종의 메타 메시지를 제공하는 상황의 표식은 된다. 호루라기와 물고기의 조합은 '방금 당신이 한 것을 다시 반복하시오.' 라는 상황의 표식을 구성한다. 공연 장소는 호루라기와 물고기의 상황을 둘러싸는 상황의 표식이며, '지난번 쇼에서 한 것과는 다른 것을 하라.' 는 의미를 제공한다. 베잇슨이 지적하길, 조련사에게 있어서 관계는 '상황의 상황의 상황' 이다. 즉 조련사와의 관계는 다른 양쪽 상황들을 둘러싸는 상황이라는 것이다. 조련사와의 관계는 돌고래가 머무는 대기 장소, 공연 장소, 호루라기, 물고기로 확장된다. 그리고 관객에 대한 조련사의 절대적인 책임감에 의해 정의된 상황은 조련사와 돌고래와의 관계에 영향을 준다.

돌고래 이야기와 코칭의 관련성

베잇슨의 돌고래 이야기에서 조련사는 코치와 같다. 돌고래는 수행자이거나 고객이다. 공연 장소는 수행자가 반드시 행동해야 하는 사무실이나 교실 또는 환경이다. 그리고 조련사와 돌고래를 보고 있는 관객은 수행자와 코치 모두를 둘러싸고 있는 조직이나 사회 시스템을 대변한다.

 좋은 코치와 비슷하게 돌고래 조련사의 임무는 특정한 행동들을 하도록 '조건 반사와 같은 훈련을 시키는' 것이 아니라 돌고래가 스스로 자연스럽게 행동하여 창의력을 발휘할 수 있도록 하는 것이다. 돌고래 조련사의 성공은 그가 돌고래의 창의력을 '끌어내거나' 발산시키는 능력에 근거한다. 이는 어떤 특정한 시간과 공간으로 규정된 특정한 상황의 범위와 조건들 속에서 돌고래가 자신의 새로운 행위들을 할 수 있도록 강화하는 것이다.

 돌고래 조련사는 독립적인 객체로서 객관적인 관찰자(대부분의 동물 연구가들이 자신에 대해서 인지하는 방법)가 되기보다는 돌고래와 강력한 관계를 유지하고 있어야 한다. 그리고 조련사의 성공은 돌고래와의 끈끈한 관계를 어떻게 유지하느냐에 달려 있다. 관계 중심의 의사 소통은 '자극stimuli'이나 객관화된 '강화reinforcements'를 통해 지휘되는 것이 아니라 다음과 같은 메시지와 메타 메시지를 통해 지휘된다. 즉 (1) 관계에 영향을 미치는 상황이나 위치, (2) 임무와 관계가 발생하는 일련의 상황들 그리고 (3) 전달된 메시지의 수준. 메시지를 전달하는 매개체는 전달된 메시지보다 더 높은 수준의 메시다.

돌고래 이야기 적용하기

돌고래 이야기는 다음과 같은 사항의 코칭과 학습에서 몇 가지 중요한 원칙들을 강조한다.

1. 성과 향상에 있어서의 임무task와 관계relationship의 상관성
2. 효과적인 성과의 한 부분으로서 배우기 위한 학습의 상관성과 어려움
3. 행동에 대한 다른 사람들(관객)의 영향과 코치와 수행자 사이의 관계
4. 학습과 관련된 다른 종류의 피드백(호루라기와 물고기)의 상관성
5. 효율적인 피드백은 정보(호루라기)와 동기 부여(물고기)와 관계가 있다는 사실
6. 높은 단계의 학습이란 수행자의 입장에서 스스로 동기를 부여한 활동이다.
7. 긍정적인 피드백의 부족함은 수행자와 코치의 관계에 해를 끼칠 수

있으며, 수행자로 하여금 '포기하게' 만든다.

좀 더 효율적인 수행자가 되기 위해서 학습하려고 시도하는 사람은 공연 장소에 있는 돌고래와 같다. 그는 상황의 본질에 따라서 반드시 행동 면에서 자발적으로 변화를 꾀함과 동시에 다양한 유형의 피드백에 반응해야 한다.

효율적인 코칭을 위한 NLP식 접근은 돌고래 이야기에서 묘사된 것과 유사한 피드백과 보상이 요구된다. 개인은 다양한 활동에 참가하게 되는데, 이는 다른 사람과의 상호 작용을 의미하며, 이는 다시 특정한 목적들을 명확히 하고 실행하는 것과 관련 있다. 이러한 활동들을 통해 사람들은 두 가지 유형, 즉 '호루라기'와 '물고기' 라는 피드백을 제공받는다. 여기서 말하는 '호루라기 소리'는 '특정한 행위에 대한 관찰'이라는 형태로 주어진다. 그리고 '물고기' 는 '관찰자가 그 행위에 대해 좋아했던 무언가를 반영한 개인적인 코멘트'의 형태로 제공된다. 이러한 유형의 피드백은 '공식적인' 조련사와 코치들에 의해서만 제공되는 것이 아니라 그 집단이나 학습 팀의 모든 구성원들로부터 제공된다. 표면적인 단계에서 이 유형의 피드백은 누가 어떤 것을 잘하는지를 규정하고, 그 사람이 그것을 더 잘할 수 있도록 격려한다. 그리고 좀 더 깊은 단계에서는 사람들이 미리 대책을 강구하는 한편 지속적으로 개선하는 방법들을 연구하고 융통성을 발휘할 수 있도록 격려한다.

이러한 유형의 피드백을 더욱 효과적으로 주기 위해서는 관찰과 해석을 구분하는 방법을 배워야 한다. '호루라기 소리'는 반드시 구체적으로 관찰 가능한 행동들을 근거로 해야 한다. 그러한 행동에 관련된 해석들은 '물고기'에 반영된다. 이러한 유형의 피드백에서의 규칙은 만약 당신이 관찰을 하면 당신은 반드시 '물고기(관찰한 것 중에서 당신이 무엇을 좋아했는지에 대한 코멘트)'를 제공해야 한다는 것이다.

해석이나 반응이 수반되지 못하는 관찰은 데이터에 불과하다. 그것들은 어떠한 동기나 의미도 제공하지 못한다. 이는 마치 호루라기만 불고 돌고래에게 물고기를 한 마리도 주지 않는 것과 같다. 그것이 수행될 임무와 관련된 특정한 정보를 담고 있을 때 피드백은 정보를 제공한다(마치 돌고래 조련사의 호루라기 소리처럼). 피드백은 정보 또는 임무에 깊은 '의미'가 부여될 때 동기를 부여한다(돌고래 조련사가 임무 수행과 물고기를 주기를 연결시킬 때처럼).

이와 유사하게 만약 당신이 자신이 좋았던 것에 관한 코멘트를 한다면 당신 또한 반드시 당신이 반응한 구체적인 행동에 대해 설명할 수 있어야 한다. 만약 한 사람이 칭찬을 받거나 어떤 다른 보상을 받았지만 그러한 반응을 유도한 그의 행동이 무엇이었느냐에 대한 정보가 없다면 그 사람은 "내가 도대체 무엇을 했지? 이것은 무엇에 대한 보상이지?" 하는 의문을 갖게 될 것이다. 이는 그 사람이 무엇을 반복해야 하는지 또 무엇을 개선해야 하는지에 대해 전혀 모르기 때문이다.

예를 들면 어떤 사람이 자신의 비전과 임무에 대해서 프레젠테이션을 했다고 하자. 그 사람이 말을 마쳤을 때 그 집단의 한 구성원이 "저는 당신이 지속적으로 집단 구성원들과 눈을 맞추는(호루라기) 것을 보았는데, 그 덕분에 우리가 서로 같은 팀이라는 것을 더 느낄 수 있었습니다(물고기)."

따라서 피드백의 기본적인 형태는 다음의 주요 요소들을 포함한다.

- 내가 관찰한 것 : _____

- 그중에서 내가 좋아한 것 : _____

　사람들은 또한 임무와 무관한 '선물' 또는 '성취와 무관한 물고기'로 격려하거나 긍정적인 코멘트의 형태로 제공해 줄 것을 요청받는다. 예를 들면 한 사람은 다른 사람에게 "전 당신이 팀원들과 조화를 이루고 성실하게 일하기 위해 헌신하는 것에 감사를 드려요." 또는 "당신의 지지와 격려에 감사를 드립니다."라고 말할 수 있을 것이다. 이러한 유형의 메시지는 주로 개인과 관계에 초점을 맞추고 있다. 이것의 목적은 집단 구성원들 사이의 교감을 더 강화하기 위한 것이다.

　이 과정에는 부정적이거나 '교정적인' 피드백은 모두 배제되었다는 점에 주목해야 한다. 사람이 잘하고 있는 일을 하는 데 초점이 맞춰져 있다. 돌고래의 이야기에서와 마찬가지로 돌고래 조련사는 돌고래가 하는 일이 아무리 마음에 들지 않더라도 결코 '썩은 물고기'를 던지지는 않았다. 조련사는 또한 어떠한 다른 형태의 처벌이나 부정적인 조건을 돌고래에게 부과하지도 않았다. 부정적인 피드백을 주는 대신 돌고래는 자신이 뭔가 새로운 것을 하지 않는 한 호루라기 소리를 듣지 못하거나 물고기를 받지 못하는 것이 전부였다.

　때때로 사람들은 이러한 유형의 피드백이 궁극적으로 비효율적이라고 생각한다. 왜냐하면 사람들은 자신이 항상 성공할 수 있고, 결코 어떠한 실수도 하지 않을 것이라는 환상을 가지고 있기 때문이다. 그리고 이것이 만약 과정의 다른 요소들이 아니었더라면 이것은 사실일지도 모른다.

언젠가 기업의 현명한 임원이 이런 말을 한 적이 있다. "리더로 성장하기 위해서는 반드시 더 나은 환경을 만들겠다는 강력한 의지를 갖고 있어야 하며, 변화하지 않으면 안 되는 절박한 상황들을 만들어야 한다." 이것이야말로 자신이 성장할 수 있도록 이끌어 주는 도전을 만들어 내는 과정이다. 수행자가 자신을 위해서 '어려운 상황들'을 만들어 내도록 격려받기 때문에 성공에 대한 '환상'은 피할 수 있다. 환경이 적대적이지 않기 때문에 학습자는 자신이 손수 다룬 학습 경로를 관찰할 수 있다.

이러한 피드백 방법에 대한 가정은 다음과 같다.

당신은 무언가를 안정적으로 배울 수 있는 상황에 있다. 당신은 호기심이 많고 창조적이며 당신 스스로에게 도전할 수 있다. 당신이 어느 정도 배우고 성장할 수 있는지는 당신 자신의 주도성에 달려 있다. 새로운 것을 시도하고 실수를 하는 것은 괜찮다. 처음부터 완벽하게 수행하지 못한다고 해서 나쁜 일이 일어나는 것은 아니다.

당신은 구체적이고, 지지하는 피드백의 안내를 받을 것이다. 중요한 것은 당신이 할 수 있는 최선을 다해야 한다는 것이다. 당신이 '옳은 방법'을 사용하지 않는다고 해서 비난받지는 않는다. 왜냐하면 행동하는 데는 단 한 가지의 옳은 방법만이 있는 것은 아니기 때문이다. 오히려 당신 행동의 효율성은 상황이나 '관객'의 유형에 따라 변한다. 특정한 단서들에 대해 더 잘 알게 됨으로써 당신은 어떤 결정을 내릴 수 있다. 그러므로 지속적으로 새로운 행동들을 발견해 내고, 당신 자신의 자각과 융통성 그리고 자기 숙련을 하는 것이 중요하다.

이러한 유형의 피드백의 목적은 융통성과 변화하는 상황에 적응하면서 새로운 행동들을 만들어 내는 능력을 계발하도록 격려하는 것이라는 점을 명심하라. 만약 한 개인이 안정적이거나 반대로 위협적인 상황에서 특정한 절차를 따르도록 요구받았다면 감독과 교정적인 피드백이 적절할 것이다. 이러한 학습 방식의 목적은 격려와 효율적인 피드백을 통해 원래부터 내재되어 있던 능력들을 이끌어 내고, 드러내고, 또 최대화하는 것이라고 할 수 있다.

| 코칭 도구 상자 | 피드백과 확장하기

코칭의 한 가지 목적은 사람들이 그들의 행동에서 좀 더 폭넓은 융통성을 계발할 수 있도록 돕는 데 있다. 다음의 코칭 연습은 돌고래 이야기에서 도출된 몇 가지 원칙들을 적용한 것이다. 이는 격려하는 것과 탁월한 성과를 보상하는 것을 효과적으로 도울 수 있을 것이다.

1. 수행자(고객)는 자신이 정의한 잘 형성된 목표를 위해 행동해야 하는 상황을 선택한다.

2. 수행자는 코치의 도움과 함께 자신의 목표 달성을 행동으로 연습하기 위해서 약 5분간 간단한 역할극을 실시한다.

3. 수행자가 역할극을 마치면 코치는 다음의 형태로 수행자에게 피드

백을 준다.

- 내가 관찰한 것 : _____

- 그중에서 내가 좋아한 것 : _____

피드백은 구술이나 서면으로 제공될 수 있다. 서면으로 '호루라기와 물고기'를 제공하면 사람들이 그것을 집으로 가지고 가서 나중에 그것을 다시 읽을 수 있다는 장점이 있다.

4. 그런 다음 코치는 수행자의 목표와 관련하여 수행자의 융통성을 확장 또는 증가시키는 데 도전할 다음과 같은 구체적인 행동을 종이로 제안한다.

- 손을 더 많이(또는 적게) 사용하라.
- 다른 사람과의 위치를 생각해서 몸의 위치를 바꿔라.
- 다른 사람과 지속적으로 눈을 맞춰라.
- 비유법과 은유법을 활용해서 이야기하라.

5. 수행자는 제안 사항들 가운데 하나를 골라서 자신이 정한 목표를 달성하기 위해 선택한 하나를 적용하여 2~3분 정도 더 역할극을 계속하거나 반복한다.

6. 마지막 2~3분간은 수행자를 쉬게 하고, 다시 코치에게 다음과 같은 피드백을 받는다.

- 내가 관찰한 것 : _____

- 그중에서 내가 좋아한 것 : _____

코치와 수행자 모두 이 과정이 적절하다고 생각한다면 최대한 많이 반복하라.

집단이나 팀으로 함께 일할 때 몇몇 사람들은 자신이 받을 피드백과 선택 사항의 양을 늘리기 위해 수행자에게 '호루라기와 물고기' 그리고 '확장'을 제공할 수 있다.

이 과정의 마지막에, 수행자는 자신의 의식적, 무의식적 적성들과 관련하여 무엇을 배웠는지에 대해서 서로 공유할 수 있다.

| 코칭 도구 상자 | 비교 분석과 '지도 요소 교차시키기'

잘 형성된 결과들과 성과의 기준들이 만들어졌을 때 코치의 가장 주요한 임무 중 하나는 고객들이 그러한 결과들을 달성하고 그 기준에 부합하도록 하기 위해서 필수적인 주요 자원들을 규정하고 활성화할 수 있도록 도와주는 것이다. 그것을 완수하기 위한 간단하고 강력한 도구의 하나가 비교 분석과 '지도 요소 교차시키기 mapping across'이다.

비교 분석과 지도 요소 교차시키기는 코칭-모델링 연결 고리를 실용적으로 적용한 좋은 예이다. 비교 분석Contrastive analysis은 '차이를 만들어 내는 다른 점'을 찾아내려는 목적으로 다른 상태, 표상, 지도, 성과 또는 묘사를 비교하는 프로세스를 의미한다. 비교하고 대조하는 작업을 통해 경험의 구조에 대해 좀 더 깊이 이해할 수 있도록 도와주는 정보를 발견하게 된다.

예를 들면, 만약 어떤 상황에서는 창의적인 사람이 또 다른 상황에서는 창의적이지 못할 수도 있다. 이러한 두 가지 상황에 관련된 주요한 차이점에 대해 분석하고 대조할 수 있다. 그 사람은 느낌, 신체 자세, 주의의 초점, 믿음과 가치, 사고 전략 그리고 환경적인 조건이 어떻게 달라지는지에 대해서 알 수 있다.

이제 이러한 차이점들에 대한 지식은 그 사람이 과거에 어려움을 겪었던 상황에 대해서 이번에는 더 창의력을 발휘할 수 있도록 하는 전략적인 변화들을 만드는 데 활용할 수 있다.

지도 요소 교차시키기mapping across는 하나의 전략과 상태 또는 상황으로부터 또 다른 전략과 상태 또는 상황으로 특징이나 요소들을 이동시키는 과정을 설명하는 것이다. 지도 요소 교차시키기 프로세스는 변화를 재촉하거나 해결책을 만들어 내기 위해 하나의 상태와 전략 또는 상황(예를 들어 자원이 충만한 상태)의 특정한 성질들을 또 다른 상태나 상황(예를 들어, 문제 상태)으로 이동시키기는 기본적인 활용 테크닉이다.

지도 요소 교차시키기는 전형적으로 비교 분석과 함께 이루어지는데, 이 과정에서 두 가지 경험의 프로세스와 특징의 유사점과 차이점이 서로 비교되고 대조된다. 그리고 나서 한 가지 상태 또는 전략의 특정한 성

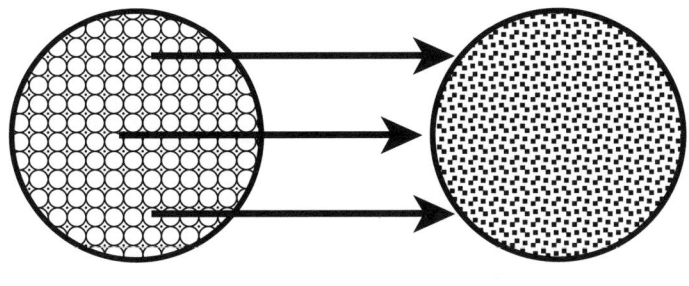

자원이 충만한 상황 또는 상태   문제 상황 또는 상태

- '지도 요소 교차시키기'에서는 변화를 만들거나 해결책을 찾기 위해서 하나의 상태 또는 상황의 특징들과 요소들을 또 다른 상태나 상황으로 이동시킨다.

격들이 언어적인 안내나 다른 행동적인 전략을 통해 이동된다.

지도 요소 교차시키기 프로세스는 몇 가지 단계로 구성된다.

1. 상태 또는 상황의 내용을 대조해야 한다.
2. 주요한 차이점들을 도출하고 확인하기 위해서 상태와 상황을 비교하고 대조해야 한다.
3. 자원이 충만한 상황이나 상태의 주요 특징들을 구체화하기 위해 여러 문제 상태나 상황들 중의 하나의 특징들을 변경해야 한다. 이는 언어적 제안, 역할극, 계획하기 또는 '마치 ~처럼' 행동하기 등의 방법으로 가능하다.

다음은 간단한 코칭·모델링 방식으로, 코치는 개인이나 단체가 도전적인 상황에 자원을 가져올 수 있도록 지도 요소 교차시키기 프로세스를 적용하는 것이다. 이는 주요 성공 요소들을 확인(모델화)하여 이를 다른 상황으로 이동시키기 위해 현재 직면한 어려운 상황들을 이전의 성공한 예들과 대조하는 과정에서 일어난다.

비교 분석 방식

1. 개인이나 팀 구성원에게 어려운 문제 상황에 대해 생각해 보게 하라.
   '당신이 겪었던 어려운 문제 상황에는 어떤 것들이 있었는가?'

2. 개인이나 팀 구성원들에게 그들이 성공적인 성과를 냈던 때를 생각하게 하라.
   '당신이 이전에 자원이 충만하거나 성공적인 상태에 있었던 상황을 떠올릴 수 있는가?'

3. 주요 성공 요소들과 학습에 대해서 함께 돌아보라.
   '당신은 어떻게 했는가?', '당신은 무엇을 배웠는가?'

4. 주요 성공 요소들과 학습들이 현재 직면한 어려운 상황으로 어떻게 이동되거나 '지도로 만들어질 수 있는지'를 탐구해 보라.
   '당신이 그 상황에서 한 행동이나 학습한 것들을 지금 직면한 어려운 문제 상황에 어떻게 적용할 수 있을 것인가?'

신체 자세와 성과

비교 분석 프로세스에 덧붙여 다음 그림들은 자원이 충만한 상태와 관련된 주요한 행동적인 특징들을 고객들이 확인할 수 있도록 돕는다.

다음 그림을 보고 고객에게 효과적인 성과를 이루어 낸 상태에서 어떤 자세를 취했는지 떠올려 보게 하고, 이를 가장 잘 표현한 그림에 동그라미를 치도록 한다. 반대로 고객이 곤경에 처했거나 산만하고 의심스러운 마음이 들었을 때의 자세를 가장 잘 표현한 그림에는 네모 표시를 하게 한다 (고객들은 앞에서 본 자세와 옆에서 본 자세 두 가지를 모두 선택해야 한다).

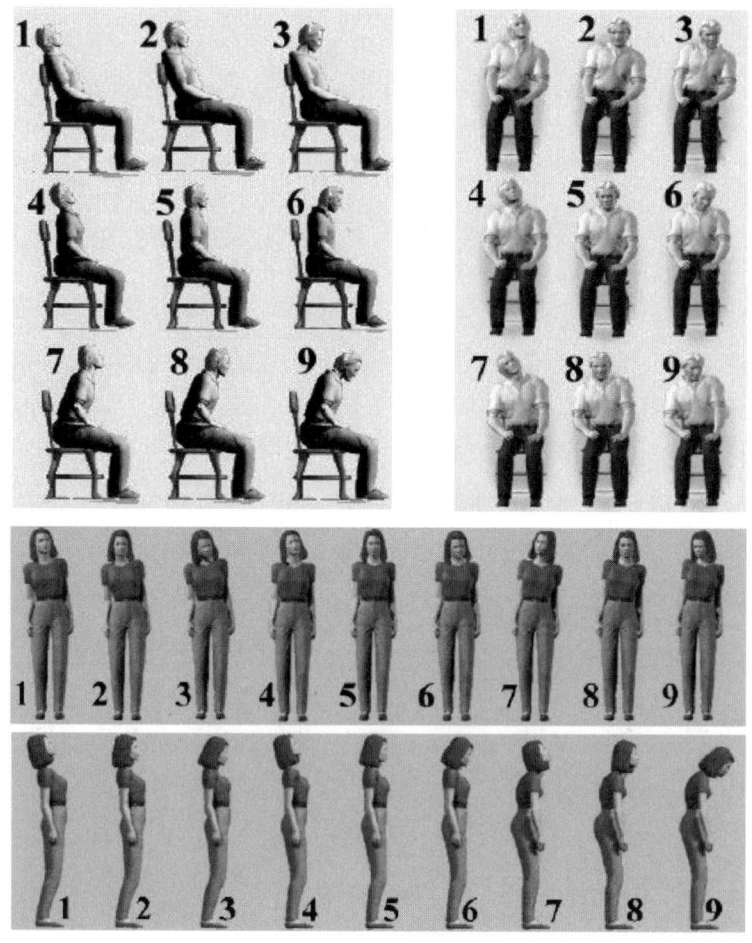

제스처와 성과

첫 번째 비교에서 확인된 대조적인 상태를 떠올리며 그들이 효과적인 수행 상태에서 자주 사용하는 제스처들을 가장 잘 표현한 그림에 동그라미를 치거나 그림 위에 제스처를 그려 보게 한다.

■ 효과적인 수행 상태

이번에는 곤경에 처하거나 또는 산만한 상태에 자주 취하는 제스처를 가장 잘 표현한 그림에 동그라미를 치거나 그림에 제스처를 그려 보게 한다.

■ 곤경에 처하거나 산만한 상태

코칭 도구 상자 | 앵커링 Anchoring

고객들이 필요한 순간에 자원이 충만한 상태에 접근해서 바로 활용할 수 있도록 코치들이 도울 수 있는 간단하면서도 강력한 도구가 바로 앵커링 anchoring이다. NLP에서 앵커링은 어떤 환경이나 정신적인 자극에 행동적인 반응을 결합시키는 과정으로, 이를 통해 신속하게 반응에 접근할 수 있도록 하는 것을 일컫는다. 앵커링은 표면적으로는 벨소리와 개의 침샘 자극 사이의 연관성을 파악하기 위해서 파블로프Ivan Petrovich Pavlov가 사용한 '조건 반사' 테크닉과 비슷한 프로세스이다. 벨을 울리는 행동과 개에게 음식을 주는 행동을 결합시켜 파블로프는 마침내 벨소리만 울리고 음식을 주지 않더라도 개들이 침을 흘린다는 사실을 발견했다. 그러나 행동주의자의 자극 – 반응 조건 공식에서는 자극은 언제나 환경적인 단서이고, 반응은 언제나 구체적인 행동적인 실행이다.

반면 NLP에서는 이러한 종류의 개인적인 조건들이 단순히 환경적인 계기와 행동적인 반응들보다는 경험들 사이의 연계성을 포함하는 것으로 확장되어 왔다. 예를 들어 어떤 사진을 보고 떠올리는 기억은 어떤 특정한 내면적 감정에 대한 앵커링이 될 수 있다. 다리를 만지는 것 또한 시각적인 환상이나 믿음에 대한 앵커링이 될 수 있다. 목소리 톤이 흥분한 상태나 자신만만한 상태의 앵커링으로 작용할 수도 있다. 사람은 의식적으로 이러한 연상 작용들을 스스로 확립하고, 불러오려고 한다. 그런 면에서 앵커링은 셀프 임파워먼트를 위한 뛰어난 도구이다. 앵커링은 창의력과 학습, 집중 그리고 다른 중요한 자원들과 관련된 정신적 프로세스를 확립하고 재활성화하는 데 매우 유용한 도구이다.

내면의 자원을 앵커링하라

코치는 고객들에게 앵커링과 자극으로 도움을 줄 수 있다. 이렇게 함으로써 그들이 필요로 하는 순간에 내면적인 자원에 빠르게 닿을 수 있도록 한다. 앵커링은 고객들이 긍정적인 경험들을 회상할 수 있도록 자연적인 연상 프로세스를 사용한다. 다음은 그 단계이다.

1. 당신이 탁월한 성과를 도출하는 데 도움이 되는 내면적인 자원들에는 어떤 것들이 있는지 파악하라.(예를 들어 결단력, 창의력, 자신감, 평정심 등)

2. 당신이 그 자원을 강하게 체험했을 때를 떠올려 보라.

3. 그 자원을 자극하기 위한 앵커로 사용할 수 있는 무언가를 정하라. (예를 들어 물체나 정신적인 이미지, 키워드, 제스처 등)

4. 자원이 충만했을 때의 경험을 떠올려 보라. 그때 당신이 체험하면서 보고 듣고 느낀 것을 최대한 생생하게 떠올려 보라. 가장 선명하게 떠오를 때, 그 순간을 기억할 만한 행동이나 자극을 선택하고, 가장 생생히 재경험할 때 그 특징적인 행동을 하거나 단서를 떠올려 앵커로 사용한다. 여러 차례 가장 선명한 기억에 집중하면서 상태가 좋아졌을 때 앵커로 선정한 것을 행동하거나 떠올림으로써 앵

커링을 한다.

5. 지금까지 하던 것을 멈추고 잠시 다른 생각을 하거나 마음을 비워라. 생각을 전환할 수 있는 시간을 가져라.

6. 이제 다시 조금 전에 했던 앵커링을 자신에게 실시해 보라. 어떤 물체를 보는 것이면 그것을 보고, 신체를 접촉하는 것이면 그 신체 접촉을 해 보면서 주의를 앵커링에 집중하라. 즉각적으로 당신은 자원이 충만한 상태의 느낌을 얻게 될 것이다. 만약 그렇지 않다면 위의 네 가지 단계를 여러 번 반복하라.

요약

성과 코칭, 즉 협의의 코칭은 고객들이 특정한 행동적인 능력들을 계발할 수 있도록 도와준다. 성과 코칭 방법들은 관찰과 격려 그리고 피드백을 통해 사람들의 능력을 강화하고 이끌어 낸다. 유능한 성과 코치들은 주의 깊게 고객들의 행위를 관찰하고, 그들에게 특정한 상황에서의 개선책에 대해 조언과 안내를 해 주며, 그들이 가진 내면적인 자원에 좀 더 깊게 접근할 수 있도록 도와준다.

목표와 잘 형성된 결과를 설정하는 것은 효과적인 성과 코칭의 주요한 도구이다. 명확한 목표는 모든 코칭 활동에 방향과 초점을 제시한다.

임무와 관계, 모두에 대한 간결한 메시지를 통해 긍정적인 피드백과 격려를 제공하는 것은 사람들을 보다 효과적으로 원하는 결과에 도달할 수 있도록 융통성을 확장하고 계발할 수 있도록 돕는 효과적인 방법이다.

비교 분석과 지도 요소 교차시키기의 도구들은 사람들이 효과적인 행위를 만들어 내는 신체적이고 정신적인 요소들에 대해 더욱 잘 인식하게 하고, 더욱더 의식적으로 그러한 성공 요소들을 다른 상황들에서도 효과적인 결과들을 생산하는 데 적용하도록 도움을 준다.

앵커링은 고객들이 다른 환경과 상황 사이에서 그들이 가진 내면의 자원들에 접근해서 그 상태로 이동할 수 있도록 돕는 유용한 도구이다.

CHAPTER 3

티칭

3장의 개요

능력 계발하기
티칭과 성과의 '내면 게임'
표상 채널들
표상 채널들과 학습 스타일
티칭 도구 상자 : 학습 스타일 평가 질문들
학습 스타일 평가 질문들의 결과 적용하기
티칭 도구 상자 : 성공을 시각화하고 '멘탈 리허설' 하기
티칭 도구 상자 : 상태 관리
탁월성의 원
모델링 능력들
토트 : 효과적인 모델링을 위한 최소한의 필요 조건
티칭 도구 상자 : 토트 모델링 질문들
티칭 도구 상자 : 효과적인 토트 지도 교차시키기
티칭 도구 상자 : 협력 학습
협력 학습 프로세스
티칭 도구 상자 : '실패' 보다는 피드백에 집중하기
커뮤니케이션과 관계의 기본적인 지각 위치들
2차적인 입장
티칭 도구 상자 : '2차적인 입장' 의 관점 만들기
티칭 도구 상자 : 다양한 지도 만들기
기본적인 다양한 지도 만들기 형태
상상 공학
티칭 도구 상자 : 상상 공학 코칭 형태
'원하는' 단계 – 이상주의자
'어떻게' 단계 – 현실주의자
'기회' 단계 – 비평가
요약

03
티칭

> 학습이란 당신이 이미 아는 것을 발견하는 것이다. 실천이란 당신이 그것을 안다는 것을 보여 주는 것이다. 티칭은 다른 사람들이 당신과 마찬가지로 안다는 것을 되새겨 주는 것이다.
> _ 리처드 바크 Richard Bach

티칭은 사람들의 인식 기술과 능력을 계발하도록 돕는 프로세스이다. 티칭의 목표는 학습과 관련된 능력과 '사고의 기술'을 기르는 것이다. 티칭은 구체적인 상황에서 얻을 특정한 성과보다는 일반적인 인식 능력의 획득에 초점을 맞춘다. 유능한 티처는 사고와 행동에 대한 새로운 전략들을 계발할 수 있도록 돕는다. 티칭에서는 이전의 성과들을 걸러내고 연마하기보다는 새로운 학습을 강조한다.

능력 계발하기

우리의 인지 능력은 성공으로 이끌어 줄 정신적인 지도, 계획 또는 전략과 관련되어 있다. 이것들은 행동들이 어떻게 구별되고 모니터링 되는지 알려 준다. 어떤 행동을 어떻게 해야 하는지 등과 같이 능력은 행동을 전반적으로 통제한다. 어떤 행동들은 단순히 환경적인 자극에 대한 반사적인 반응에 불과하지만 우리가 하는 행동의 대부분은 그렇지 않다. 우리가 하는 많은 행동들은 '정신적인 지도들'과 우리의 마음속에 내재한 자원인 내면적인 프로세스에 영향을 받는다. 이것은 직접적인 환경에 대한 우리의 지각을 넘어서는 경험의 단계이다.

예를 들면 우리는 현재 우리가 머물고 있는 특정한 공간과 무관한 공간을 그릴 수 있다. 그리고 우리는 몇 년 전에 오간 대화와 사건들을 기억할 수 있다. 또한 우리는 앞으로 몇 년 뒤에 일어날 사건들에 대해서도 상상할 수 있다.

능력은 개인의 행동을 선택하고 조직화할 수 있도록 돕는 우리의 정신적 지도의 계발에서 비롯된다. 또한 능력은 사람들이 그들의 구체적인 행동들을 안내하기 위해서 계발하는 정신적인 전략과 지도와 관계가 있다. 단지 행동에 참여하는 것만으로는 학습이 발생할 것이라고 장담할 수 없다. 행동을 어떻게 선택하고 안내할 것인지를 결정하는 것은 우리의 인식 전략들이다. 이러한 전략들은 자신이 갈고 닦은 행위적인 기술들을 지속적이면서도 멋지게 수행하는 데 필요한 능력들을 학습자가 실제적으로 계발할지를 결정한다. 그들이 애초에 학습한 상황 밖의 새로운 상황들로 사람들이 무엇인가를 일반화할 수 있는 정도의 차이는 그들의 정신적 능력의 결과의 차이이다. 능력의 기능은 특정한 목적들을 성취하는 데 필요한 지각과 방향을 제공하는 것이다.

능력 계발은 인식 지도들과 전략들을 확립하는 것을 수반한다. 신경

논리적 단계 모델에 따르면, 능력은 우리의 믿음과 행동 사이에 있다. 능력은 우리의 믿음과 가치를 구체적인 형태를 갖춘 행동으로 전환할 수 있도록 한다.

티칭과 성과의 '내면 게임'

코칭과 관련하여 티칭과 능력 계발이라는 개념은 이른바 성과의 '내면 게임'이라는 것과 관련이 있다. '내면 게임'이라는 개념은 티모시 골웨이Timothy Gallwey가 테니스와 골프, 스키 등 다양한 스포츠 활동과 음악 그리고 사업과 경영 훈련에서 탁월한 성과를 성취할 수 있는 방법으로 고안한 것이다. 어떤 분야에서든 사람들은 성공적인 결과를 얻기 위해서 육체와 더불어 정신을 사용해야 한다. 좋은 성과를 얻기 위해서 정신적으로 준비하는 것이 '내면 게임inner game'의 본질이다.

'외면적 게임'은 육체적인 기술과 관련 있다. 야구를 예로 들면, 배트를 잡고 스윙을 하고 공을 받고 던지고 수비를 하고 베이스를 밟는 요령 등과 관련이 있다. 이와 반대로 '내면 게임'은 당신이 하고 있는 일에 대한 정신적인 접근이다. 여기에는 당신의 태도, 당신 자신과 팀에 대한 자신감, 뛰어난 집중력과 실수 또는 심리적인 압박에 대응하는 당신의 능력 등이 포함된다.

운동 선수와 코치들은 종종 집중의 중요성과 '게임에 몰입하기'에 관해 이야기를 나눈다. 외면적 게임과 내면의 게임이 정렬되어 있을 때는 힘들이지 않고도 탁월하게 수행되는데, 이러한 상태를 '신들린 경지'라고 표현할 수 있다.

당신의 내면 게임이 잘 정리되어 있으며, '신들린 경지'에 있다는 것을 알려 주는 지표들은 다음과 같다.

- 한 점의 의심과 두려움 없이 자신감으로 충만한 상태
- 목표 달성 과정에서 실패에 대한 두려움이나 자의식이 없는 상태
- 아름답고 탁월한 성과를 내는 데 모든 관심이 집중된 상태
- 인위적인 노력과 고민 없이도 성과가 나오는 상태

성과 코칭, 즉 행동에 집중하는 협의의 코칭은 명백하게 특정한 성과의 '외면적 게임'에 더 초점을 맞춘다. 그러나 티칭 단계에서 코치의 초점은 고객이 고객 자신의 '내면의 게임'을 계발하는 데 맞춰진다. 유능한 티처들은 다음과 같은 믿음을 가진다.

- 모든 사람들은 학습할 수 있다.
- 나는 다른 사람과 공유할 수 있는 흥미진진하고 자극적인 질문과 아이디어들을 가지고 있다.
- 나는 고객이 던지는 아이디어와 질문들로 풍요로워질 것이다.
- 누군가의 능력을 확장하는 프로세스는 사람들에게 동기를 부여한다.
- 사람들은 칭찬을 받거나 자신의 아이디어가 인정을 받으면 보다 쉽게 학습하는 경향이 있다.
- 사람들은 자기만의 학습법을 가지고 있으며, 저마다 학습 속도가

다르다. 그리고 그것이 바로 그들을 위한 최선의 방법이다.
- 이 사람은 총명하다. 내가 관심을 쏟고 나의 지식을 전수할 가치가 있다.
- 이 사람은 내가 알려 준 지식과 정보를 자신에게 맞는 최선의 방법으로 활용할 수 있다.

티처의 가장 일반적인 리더십 유형은 지적 자극intellectual stimulation이다. 지적 자극이란 사람들이 새로운 관점을 찾고, 자신들의 아이디어를 계속 발전시켜 나갈 수 있도록 격려하는 것이다. 그 결과, 이전의 상황과 과제들을 새로운 방법으로 다시 생각하게 된다. 지적 자극은 사고력과 합리성, 신중한 문제 해결 능력을 강조한다. 티처들은 주기적으로 새로운 아이디어와 명확한 사고력에 대해 칭찬한다.

티처의 역할을 수행할 때, 코치들은 사람들이 세상에 대해 명확하고, 새롭게 이해하고, 더 넓은 정신적인 지도를 계발할 수 있도록 돕는 데 초점을 맞춘다. 티처들은 새로운 인식을 자극하고, 그러한 인식에 의미를 부여하는 참고 경험들을 제공하도록 돕는다. 티처는 학습 방법을 강조한다. 골웨이는 다음과 같이 진술했다.

코칭(능력 수준)은 다른 누군가의 사고 프로세스를 엿듣는 것이다. 업무에서 코치의 가장 중요한 역할은 잘 듣는 것이다. 업무 장소에서 효과적인 코칭은 바로 고객을 위해 거울을 들어 주는 것이다. 이를 통해 고객이 자신의 사고 프로세스를 볼 수 있도록 한다. 코치로서 나는 그들이 말하는 내용을 위해 듣는 것이 아니라, 그들의 관심이 어떻게 집중되고 그 상황의 주요한 요소들을 어떻게 명확하게 하는지를 포함한, 그들이 사고하는 방법을 듣는다고 말할 수 있다.

그러므로 유능한 티처는 단순히 새로운 내용을 제시하기보다는 사람들이 학습을 위한 새로운 전략을 계발하도록 돕는다. 또한 훌륭한 티처는 개인의 학습 유형(시각적, 청각적, 신체 감각적 등)을 인정하고 그에 맞추어 대응한다.

표상 채널들 Representational Channels

NLP에 따르면 우리는 특정한 환경이나 행동에 대한 정신적인 지도들을 시각·청각·촉각·미각·후각의 오감五感, 다른 말로 '표상 체계들 representational systems'로부터 얻은 정보로 만들어 나간다고 한다. 우리의 감각은 생각의 내용이 아닌 생각의 방식이나 구조를 구성한다. 내용과는 상관없이 당신의 모든 생각은 영상과 소리, 느낌, 냄새 또는 맛 그리고 그러한 표상들이 어떻게 서로 관련되느냐에 따라 달라질 것이다. 우리는 지속적으로 감각 기관의 표상들을 연결시키는데, 이는 우리의 실질적인 지도를 만들고 업데이트하기 위해서이다. 우리는 감각 기관의 경험으로부터 얻은 피드백에 기초하여 이러한 지도들을 만든다.

학습이나 커뮤니케이션을 위해서는 표상 채널이 중요하다. 이러한 표상 채널은 감각과 감각 기관의 양상 또는 표상의 유형과 관련이 있다. 어떤 사람이 큰 소리로 말할 때, 그 사람은 언어적으로 외부적 표상 채널을 사용하고 있는 것이다. 글쓰기는 좀 더 시각적인 표상 채널이다. 회화적 또는 상징적인 표상 채널은 스케치나 기호, 도표를 통해 나타내는 것으로 시각적인 표상 채널이다. 행동으로 보여 주는 것들은 신체 감각적인 표상 채널을 구성한다.

학습하고 자신의 능력을 계발하거나 재정비하기 위해서 고객이 사용하는 표상 채널은 고객이 자신의 '내면 게임'에 성공할 수 있도록 돕는 중요한 측면이다. NLP의 관점에서 볼 때 코치들에게 중요한 것은 자신이 고객과 커뮤니케이션하고 학습할 때 이렇게 서로 다른 표상 채널들을 내면적 또는 외면적으로 사용하는 방식을 이해하는 것이다. 예를 들어 주로 언어적인 성향이 강해서 토론이나 대화를 통한 상호 작용을 선호하는 고객이 있을 수 있고, 어떤 고객은 읽기와 쓰기를 선호할 수도 있다. 또 어떤 고객은 영상과 이미지를 선호할 것이며, 어떤 고객은 역할극이나 직접 시범을 보이는 것을 선호할 수도 있다.

희망하는 미래의 사건들이나 원하는 결과와 같은 정보를 인식하기 위해서 개인이 어떤 감각을 사용하느냐는 결코 사소한 사항이 아니다. 예를 들어 어떤 사람들은 업무를 완수해 가는 과정에서 문제에 봉착하게 된다. 이는 그들이 훌륭한 비전을 가지고 있긴 하지만 그것을 완수하는 데 필요한 노력에 대한 감각들을 이해하지 못하거나 목표를 향해 가는 일련의 논리적 활동들에 대해 깨닫지 못하고 있기 때문이다.

표상 채널들은 서로 다른 강점들을 가지고 있다. 예를 들어 언어적인 표상 채널은 정보를 연결하는 데 강하다. 시각적인 채널은 종종 정보들을 전체로, 즉 '게슈탈트gestalt(경험의 통일적 전체)'로 종합하는 데 최선의 방법이 된다. 아이디어나 개념을 신체적인 행동으로 옮기는 것은 그것들의 구체적인 면모를 드러낸다.

표상 채널들과 학습 스타일

'학습 유형'에 대한 이해는 사람들이 서로 다른 방식으로 학습한다는 사실을 인정하는 것이다. 사람들은 저마다 감각 기관을 활용하여 자신만의 능력을 계발한다. 어떤 사람은 천성적으로 시각적인 성향이 강한 반면 어떤 사람은 시각적인 이미지를 형성하거나 생각하는 데 매우 어려움을 겪는다. 또 어떤 사람은 언어적인 성향이 더 강해서 자신의 경험에 대해 매우 쉽게 말하고 표현하지만, 또 어떤 사람은 단어와 씨름하기도 한다. 단어들이 그를 혼란스럽게 하는 것이다. 그리고 어떤 사람은 감각을 매우 중시해서 행동을 하면서 학습하기도 한다.

우리는 종종 다른 사람들도 우리와 같은 인식 능력을 가지고 있다고 가정한다. 그러나 이러한 가정은 종종 틀릴 때가 많다. 다른 사람들과 커뮤니케이션을 할 때 표상 채널을 일치시키는 것은 친밀감을 느끼게 함과 동시에 서로를 이해하는 중요한 수단이 된다.

학습은 어떤 사람의 약점을 강화하거나 강점을 잘 활용함으로써 개선될 수 있다. 만약 어떤 사람이 시각화를 자주 사용하지 않는다면 그 사람이 시각적으로 생각할 수 있도록 격려함으로써 그 사람을 크게 변화시킬 수 있다. 또 만약 어떤 사람이 이미 시각화에 능숙하다면 그 능력의 활용을 더 강조하고 강화함으로써 학습 능력을 키울 수 있을 것이다.

커뮤니케이션에 있어서 각기 다른 표상 채널들을 강조하는 것은 사람들을 서로 다른 종류의 사고 유형들로 이끈다. 예를 들어 시각적인 채널은 상상력이 풍부한 사고를 자극한다. 언어적인 채널은 종종 논리적이며 비판적인 사고에 효과적이다. 신체적인 채널에 집중하는 것은 사람들로 하여금 좀 더 실질적이고 행동 지향적인 방향으로 나아가도록 영향을 미친다.

요약하면, 서로 다른 표상 채널들은 여러 가지 방식으로 학습과 커뮤니케이션을 향상시켜 준다.

1) 학습자들과 수행자들이 가장 많이 사용하고 가치를 많이 두는 채널에 일치시키기(강점에 집중하기)

2) 새로운 사고방식이나 지각 방식을 자극하기 위해서 자주 사용하지 않았던 채널 사용하기(약점 강화하기)

3) 특정한 인식 프로세스 또는 학습 과제 유형에 가장 적절하고 적합한 표상 채널 강조하기

4) 서로 다른 표상 채널간에 겹치거나 연결되는 것들 강화하기

| 티칭 도구 상자 | 학습 스타일 평가 질문들

고객의 학습 유형을 이해하는 것은 유능한 코치로 성공하기 위한 필수 조건이다. 특히 티처의 역할을 하고 있을 때는 더더욱 중요하다. 고객의 학습 유형을 결정할 수 있도록 도움을 주기 위해, 당신은 고객에게 다음과 같은 질문들을 할 수 있다. 고객의 선호도를 가장 잘 설명하는 답을 고객에게 고르도록 하라. 한 개의 답을 고를 수 없다면 두 가지, 아니 그 이상을 선택해도 좋다. 종이 한 장에 고객이 각각 몇 개의 V와 A, K를 선택했는지 세어 보라.

1. 보드 게임 등 새로운 것을 배우던 때를 떠올려 보라. 어떤 방법을

사용했을 때 가장 잘 배울 수 있었는가?

　V) 시각적인 단서, 즉 그림, 도표, 문자로 된 사용 설명서

　A) 누군가의 설명

　K) 직접 해 보면서

2. 과거에 며칠 동안 머물렀던 도시에서 숙박할 곳을 찾는 데 어려움을 겪고 있다면,

　K) 운전을 하거나 걸으면서 찾아 나선다.

　A) 주변 사람에게 물어본다.

　V) 지도를 본다.

3. 새로운 컴퓨터 프로그램 사용법을 배워야 한다면,

　K) 무조건 한번 해 본다.

　V) 프로그램에 포함된 매뉴얼을 본다.

　A) 친구에게 전화를 걸어 물어본다.

4. 지금 어떤 단어의 철자가 헷갈린다면,

　V) 마음속으로 그 단어를 그려 보고 맞는 것처럼 생각되는 것을 고른다.

　A) 마음속으로 소리 내어 읽어 본다.

　K) 생각나는 철자를 다 써 보고 맞는 것처럼 느껴지는 것을 고른다.

5. 당신은 수업 중 어떤 것을 활용하는 교사의 수업을 좋아했는가?

V) 순서도, 유인물, 슬라이드

K) 현장 학습, 실험, 실질적인 활동

A) 토론, 초청 강사의 강연

6. 물건을 샀는데 조립을 해야 한다. 당신은 어떤 방식으로 조립할 것인가?

A) 각 단계를 설명해 주는 테이프를 들으면서 한다.

K) 시행착오를 겪으면서 조립해 본다.

V) 비디오를 보거나 인쇄된 설명서를 읽으며 조립한다.

7. 친구가 여행을 간 사이 당신이 친구의 집을 봐주기로 했다. 그로 인해 친구의 정원이나 애완동물 관리 요령을 빠른 시일 내에 배워야 한다면,

V) 친구가 어떻게 하는지 지켜본다.

A) 설명서를 가지고 그것에 대해서 전반적으로 의논을 한다.

K) 친구가 보는 가운데 직접 실습해 본다.

8. 어떤 사람이 당신에게 매우 중요한 숫자, 이를테면 전화 번호나 비밀 번호, 주소 등을 알려 주었다. 그 번호를 암기하기 위해,

A) 자신이나 다른 사람에게 반복해서 말한다.

V) 그 숫자를 상징하는 그림을 만든다.

K) 여러 번 써 보거나 타이핑해 본다.

9. 소규모 그룹에서 프레젠테이션을 해야 한다. 가장 편안하게 발표하기 위해 당신에게 필요한 것은?

   A) 목소리를 가다듬거나 주요 단어들을 확실하게 한다.

   V) 프레젠테이션 하는 동안 당신이 볼 수 있도록 도표나 메모를 준비한다.

   K) 여러 번 프레젠테이션 연습을 한다.

10. 다음의 취미들 가운데 당신이 가장 선호하는 것은?

   K) 산책 / 정원 손질 / 춤추기

   V) 스케치하기 / 색칠하기 / 관광 / 사진 찍기

   A) 음악 / 노래 부르기 / 이야기하기

11. 새로운 기술을 습득하기 위해서 당신은 주로 어떤 방법을 사용하는가?

   A) 세부 설명을 듣거나 질문을 한다.

   V) 도표를 보거나 시범을 지켜본다.

   K) 연습한다.

12. 다른 사람에게 무언가를 가르칠 때,

   V) 그림을 그려 설명한다.

   A) 논리적으로 설명한다.

   K) 직접 실행하게 하여 상대를 이끈다.

학습 스타일 평가 질문들의 결과 적용하기

고객의 학습 선호도를 결정하기 위해 그들이 선택한 각각의 V, A, K의 숫자를 합산하라. 그런 다음 가장 많이 나온 결과와 일치하는 학습 유형을 아래에서 찾아라. 각각의 카테고리에는 고객의 학습 유형에 맞춰 학습 프로세스를 용이하게 하는 방법들이 소개되어 있다.

V) 시각적인 Visual

시각적인 학습자들은 보거나 읽음으로써 배우는 경향이 있다. 시각 지향적인 고객을 코칭하거나 티칭할 때는 고객에게 충분한 그림과 차트 그리고 읽을 것을 제공해야 한다. 요점과 아이디어를 묘사하기 위해서 그림이나 사진을 사용하라. 그리고 고객이 마음속으로 그림을 그리고, 중요한 정보를 기억하는 데 시각화를 사용할 수 있도록 하라.

새로운 행동을 배울 때는 고객에게 시연을 통해 주요한 요소들을 보여 주거나 역할 모델로 하여금 시연하게 하거나 비디오를 보여 줘라.

아이디어에 대해 논의할 때는 기호와 차트 그리고 도표를 사용하여 그려 주라. 이때는 반드시 종이와 색연필, 마커를 준비해야 한다. 키포인트는 색을 칠하여 강조하고, 고객이 또 다른 방법으로 단어를 기호와 중요 단어로 대체하면서 이미지를 그리고 재구성할 수 있도록 격려하라. 시각 정보를 단어로 다시 전환하는 연습을 하게 하는 것도 좋은 방법이다.

A) 청각적인 Auditory

청각적인 학습 유형을 가진 사람은 듣기와 토론을 통해서 가장 잘 배울 수 있다. 청각적인 학습 선호도를 가진 고객을 코칭하거나 티칭할 때는 핵심을 반복하고 고객이 많은 질문을 할 수 있도록 가르치는 대상에 대해 주의 깊게 설명해야 한다. 고객에게 명쾌하게 정의를 내려 주는 것도 매우 중요하다. 만약 고객이 시각 지향적인 정보를 이해하려고 노력한다면 도표를 진술문으로 바꾸어 이미지와 그림에 대해 묘사하거나 이야기할 필요가 있다.

고객을 위해 좋은 '공명판'이 되어서 그가 말을 하면서 생각할 수 있도록 격려하는 것도 중요하다. 고객이 말한 것을 되뇌면서 고객이 또 다른 목소리로 그것을 듣게 하는 것도 중요하다. 청각적인 고객들에게는 녹음기를 사용하여 테이프에 주요한 아이디어를 녹음하여 나중에 다시 듣도록 하는 것도 좋다. 당신이 고객과 전화 통화를 통해서 커뮤니케이션할 수 있다는 것을 고객에게 알리는 것도 유용하다. 이렇게 하면 고객이 질문을 하기 위해 언제든 전화할 수 있고, 아이디어나 결정 사항에 대해 전화로도 토의할 수 있기 때문이다.

청각적인 학습 유형을 가진 고객들은 화제에 대해 친구들과 토론하게 하고, 새로운 아이디어를 다른 사람들에게 설명하며, 핵심을 다른 단어로 다시 진술해 보도록 해야 한다.

K) 신체 감각적인 Kinesthetic

신체 감각적인 학습자들은 신체와 관련해서 실제로 몸을 써서 시도해 볼 필요가 있다. 신체 감각적인 고객을 코칭하거나 티칭할 때는 시행착오를 하게 해서 고객이 실질적으로 탐험하고 실험할 수 있도록 하는 체험 접근법을 사용해야 한다. 신체 감각적인 학습자들은 연습이나 워크 그리고 주요한 아이디어들의 실제 체험 사례에 흥분한다.

언어적인 기억을 돕기 위해 신체 감각적인 고객들은 단어를 반복해서 써 보고, 목록을 만들어 보고, 답을 연습해 보게 해야 한다. '근육에 기억시키기' 위해서 핵심 사항과 아이디어를 직접 실행해 볼 필요가 있다.

새로운 행동을 티칭할 때는 성과의 주요 부분을 고객과 직접 함께 해 보는 것이 중요하다. 성과를 미리 계획하고 준비할 때, 신체 감각 지향적인 고객들에게는 그들의 모든 감각 기관을 사용해서 자신이 특정한 상황에 놓여 있다고 상상하게 하여 역할극을 해 보게 하거나 할 일을 미리 연습해 보게 해야 한다.

만약 당신이 다양한 학습 유형을 가진 집단이나 팀을 코칭하고 있다면 다양한 감각을 응용한 접근법을 이용해야 한다. 성과를 위해 아이디어를 떠올리거나 중요한 것이 무엇인지 생각할 때 당신은 스스로 다음과 같이 질문하고 싶을 것이다. "이것을 시각적으로 어떻게 시연해야 하지? 사람들이 그것에 대해 몸으로 느낄 수 있도록 어떻게 시연해야 하지? 그들이 들을 수 있도록 어떻게 시연해야 하지?"

| 티칭 도구 상자 | 성공을 시각화하고 '멘탈 리허설' 하기

신체적인 연습은 당신의 '외면적 게임' 기술을 향상시키고, 그것을 '근육 기억'에 새겨 넣어서 당신이 성과를 내는 동안 그것에 대해 아무런 생각도 할 필요가 없도록 만든다. 이와 유사하게 일정한 '정신적인 활동'은 당신으로 하여금 '내면 게임'을 향상시킬 수 있도록 돕는다. 학습

유형이나 당신의 고객이 선호하는 표상 채널과는 상관없이 사람들이 생각으로 시각, 청각, 신체 감각적으로 기억하고 상상하는 연습은 매우 유용해서 고객들이 그들의 인식 능력을 확장시킬 수 있게 해 준다.

예를 들어 시각화 능력은 운동 선수와 스포츠 심리학자들 사이에서 성과를 향상시키기 위한 목적으로 자주 사용된다. 시각화가 어떻게 신체의 성과를 향상시키고 개선시키는지에 대한 많은 사례가 있다.

어떤 한 연구에서 체조 선수들을 두 그룹으로 나누어 새로운 동작을 익히게 하였다. 두 그룹 모두에게 신체적인 연습은 일체 못하게 하였다. 대신 한 그룹은 동작을 하는 자신의 모습을 시각화하도록 지시받았고, 다른 그룹은 아무런 지시도 받지 않았다. 몇 주 뒤, 이들이 실제로 그 동작을 하게 되었을 때 시각화 훈련을 한 그룹은 한 번도 해 본 적이 없는 동작임에도 불구하고 성공률이 50~60%에 달한 반면 다른 그룹은 10%의 성공률을 기록하는 데 그쳤다.

또 다른 예를 들어 보겠다. 두 그룹의 농구팀에게 각각 '자유투' 연습을 하게 했다. 한 그룹에는 실제로 연습을 하게 했고, 나머지 그룹에는 관람석에 앉아서 자신들이 슛을 성공시키는 모습을 시각화하라는 정신적 훈련만 시켰다. 이후 두 그룹으로 하여금 자유투 대결을 하게 한 결과 실제로 연습을 한 그룹보다 정신적으로 시각화 훈련을 한 그룹이 더 많은 슛을 성공시켰다.

시각화는 '멘탈 리허설'의 한 유형이다. 멘탈 리허설은 마음속으로 프로세스나 활동을 연습하는 능력을 말한다. 다음은 기본적인 멘탈 리허설 프로세스이다. 코치는 이를 사용하여 고객들을 가이드할 수 있다.

1. 당신이 향상시키고자 하는 기술을 선택하라.
2. 그 기술을 위한 역할 모델을 생각하라. 비디오를 보는 관찰자인 것처럼 마음속으로 그것이 어떻게 이루어지는지 그림을 그려 보라.
3. 이제 당신이 선수가 되어 그 화면에 들어가 있다고 생각하라. 그리고 당신이 상상한 것과 똑같이 실행하는 자신을 그려라. 그 전체적인 과정을 보고 듣고 느껴라.

| 티칭 도구 상자 | 상태 관리

한 개인의 내면 상태는 그가 다른 사람들과 상호 작용하거나 효과적인 성과를 얻는 데 중요한 영향을 끼친다. 사람의 내면 상태를 관리하는 방법을 아는 것은 인간 능력의 모든 분야에서 성공하는 데 중요한 기술이다. 위대한 심리학자 윌리엄 제임스William James는 이렇게 말했다.

> 우리 세대의 가장 위대한 혁명은 자신의 내적인 마음의 태도를 바꿈으로써 그들 삶의 외적인 측면(환경)을 변화시킬 수 있다는 사실을 발견한 것이다.

예를 들면, 시합을 앞둔 운동 선수들은 신체적인 준비를 하는 만큼 내면 상태 또한 철저히 관리한다. 그들은 강도 높은 노력과 신체 에너지가 요구되는 게임에서도 차분하고 안정적이며 집중된 내면 상태를 유지하는 것이 얼마나 중요한지를 잘 알고 있다.

또 다른 예로 효과적인 리더십에 대한 연구에서 경영자(관리자)들은 다음과 같은 질문을 받았다.

"당신은 불확실하고 의견이 분분하며 복잡하기 그지없는 상황에 어떻게 대처합니까?"

이 질문에 대한 가장 공통적인 반응은 다음과 같았다.

> 제가 모을 수 있는 정보를 최대한 많이 모읍니다. 그 상황을 여러 각도에서 바라보고 관련된 정보를 모두 모으는 거죠. 하지만 실제로 그 상황에 처했을 때는 무엇을 할 것인지, 무엇을 말할 것인지, 또 어떻게 반응하고 대응할 것인지에 대해서는 생각하지 않습니다. 생각지도 못했던 일들이 여기저기서 튀어나오는 경우가 많거든요. 그럴 때 제가 생각하는 것은 단 한 가지입니다. 바로 '어떤 상태에 있고 싶은가?' 입니다. 내가 만약 좋지 않은 상태에 놓여 있다면 얼마나 준비를 철저히 했느냐에 상관없이 고생을 할 것이기 때문입니다. 하지만 내가 좋은 상태에 놓여 있다면 내가 비록 그 문제에 대한 해답을 모르더라도 영감이 떠오르기 때문이죠.

'시험에 대한 불안' 과 같은 내면의 상태들은 우리가 우리의 자원들을 효과적으로 사용하지 못하게 방해하고, 실제로 우리가 알고 있는 것을 사용하지 못하도록 만든다. 반면 자원이 충만한 상태들은 우리가 우리의 정신적·신체적인 능력을 극대화하여 탁월한 성과를 거둘 수 있도록 도와준다.

NLP의 관점에서 볼 때 내면 상태들은 성과에 영향을 끼치고 무의식적인 프로세스들을 자극하는 정신적이고 생리적인 속성들의 종합이다. 내면 상태를 선택하고 관리하는 방법을 가지고 있는 것은 성공적인 성과를 얻기 위한 핵심이다. 다양한 상황과 환경들을 효과적으로 관리하기 위해서는 다양한 유형의 내면 상태가 필요하다. 내면 상태를 확립하고 이동시키는 다양한 전략을 배움으로써 고객들은 그들의 일과 개인적 삶에서 효과적인 도움을 받을 수 있다.

탁월성의 원 The Circle of Excellence

'내면 게임'에서 가장 중요한 것 중 하나는 우리의 내면 상태를 관리하는 능력이다. 이것은 효과적으로 성과를 촉진하고 유지하는 내면 상태의 유형들을 선택하고 유지하는 능력을 가리킨다. '탁월성의 원'은 사람들이 좀 더 의도적이면서도 효과적으로 그들의 내면 상태를 관리할 수 있도록 돕기 위한 NLP 프로세스의 근간을 이루는 것이다. 이것의 목적은 사람들이 최적의 성과를 얻기 위한 상태를 순간적인 앵커링으로 회복할 수 있도록 도와준다.

'탁월성의 원'의 목표는 1) 자신이 탁월한 상태일 때의 행동 단서를 발견하고 2) 그 상태에 쉽게 재접속하기 위해서 내면의 앵커를 만들고 3) 사람들이 언제 탁월한 상태에 들어가는지 그 단서들을 효과적으로 관찰하고 읽는 법을 배우는 데 있다.

코치는 '탁월성의 원' 프로세스를 통해서 다음과 같은 지침을 사용하여 고객을 가이드할 수 있다.

1. 당신이 자주 경험하고 싶은 자원이 충만한 상태를 선택하라(예를 들면 창의력이나 자신감 등).

2. 당신이 그러한 경험을 충분히 했던 구체적인 시간이 언제였는지를 떠올려 보라.

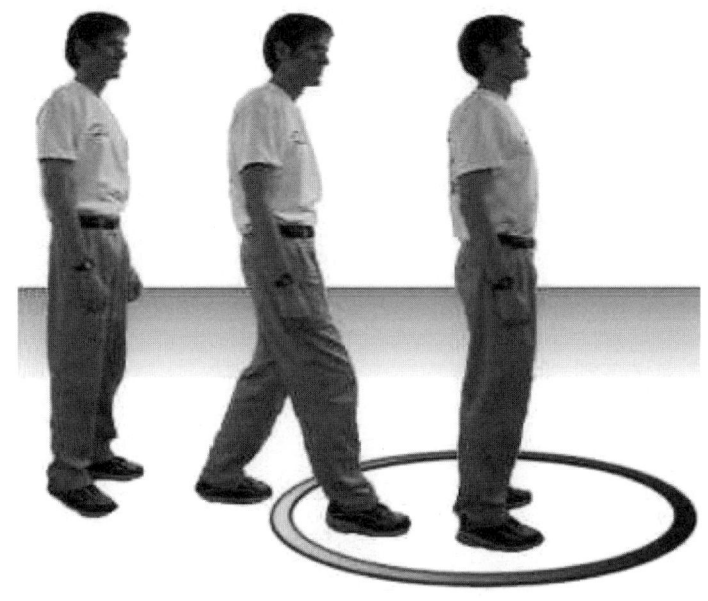

■ 탁월성의 원 안으로 걸어 들어가기

3. 당신 앞에 원이 하나 있다고 상상하고 그 원을 마음에 들게 만들어라. 색깔이나 선의 굵기, 재질, 음악이나 소리, 느낌 등 다양한 방법으로 원을 마음에 들게 만들어라.

4. 마음에 드는 원이 만들어졌다고 상상하고 자원이 충만한 경험을 떠올리면서 그 원(또는 당신이 선택한 다른 상징) 안으로 들어가라. 원 안으로 들어가면서 자원이 충만한 상태에의 경험을 실제로 경험했던 것처럼 상상으로 체험하라. 당신의 두 눈으로 당시에 있었던 것들을 보고, 당신의 두 귀로 그때의 소리나 이야기를 들으며, 그때의

느낌들과 호흡을 느껴라.

5. 당시 현장에서 벌어진 사건을 그대로 재현하라. 그러면서 당시의 특징적인 행동들에는 어떤 것들이 있었는지를 발견하면서 그 행동의 패턴들을 조사하라. 또 내면적으로 당신의 주의와 초점이 어디에 가 있는지, 자기 대화가 있는지, 호흡은 어떤지, 근육의 긴장은 어떤지 등에 주목하라.

6. 모든 표상 체계(광경, 소리, 촉감, 움직임, 냄새, 맛)를 포함하여 그 현장에 있는 것처럼 느끼면서 그 장면을 더욱 생생하게 만들어 보라. 화면의 크기가 TV 화면 같았다면 그것을 극장의 스크린처럼 크게 하고, 화면의 밝기도 더 밝게 하고, 화면을 더 생동감 있는 색깔로 만들고, 움직임도 조절해 보라. 소리도 마찬가지이다. 그때의 소리를 더욱 크게 만들고, 그때의 느낌을 더욱 강하게 느껴 보라. 실제로 그 당시의 경험보다 더 강하게 느끼면서 그때 당신이 어떤 행동을 했는지를 재현하면서 그 느낌을 강하게 느껴 보라.

7. 원 밖으로 물러나 몰입 상태에서 벗어나라. 20~30초 정도 잠시 휴식을 취하라.

8. 다시 원 안으로 들어간다. 원 안으로 들어갔을 때 어떤 느낌이 드는가? 얼마나 빨리 그리고 얼마나 완전히 조금 전에 느꼈던 그 상태에 다시 접속할 수 있는지에 주목하면서 탁월성의 원을 검증하라.

9. 위의 1~7까지의 단계를 반복하여 그 상태로 가는 쉽고 간단한 접근법을 터득하라.

10. 이러한 상태가 필요한 상황들을 찾아보라. 당신에게는 언제 어디에서 이런 탁월성을 느꼈던 그 자원이 필요한가? 각각의 상황에 탁월성의 원을 가지고 갈 수 있다고 상상하고, 당신의 경험을 미래에 어떻게 활용할 수 있을지를 상상해 보라.

탁월성의 원은 고객들로 하여금 최고의 성과를 낼 수 있는 개인적인 상태를 인식하게 함과 동시에 주요한 신체적 패턴들을 발견할 수 있게 한다. 이는 또한 고객과 코치들이 다른 사람들의 상태를 인지하고 관리할 때 가치 있는 단서들에는 어떤 것들이 있는지를 자각할 수 있도록 돕는다.

매우 미묘한 행위도 큰 성과의 차이를 낼 수 있다. 만약 당신이 이러한 단서들을 찾을 수 있다면 당신은 좀 더 의식적이고 의도적인 방법으로 그 상태에 재접속할 수 있을 것이다. 자신이 탁월한 성과를 낸 그때의 사건에 어떤 특징이 있었는지를 더 많이 알고 있을수록 의도적으로 재접속할 수 있는 가능성이 높아진다.

 모델링 능력들

시각화, 멘탈 리허설, 상태 관리는 인식 능력의 사례들이다. 이러한 능력들은 구체적인 업무나 절차 이면에 있는 좀 더 심도 있는 구조들이다. 절차는 전형적으로 어떤 특정한 업무를 달성하기 위한 일련의 행동이거나 단계이다. 그럼에도 불구하고 특정한 기술이나 능력(예를 들어 창의적인 생각을 하거나 효과적으로 커뮤니케이션하는 능력)은 다른 많은 종류의 업무와 상황에 도움을 준다. 이러한 기술들은 직선적인 단계들로 연이어 진행되기보다는 토트T.O.T.E.(Miller, Gallanter and Pribram, 1960)를 중심으로 조직된다. 여기서 T.O.T.E.란 (a) 목표들, (b) 그러한 목표를 달성하기 위해 사용되는 수단들의 선택 그리고 (c) 그 목표를 향해 발전해 나가고 있음을 평가하는 데 사용되는 증거들, 이들 사이의 피드백 고리이다.

토트 : 효과적인 모델링을 위한 최소한의 필요 조건들

토트T.O.T.E.의 각 문자는 Test-Operate-Test-Exit를 상징한다. T.O.T.E.는 모든 효과적인 성과들이 고정된 목표를 가지고 있고, 그 목표를 달성하기 위해서는 다양한 수단들이 순환하면서 유지된다는 것을 의미한다.

우리가 생각하는 것처럼 이 모델은 마음속으로(의식적으로 또는 무의식적으로) 먼저 목표들을 설정하고 그것이 달성되었는지를 테스트한다. 테스트 결과 목표에 부합하지 않으면 목표에 더 가까이 다가가기 위해 무언가 새로운 방법을 사용하거나 변화시키는 조작을 한다. 반대로 테스트 결과 기준이 충족되었을 때는 다음 단계로 빠져나가게 된다. 그러므로 행동 프로그램에 있어서 목표가 달성되었는지 아닌지의 여부를 파악하기 위해서는 그 결과가 시각 · 청각 · 촉각 · 후각 · 미각의 오감으로 정의될 필요가 있다. 그리고 그 오감으로 정보를 테스트하거나 그 테스트를 충족시키도록 현재 진행 중인 경험의 몇몇 부분을 변경하도록 조작한다. 테스트에 부합되면 프로그램의 다음 부분으로 빠져나가게 된다.

한 예로 효과적인 '코칭'을 위한 테스트는 고객이 특정한 성과 기준을 달성하도록 돕는 것이다. 만약 고객이 아직 그 기준에 도달하지 못했다면 코치는 고객이 원하는 수준의 성과에 도달할 수 있도록 방법을 바꾸어 새롭게 조작하거나 새로운 절차(성공적인 결과를 설정하고, 정신지리학을 바꾸고, 자원들의 시도를 교차시키고, 앵커링을 하는 등)를 밟을 필요가 있다.

NLP에 따르면 특정한 기술이나 성과를 효과적으로 모델링하기 위해서 우리는 반드시 그 기술이나 성과와 관련된 T.O.T.E.의 주요 요소들을 각각으로 확인할 필요가 있다.

1) 수행자의 목표들
2) 증거나 증거 절차 : 수행자가 자신의 목표를 향해 나아가고 있다는 것을 알 수 있는 것
3) 수행자가 목표에 도달하기 위해서 사용하는 선택들. 그리고 그러한 선택을 수행하기 위해 사용된 특정한 행위들
4) 그 목표가 이미 달성되었는지에 대한 수행자의 반응 방식

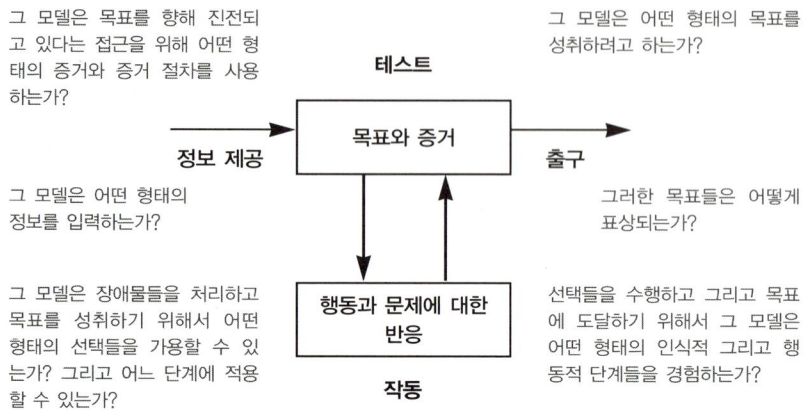

- 모델링은 수행자의 T.O.T.E.의 다양한 요소들을 정의하는 것과 관련된다.

T.O.T.E.는 코칭-모델링 연결 고리의 측면에서 사용할 수 있는 유용하고 강력한 도구이다. 다음의 질문들은 고객들이 자신의 과거의 성과들로부터 주요 성공 요소들을 스스로 모델링할 수 있도록 도와준다. 이렇게 깨달은 주요 성공 요소들은 고객들이 미래에 질적으로 더욱 개선되고 일관된 결과들을 얻을 수 있게 해 준다.

티칭 도구 상자 | 토트 모델링 질문들

1. 당신은 어떤 상황에서 지금 모델링을 할 필요가 있는 기술을 사용하는가?

2. 당신이 이 상황에서 기술을 적용할 때 당신의 행동을 가이드해 주는 목표나 목적은 무엇인가?(짧은 문장이나 키워드로 목록을 만들어 보라.)

3. 당신이 그러한 목표들을 달성하고 있다는 것을 알게 해 주는 증거들로 어떤 것을 사용하는가?

   a. 결과를 평가하기 위해서 어떤 기준을 사용하는가?

      1) 당신이 지금 하는 일을 계속해야 할지, 아니면 다른 것을 시도해야 할지 어떻게 알 수 있는가? 무엇을 기준으로 이를 판단하는가?

      2) 좋은 결과와 나쁜 결과를 어떻게 분류하는가?

   b. 언제 피드백을 원하는가?

      1) 어떤 종류의?

      2) 누구로부터?

4. 목표를 성취하기 위해서 당신은 무엇을 하는가? 현재 상황에서 목표를 성취하기 위해서 당신은 구체적으로 어떤 과정을 선택하고 행하는가?

   a. 목표에 도달하기 위해서 당신은 어떤 경험과 환경을 활용하는가?

   b. 성공적으로 달성하기 위해 당신이 헤쳐 나가야 할 필수적인 정신 활동은 무엇인가?

5. 현재의 상황에서 목표를 달성하는 데 예상치 못한 문제나 어려움이 닥쳐왔다면 당신은 그것을 극복하기 위해 어떤 구체적인 활동을 하고 단계를 밟는가?

a. 문제를 피하기 위해서 어떤 단계들을 밟는가?

b. 문제가 발생했을 때 당신은 어떻게 대응하는가?

c. 문제에 봉착했을 때 그것을 잘 헤쳐 나온 경험을 떠올려 보라. 그 문제를 어떻게 극복했는가?

| 티칭 도구 상자 | 효과적인 토트 지도 교차시키기

고객의 T.O.T.E.나 전략에 대한 정보가 도출되기만 하면 이를 활용하여 그 사람이 어느 부분에서 향상될 수 있을지를 도울 수 있다. 앞에서 살펴본 것처럼 가장 일반적인 NLP 활용 방법의 하나가 지도 교차시키기이다.

지도 교차시키기는 어떤 상황이나 업무에서 효과적인 전략의 단계나 요소를 분석하여 전혀 다른 상황에 적용하는 '셀프 모델링'의 한 유형이다. 전략들의 내용은 서로 독립적이기 때문에, 예를 들어 창조적인 요리를 위한 전략은 작곡이나 구조적 문제 해결, 제품 개발 등과 같은 다른 분야에서 사람들이 좀 더 창의력을 발휘할 수 있도록 활용되거나 또는 '지도 교차시키기'가 될 수 있다. 지도 교차시키기는 전형적으로 비교 분석과 함께 결합하여 사용되는데, 이때 다른 결과를 생산하는 두 개의 인식 전략들(T.O.T.E.들)의 특징과 프로세스가 가진 유사점과 차이점이 비교된다. 이렇게 하여 얻은 효과적인 전략의 특징을 더 뛰어난 결과를 발전시키기 위해 다른 상황에 적용시킨다.

가장 기본적인 NLP 활용 절차들은 효과적·비효과적인 전략들에 대한 T.O.T.E. 연결 고리의 네 가지 요소들을 도출하고, 주요한 차이점들을 대조하는 것이다(Tools for Dreamers, Dilts, Epstein and Dilts, 1991). 효과적인 전략은 두 가지 방법으로 비효과적인 전략을 강화하기 위해서 활용된다.

1) 비효과적인 T.O.T.E.의 요소들을 효과적인 T.O.T.E.의 요소들로 대체

2) 효과적인 T.O.T.E.의 요소들을 비효과적인 T.O.T.E.의 요소들에 추가

다음 표는 커뮤니케이션 상황에서 두 개의 대조적인 T.O.T.E.의 예를 보여 준다. 이 차트는 어떤 고객이 완성한 것이다. 그 고객은 유능한 티처이지만 특정한 임무를 누군가에게 위임해야 할 때는 경직되고 고지식해진다. 여기서 볼 수 있듯이, 두 개의 전략은 중요하고 의미심장한 방식

	티칭의 효과적인 상황	위임의 비효과적인 상황
당신의 목표는 무엇인가?	다른 사람과 지식을 공유하고 즐겁게 보내는 것	업무를 올바른 방법으로 끝내기
당신이 목표를 달성하고 있다는 것을 어떻게 알 수 있는가?	사람들의 얼굴 표정과 나의 내면적인 느낌들	그 업무의 마지막 결과
목표에 도달하기 위해서 당신은 무엇을 하는가?	많은 예들과 그림 사용하기	지시 사항 명백하게 설명하기
당신이 목표에 도달하는 과정에서 불만족스러운 느낌을 받는다면 어떻게 하는가?	같은 의미를 다른 단어로 말해 보기 청중들이 좀 더 열린 상태가 되도록 노력하는 것	화를 낸다.

■ 서로 대조적인 두 가지 T.O.T.E.의 예

들에서 차이점을 보인다.

'나쁘다' 또는 '잘못되었다'거나 고객이 하지 말아야 할 것을 제한하는 판단보다는 그의 티칭 T.O.T.E. 요소들을 그의 위임 프로세스에 단순히 추가함으로써 효과적인 전략을 활용하여 고객을 코칭할 수 있다. 그 고객에게 다음과 같이 질문할 수 있다.

- 당신이 무언가를 위임할 때 업무를 완벽하게 끝마치는 것과 더불어 다른 사람과 지식을 공유하는 일을 당신의 목표에 첨가할 수 있는가?

- 당신은 당신의 위임을 위한 목표들을 달성하고 있다는 것을 확인하는 증거로 그 업무가 진행되는 동안 업무의 마지막 결과와 함께 사람들의 얼굴 표정과 당신의 느낌들을 증거로 동시에 사용할 수 있는가?

- 지시 사항을 예시나 그림을 사용하여 명백하게 설명할 수 있는가?

- 위임하는 목표가 만족할 만큼 달성되지 않았을 때 당신이 업무를 위임하려는 사람에게 화를 내기보다는 그 지시 사항을 다른 단어로 바꾸어 설명하여 좀 더 준비된 자세를 취할 수 있도록 하는가?

효과적인 전략을 새로운 상황에 적용하기 위해서는 몇 가지의 조정이 필요하다는 점에 주목하라. 이를 위해서는 때때로 창의력이 요구되기도 한다. 하지만 이것은 종종 쉽게 이루어지기도 한다.

| 티칭 도구 상자 | 협력 학습

T.O.T.E.의 구조는 코치들이 '인터비전'의 형태로 고객들이 다른 사람들과 성과 전략들에 대해서 비교하고 대조하도록 돕는 수단으로도 사용할 수 있다. 이는 코치와 고객, 또는 그룹 내 고객들 사이에서 '협력 학습cooperative learning'을 조장한다.

협력 학습은 두 명 이상의 사람이 효과적인 전략을 공유하는 프로세스이다. 예를 들어 관리자나 음악가 또는 영업 사원 두 명이 같은 상황에서 같은 업무를 성취할 때도 전혀 다른 전략을 사용할 수 있다. 목표를 도출하고 공유하면서 증거 절차와 조작은 창의력과 융통성 그리고 학습의 범위와 영역을 넓히고 풍성하게 한다.

협력 학습 프로세스
이 프로세스는 코치와 고객, 또는 코치와 몇몇 고객들(만약 코치가 한 그룹과 함께 일하고 있다면) 사이에서 이루어질 수 있다. 각각의 사람이 아래 차트의 T.O.T.E.에 해당하는 정보를 채운다. 그런 다음 서로의 답을 비교해 보고 유사점과 차이점에 주목한다.

그런 다음 고객들은 다른 사람들의 프로세스의 조작, 증거 절차, 목표 또는 문제에 대한 대응 등을 자신의 전략에 첨가하면 어떨지 상상해 보

상황 : _____

	개인 #1	개인 #2
당신의 목표는 무엇인가? 즐겁게 보내는 것		
당신이 목표를 성취하고 있음을 어떻게 아는가?		
목표에 도달하기 위해서 당신은 무엇을 하는가? 목표에 만족할 만큼 도달하지 못했다면 당신은 무엇을 하겠는가?		

■ 협력 학습 양식

고, 이를 통해 그들이 업무나 상황에 접근하는 방법을 어떻게 바꾸거나 강화할 수 있는지 생각해 보라.

티칭 도구 상자   '실패' 보다는 피드백에 집중하기

T.O.T.E. 모델의 주요 부분은 고객이 목표를 달성하는 과정에서 예상치 못한 문제나 어려움을 겪을 때 이에 어떻게 대응할 것이냐, 즉 본질적으로 고객들이 그들의 결과에 도달하는 과정에서 '실패'에 어떻게 반응하느냐에 초점을 맞추고 있다. 이러한 대응은 성공적인 수행의 기초가 된

다. 유능한 수행자들은 자신의 실수를 통해 배움을 얻지만 그것에 과도하게 집착하지는 않는다.

이를 잘 보여 주는 예로 일류와 이류 운동 선수들을 대상으로 한 연구가 있다.

일류 선수들을 대상으로 그들의 성공적인 활약에 대해 인터뷰를 했을 때, 그들은 매우 적극적이고 열정적이며 세부 사항까지 기억하고 있었다. 하지만 실패에 관해 질문하자, 그들은 거의 기억하지 못하거나 건성으로 대답하고 무심해 보였다. 이와 반대로 이류 선수들에게 그들의 활약에 대해 묻자, 그들은 거의 기억하지 못하거나 건성으로 대답하고 무심한 태도를 보였다. 그러나 실패한 원인을 물었을 때 그들은 상당히 적극적인 자세로 실패했을 때의 상황과 원인 등의 구체적인 사항까지 생생하게 기억하고 있었다.

'에너지는 관심이 가는 곳으로 흐른다.'는 말이 있다. '실수에서 배운다는 것'의 요점은 실수와 한 발짝 정도 감정의 거리를 두고 이를 통해 자신이 무엇을 배울 수 있는지를 찾아 성공에 연결시키는 것이다. 다음 소개하는 프로세스는 고객이 실수에서 효과적인 배움을 얻도록 하는 데 사용할 수 있다.

1. 당신이 실수하는 장면을 비디오로 보고 있다고 생각하고, 자신을 코치라 생각하면서 스스로에게 건실적인 피드백을 제공하라.

2. 당신이 이루었던 훌륭한 성과를 기억할 때 '그 상상의 그림 속에' 자신을 등장시켜 마치 지금 그것을 하고 있는 것처럼 생생하게 경험을 떠올려라.

커뮤니케이션과 관계의 기본적인 지각 위치들

앞에서의 워크가 보여 주듯 우리가 어떤 관점을 가지고 있느냐에 따라 상황이나 경험에 대한 지각이 달라진다. 상황에 따라 다른 관점을 취할 수 있다는 것은 특정한 상황이나 성과와 관련된 우리의 '내면 게임'의 주요한 요소이다. 사실 어떠한 상황이나 상호 작용을 바라보는 몇몇의 기본적인 '지각 위치perceptual position'가 있다.

'지각 위치'는 본질적으로 사람이 상황이나 관계를 지각하는 특정한 관점을 말한다. NLP는 특정한 경험을 지각할 때 사람이 취할 수 있는 몇 가지 기본적인 위치들을 다음과 같이 정의한다.

1차적인 입장은 자신의 눈으로 직접 보는 것으로, '1인칭'의 관점으로 주관화된 것을 말한다. 2차적인 입장은 '상대방의 입장'에서 경험하는 것이며, 3차적인 입장은 뒤로 물러서서 자신과 다른 사람과의 관계를 '관찰자'의 관점에서 보는 것이다. 그리고 4차적인 입장의 개념은 전체 시스템으로 보는 것인데, 이는 위의 세 가지 위치들을 종합한 것으로, '우리'라는 입장을 취하는 것이다.

NLP의 다른 특성들과 마찬가지로 지각 위치는 특정한 신체적·인식적 그리고 언어적으로 특징적인 패턴이 있다. 이 패턴들에 대해서는 다음과 같이 요약할 수 있다.

먼저 1차적인 입장은 바로 당신 자신의 몸을 가지고 자신만의 습관적인 행동을 하는 것이다. 완전히 1차적인 입장에 선다면 당신은 자신의 느낌과 지각, 아이디어에 대해 말할 때 '나를me', '내가', '나 자신을

myself'과 같은 단어들을 사용할 것이다. 1차적인 입장에서는, 당신 자신의 관점에서 커뮤니케이션을 경험하게 된다. 당신의 주변과 내부에서 일어나는 모든 것에 대해 보고 듣고 느끼고 맛보고 냄새 맡을 것이며, 이는 모두 주관화된 관점으로부터의 경험이다. 만약 당신이 진실로 이 1차적인 입장에 있다면 자신을 보지는 못하지만 당신 자신이 되어서 세상을 자신의 눈과 귀 등으로 보고 듣게 될 것이다. 당신은 완전히 당신의 몸과 당신 자신이 가진 세상에 대한 지도로 주관적으로 모든 것들을 인식하고 행동할 것이다.

　2차적인 입장은 상호 작용 내에서 다른 사람의 관점을 가정해 볼 수 있다.(만약 그 상호 작용 내에 한 사람 이상의 또 다른 사람이 존재한다면 거기에는 복수의 '2차적인 입장'이 있을 수 있다.) 이는 당신이 다른 사람의 지각 위치로 이동하는 일시적이고 정보 취합적인 위치인데, 여기에서 당신은 마치 그 사람이 된 것처럼 그 사람의 신체적인 자세나 세계를 바라보는 관점을 취할 수 있다. 당신은 '그 사람의 입장에서 1마일을 걷는다.', '책상 맞은편에 앉는다.'와 같이 다른 사람의 관점에서 커뮤니케이션 연결 고리를 보고 듣고 느끼고 맛보고 냄새 맡는다.

　2차적인 입장에서, 당신은 다른 사람의 눈이나 생각, 느낌, 믿음을 통해서 세상을 경험한다. 이 입장에서 당신은 자신과의 관계에서 벗어나 다른 사람으로 되는 것이다. '1차적인 입장'에 있는 자신을 '당신You' (즉 'I' 또는 'me'에 반대되는)이라고 표현할 것이고, '2인칭'의 언어를 사용할 것이다. 이렇게 일시적으로 다른 사람의 위치를 가정하고 적용해 보는 것은 당신이 커뮤니케이션에서 얼마나 효과적인지를 평가하는 좋은 방법이 된다.(이처럼 다른 사람의 관점을 취하고 난 뒤에는 다시 온전하고 깨끗하게 커뮤니케이션에서 당신을 도울 정보와 함께 본연의 자신으로 돌아가야 한다는 것을 명심하라.)

3차적인 입장, 즉 '관찰자'의 입장은 일시적으로 당신을 그 커뮤니케이션 고리의 외부에 위치하게 하는데, 이렇게 함으로써 당신은 그 상호 작용에 참가하지 않은 목격자로서 정보를 수집할 수 있다. 당신의 자세는 안정적이고 편안할 것이다. 관심은 있지만 중립적인 입장에서 그 커뮤니케이션 고리가 어떤지를 보고 듣고 느끼고 냄새 맡게 될 것이다. 당신은 당신이 관찰하는 사람들을 언급할 때 '그녀' 또는 '그'와 같은 '3인칭' 언어를 사용할 것이다. 당신은 상호 작용에서 벗어나 '메타 포지션'에 놓이게 될 것이다. 이 입장은 그 연결 고리 내 행동의 균형에 가치 있는 정보를 제공해 준다. 이 관점에서 모아진 정보를 1차적인 입장으로 다시 가지고 가서 2차적인 입장에서 모은 정보와 함께 커뮤니케이션 연결 고리 내에서 당신의 상태와 상호 작용, 관계의 질을 개선시키기 위해 사용할 수 있다.

4차적인 입장은 위의 세 가지 관점을 합친 것으로 '전체 시스템으로 인식하는 감각'을 만들어 낸다. 이는 '우리we(1인칭 복수)'와 같은 단어로 표현할 수 있다. 또한 집단적인 것의 일부분이 되는 경험을 창출해 내면서 시스템이나 관계 그 자체를 확인하는 것이다. 4차적인 입장은 '그룹 마인드' 또는 '팀 정신'을 만들어 내는 데 필수적이다.

요약하면, 지각 위치는 당신 자신과 다른 사람 사이의 관계와 관련하여 당신이 취할 수 있는 근본적인 관점들을 말한다.

1차적인 입장: 당신 자신의 관점과 믿음, 가정들로 주관화되어 당신

자신의 눈을 통해서 외부 세계를 보는 것 – 'I' 포지션

2차적인 입장: 상대방의 관점과 믿음, 가정들로 주관화되어 상대방의 눈을 통해서 외부 세계를 보는 것 – 'you' 포지션

3차적인 입장: 당신과 다른 사람과의 관계 밖에서의 관점으로 보는 것 – 'they' 포지션

4차적인 입장: 전체 시스템의 관점으로 보는 것 – 'we' 포지션

위의 진술처럼, 지각 위치들은 키워드인 '나I', '당신you', '그들they', '우리we'에 의해 특징지어지고 표현된다. 어떤 면에서 이러한 주요 단어들은 특정한 상호 작용 동안 사람들이 가정하는 지각 위치들을 인식하고 이끌어 나가도록 하는 메타 메시지의 유형이다.

예를 들면 아이디어를 내거나 어떤 제안을 할 때 '나I'를 사용하는 사람이 '우리we'를 사용하는 사람보다 자신의 관점을 기반으로 말하는 경향이 더 강하다. 한 가지 관점에만 갇힌 사람은 그러한 언어 단서들을 절묘하게 사용함으로써 지각 위치들을 이동시키도록 격려 받을 수 있다.

예를 들어 어떤 사람이 프로젝트 팀을 코칭하고 있다고 가정해 보자. 그리고 그 팀의 멤버 가운데 한 사람이 어떤 아이디어(계획)에 대해 "이 일은 성공할 리가 없어요."라면서 '1차적인 입장'을 강하게 드러낸다고 하자. 코치는 "이 계획에 대해 당신이 심각하게 우려하고 있다는 걸 이해할 수 있어요. 그렇다면 이 일을 성공시키기 위해서 우리는 어떻게 접

근하면 좋을까요?"와 같이 말함으로써 그 사람을 우리 또는 전체라는 '시스템적인' 관점으로 이동시킬 수 있다.

그 사람을 관찰자의 포지션으로 안내하기 위해 코치는 "당신이 이 팀을 위한 컨설턴트라고 상상해 보십시오. 좀 더 효과적으로 일하기 위해서 당신은 어떤 방법들을 제안할 수 있을까요?"라고 말할 수 있다. 그 비판적인 개인을(비판적인 입장을 취하는 사람을) '2차적인 입장'으로 이동시키기 위해서 코치는 "잠깐만요, 당신이 제 입장에 있다고 생각해 봅시다.(아니면 팀의 다른 멤버라고) 당신의 우려에 대해서 제가 어떤 반응들을 취할 수 있을 거라 생각하나요?"라고 말할 수 있다.

관점을 전환하거나 어떤 상황 또는 경험에 대해서 다양한 관점들을 취하는 능력은 성과의 '내면 게임'의 주요한 요소이다. 또한 고객이 사용하고 계발시킬 수 있도록 코치가 도울 수 있는 가장 중요한 커뮤니케이션과 관계에 대한 기술들 가운데 하나이기도 하다.

2차적인 입장

앞에서 언급했듯이 2차적인 입장을 취하는 것은 특정한 상황이나 상호 작용에서 상대방의 관점, 즉 상대방의 '지각 위치'에 서는 능력이다. 이를 위해서는 관점을 이동하고 상황을 마치 상대방인 것처럼 봐야 한다. 2차적인 입장, 즉 '그 사람의 입장에서', '그 사람의 신발을 신고 1마일을 걷는', '책상 반대편에 앉는' 등 당신은 상대방의 관점을 통해 상호 작용에 대해 보고 듣고 느끼고 맛보고 냄새 맡게 된다. 다시 말해 역지사지易地思之하게 된다는 것이다.

2차적인 입장은 상대방의 관점과 믿음, 가정으로 상대방의 눈을 통해 외부 세계를 바라보는 것이다. 이 위치에서 당신은 자신의 입장에서 벗어나 상대방의 경험에 당신 자신을 이입하게 된다. 2차적인 입장을 취할 때 1차적인 입장의 자신을 지칭해야 할 경우 '당신은~ You are', '당신은 ~ 보인다. You look' 등과 같은 표현들을 사용한다.

다른 사람의 입장이 되어 그들의 세상에 대한 지도를 경험하는 2차적인 입장을 취하는 능력은 동정과 감정 이입의 기본이다. 이는 '무엇이든지 남에게 대접받고자 하는 대로 남을 대접하라.'는 '황금률'의 본질이다. 2차적인 입장은 또한 효과적인 모델링을 위해서 필수적이다. 일시적으로 다른 사람의 포지션을 가정하는 것은 상호 작용이나 커뮤니케이션에서 당신이 얼마나 효과적인지를 평가하는 훌륭한 방법이다.

2차적인 입장은 다양한 직업을 가진 사람들에게도 매우 유용한 기술이다. 예를 들어 성공적인 관리자나 리더들은 종종 자기 자신을 자신의 협력자들의 '머리 속으로' 집어넣는 것에 대해서 이야기하는데, 이는 곧 다른 사람들의 '감각 공간으로 들어가는 것'을 의미한다. 형법 전문 변호사인 토니 세라Tony Serra는 1998년 《스피크 매거진Speak magazine》의 인터뷰에서 다음과 같이 말했다.

> 당신이 형사상의 피고인을 대변할 때 … 당신은 그가 되어서 그처럼 느끼고, 그의 신발을 신고 걷고, 그의 눈으로 보고, 그의 귀로 들어야 한다. 그가 한 행위의 본질을 이해하기 위해서 당신은 그를 완전히 알아야만 한다. 그리고 당신은 '언어'를 가지고 있고 활용할 수 있다. 다시 말해서 당신은 그의 행위와 관련된 요소들로서의 그의 느낌, 그의 의미 그리고 그의 사고력을 법률 용어로, 또는 설득적인 은유법으로 옮길 수 있다.
>
> 당신은 한 개인의 행위라는 찰흙을 가지고 그것을 아름답게 꾸며 예술 작품을 만든다. 이것이 바로 변호사의 창의력이다.

2차적인 입장을 취하는 능력은 코치뿐만 아니라 고객에게도 중요한 기술이다.

티칭 도구 상자 | '2차적인 입장'의 관점 만들기

2차적인 입장을 취하는 프로세스는 당신의 감각적인 경험과 정신적인 지도를 다른 사람의 관점으로 넘기는 것을 말한다. 이는 전체 또는 부분적으로 행해질 수 있다. 예를 들어 어떤 사람이 "만약 내가 당신이었다면 나는 이렇게 할 것입니다."라고 말한다면, 그 사람은 실제로 2차적인 입장을 취하고 있다고 할 수 없다. 그 사람은 이 진술에서 상대방의 관점을 취한 것이 아니라 자신의 세계관을 다른 사람의 상황에 투영한 것에 지나지 않는다.

"지금 이 사람의 관점에서 나는 저기에 서 있는 나 자신을 본다."고 말하는 사람 역시 자신이 완전히 '2차적인 입장'에 있지 않다는 것을 보여준다. '저기에 서 있는 나 자신'이라는 표현은 그 화자가 여전히 자기 자신을 1차적인 입장으로 생각하고 있다는 것을 의미한다. 이 진술은 느끼는 것보다 더 이론적인 2차적인 입장을 반영한다. 2차적인 입장을 완전히 취한다는 것은 당신이 상대방의 관점에서 보고 듣고 느끼고 말할 것을 요구한다. 그래서 이를테면 자신에 대해서 말할 때 "나는 저기에 서 있는 어떤 사람을 본다."고 말하면서 자신을 어떤 사람으로 표현해야 하는 것이다.

그러므로 '혼동되거나' 또는 '오염된' 지각 위치에 있는 것이 가능하다. 다시 말해서 어떤 사람이 1차적인 입장에서 상황을 보고 느끼고 있지만 그 자신에게 2차적인 입장의 언어를 사용하면서 말하는 것이 가능하다는 것이다. 예를 들어 "(당신이) 실수하지 않도록 조심하세요."라고 자신에게 말하는 것. 의식적으로 끊임없이 2차적인 입장임을 가정하거나 2차적인 입장의 특정한 면을 선택하는 것은 적절한 코칭과 연습에 의해서 얻을 수 있는 기술이다.

2차적인 입장은 그 정도와 수준에 따라 다양하게 취할 수 있다. 다른 사람의 집이나 일터에 있는 것은 환경적인 수준에서 2차적인 입장을 얻는 방법이다. 다른 사람의 행동을 모방하는 것은 행위적인 수준에서 2차적인 입장을 취하는 것이다. 다른 사람의 전략과 정신적인 지도에 대해서 학습하는 것은 능력 수준에서 2차적인 입장을 계발하는 방법이다. 다른 사람의 가치와 믿음을 취하는 것은 더욱 깊이 있는 수준에서 2차적인 입장을 취하는 방법이다.

다음의 프로세스들은 이러한 몇 가지 수준들에서 고객들이 풍부하게 2차적인 입장에 설 수 있도록 돕는 데 사용할 수 있다.

당신의 고객이 모델로 삼고 있거나 더 많이 알고 싶어 하는 사람을 선택하게 하라. 그리고 두 개의 위치를 정하라. 하나는 고객을 위한 것이고, 다른 하나는 고객의 모델을 위한 것이다.

고객에게 '1차적인 입장'에서 시작하게 하라. '고객 자신의 위치'에서 고객의 입장으로 자신의 경험, 즉 그의 환경, 신체 상태, 생각, 믿음, 가치, 자신에 대한 감각, 비전과 목적에 대한 것들을 생각해 보게 하라. 이 '1차적인 입장'에 서서 자신에 대한 느낌에 그대로 재접속할 수 있는 앵커를 만든다.

그런 다음 고객이 모델로 삼는 그 사람의 위치에 가게 하라. 그리고 다음의 단계들을 거침으로써 다른 사람의 관점에서 생각할 수 있도록 코치하라.

1. 모델이 되는 사람이 처해 있는 환경 속에 있다고 상상합니다. 당신은 이제 모델이 되는 사람의 입장이 되었습니다. 당신은 주로 언제 어디서 활동합니까?

2. 계속 다른 사람의 '입장'에 있다고 상상합니다. 그러한 환경에서 당신이 주로 하는 구체적인 행동은 무엇입니까?

3. 계속 다른 사람의 정신 세계 속에 있다고 상상합니다. 그 환경에서 효율적으로 행동하기 위해서 어떠한 기술과 능력이 필요합니까?

4. 다른 사람의 입장에서 이제는 그의 믿음과 가치에 대해서 상상합니다. 당신은 당신이 하는 일에 어떤 믿음과 신념을 갖고 있습니까?

5. 이제 다른 사람의 정체성이나 역할에 대해서 상상합니다. 당신은 자신이 누구라고 생각합니까? 그리고 당신의 임무는 무엇이라고 인식합니까?

6. 계속 다른 사람의 입장에서 상상합니다. 당신은 누구를 위해서 살아가는 것 같습니까? 당신은 무엇을 위해 사는 것 같습니까?

이 프로세스가 끝났다면 고객이 다른 사람의 위치에서 빠져나와 다시 자신의 1차적인 입장으로 돌아오도록 한다. 이때 고객의 생리적인 상태와 내면적인 상태를 이동시켜 완전히 '자신의 위치'로 돌아가게 한다. 그리고 고객이 자신의 지각 위치로 완전히 돌아갈 수 있도록 앵커링한다.

종종 '자신'과 '다른 사람'의 위치 사이인 중립적인 '메타 포지션'이나 '3자적인 입장'을 확립하는 것도 도움이 된다. 이러한 세 번째 위치를 고객 자신의 관점과 다른 사람의 관점 사이에 사용할 수 있는데, 이는 두 가지의 지각 위치를 잘 분리할 수 있도록 해 준다.

티칭 도구 상자 | 다양한 지도 만들기

다양한 지도는 고객들이 어려운 상호 작용과 상황 그리고 관계에 대한 지도를 그리고, 이들을 더욱 효과적으로 다룰 수 있도록 다른 지각 위치들을 적용하는 프로세스이다. 다양한 지도의 목적은 어떤 사람이 상호 작용에 문제를 야기하고, 이를 지속시키는 커뮤니케이션 연결 고리의 성격을 확인하고 변경할 수 있도록 돕는 것이다.

종종 우리가 다른 사람들과의 커뮤니케이션에서 어려움을 겪을 때 우리는 자기 관점을 더욱 강조하게 된다. 다양한 지도는 그러한 관점을 인정하는 데서 시작된다. 그 후 다른 사람의 관점에서 그러한 상호 작용을 바라보는 기회를 제공한다. 어떤 상황에서 내면적이고 비신체적인 활동들처럼 '보이지 않는' 영향들을 확인하는 것과 더불어 다양한 지도는 우리의 문제점을 다룰 수 있는 몇 가지 방법을 발견하고 개조할 수 있게 해 준다.

다양한 지도의 대부분의 단계는 기업과 조직의 탁월한 리더들을 모델링하는 데서 비롯된다. 모델링의 한 과정은 리더들을 어렵고 예측 불가능한 상호 작용의 상황에 직면하게 만든다. 그 후 리더들은 그러한 문제에 대응하기 위해서 자신들이 어떤 준비를 해야 하는지에 대한 질문을 받는다.

다음은 일반적인 반응의 좋은 사례이다.

저는 그 상황과 관련된 사람들에 대해 생각하고 문제를 유발할 가능성이 있는 그들의 행동을 추측해 봅니다. 그리고 나서 저는 제 자신을 바라보고, 제가 여기에 대응해서 무엇을 할 수 있는지, 그 방법이 저에게 적절한지를 살핍니다. 또한 다른 사람의 관점에서 그 상황을 살펴보고, 그들의 행동 뒤에 어떠한 동기들이 있는지를 생각합니다. 그 후 회사의 관점에서 그 상황을 바라보고 그 문제와 관련해서 그 상황을 가장 잘 다룰 수 있는 방법이 무엇인지를 바라봅니다. '과제'를 마친 뒤 제가 어떠한 내면 상태에 있기를 원하는지, 어떤 상태에서 가장 창의적이며 적절한 대응을 할 수 있는지를 생각합니다. 제가 만약 잘못된 상태에 있다면 무슨 일이 일어나든 상관없이 저는 제대로 대응하지 못할 것입니다. 하지만 제가 올바른 상태에 있다면 제가 미처 대비하지 못한 상황이 발생하더라도 영감이 떠오를 것입니다.

다양한 지각 위치들을 취함으로써 리더들은 그들의 '내면 게임'을 잘 조율하여 그 상황을 가장 효과적으로 다룰 수 있다. 이러한 성공 사례들을 떠올림으로써 효과적인 다양한 지도의 기본적인 요소들은 다음의 과정이 필요함을 알 수 있다. (a) 어렵거나 도전적인 커뮤니케이션 상황 확인하기 (b) 자신과 상대방의 입장이 되는 것과 내부 관찰자가 되었을 때 일어나는 역동적인 것들 지도화하기 (c) 상대방의 관점을 취하여 상황 살피기 (d) 그 문제의 상호 작용에서 발생하는 정신적이고 신체적인 유형들을 검증하는 전체의 입장인 '메타 포지션' 확립하기 (e) 더욱 편안하고 생산적인 상호 작용을 위해 커뮤니케이션이나 태도, 내면 상태에 어떠한 변화를 줄 수 있는지 탐구하기.

다음은 기본적인 다양한 지도 만들기 형태로, 효과적인 리더들의 전략에 기반한 것이다. 이것들은 어려운 상황이나 상호 작용에 대해 깊이 생각하거나 계획을 세우는 데 효과적인 전략으로, 고객들에게 가르침을 줄 수 있는 것들이다.

기본적인 다양한 지도 만들기 형태

이 프로세스는 역할극 형태로 행하는 것이 가장 효과적이다. 고객은 이때 신체적으로 다른 위치로 옮겨가고 다양한 지각 위치들을 실행하도록 지시받는다. 시작하기 전에 아래에 제시된 '정신지리학' 상의 세 가지 위치를 배치하라.

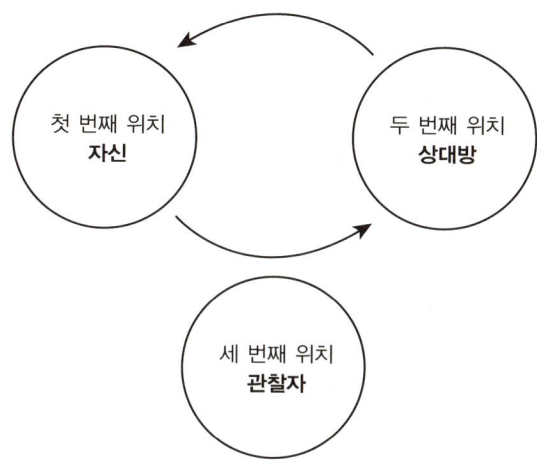

■ 다양한 지도 형태에 있어서의 세 가지 신체적 위치들

다음의 지시 사항들을 통해 고객들을 이끌어라.

1. 당신이 경험했거나 또는 기대하는 특정한 상황에 대해 생각해 보라. 여기에는 다른 사람에 대한 도전도 포함된다.

2. 먼저 자리를 잡는다. 당신 자신을 첫 번째 위치(1차적 입장)에 둔다. 당신의 앞이나 옆에는 상대방이 자리하고 있다. 당신은 지금 자신의 눈으로 상대방을 보고 있다. 상대방이 다루기 어려워하는 일들이 무엇인지 유추해 보라. 그리고 당신의 내면적인 반응에 주목하라. 예를 들어 당신의 '내면 게임'에서 어떤 일들이 일어나고 있는가?

3. 이제 1차적인 입장에서 2차적인 입장인 상대방의 위치로 이동하라. '상대방의 입장'에 있다고 상상하고 그 사람의 눈으로 바라보라. 잠시 동안 당신이 마치 그 사람인 것처럼 그의 관점과 사고 유형, 믿음 그리고 가정들을 취하라. 그 상호 작용에 대한 그 사람의 관점은 무엇인가? 그 사람의 세계관에서 어떤 것들을 배울 수 있는가? 당신과 무엇이 다른가?

4. 이제는 관찰자 입장인 3차적인 입장으로 이동하라. 관찰자가 되어 1차적 입장에 있는 사람과 2차적 입장에 있는 사람을 바라보고 그들의 관계가 어떤지 관찰하라. 마치 당신이 두 사람의 상호 작용을 비디오를 통해 바라보는 관찰자인 것처럼 말이다. 그 커뮤니케이션 고리에 관련된 두 사람의 '외부적 게임'과 '내면 게임'들에 대해서 무엇을 관찰할 수 있는가? 두 사람을 관찰하면서 1차적 입장에 있는 당신 자신의 내면을 개선시키기 위해서 어떤 내면 상태와 자원들을 1차적인 입장으로 옮기고 싶은가?(당신은 이를 위해 탁월성의 원이나 앵커링 또는 지도 교차시키기 형태를 사용할 수 있다.)

5. 이 단계는 선택적인 단계이다. 해도 되고 하지 않아도 무방하다. 이제는 전체 시스템의 관점, 즉 '우리'라는 관점에서 이러한 상호 관계를 관찰하라. '우리'라는 입장에서 볼 때 어떻게 하면 그 관계가 개선될 것 같은가?

다른 지각 위치들을 취함으로써 당신의 상호 작용의 경험이 어떻게 달라지는지 주목하라. 당신 자신과 다른 사람 또는 그 상황에 대해 어떤 새로운 인식의 변화가 생겼는가?

상상 공학 Imagineering

지각 위치를 매우 유용하게 활용할 수 있는 것이 바로 '상상 공학' 프로세스이다. 상상 공학이란 월트 디즈니가 만들어 낸 용어로, 그가 꿈을 꾸고 그것을 현실화시키는 '미래 창조'의 프로세스를 표현하기 위해 사용한 것이다. 다음은 디즈니의 한 동료가 한 말로, 상상 공학 프로세스에 대한 강력한 통찰을 엿볼 수 있다.

"실제로 세 명의 다른 월트 디즈니가 있었다. 이상주의자 dreamer, 현실주의자 realist, 비평가 critic. 누가 미팅에 참석하는지 결코 알 수 없었다."

상상 공학은 이 세 가지의 하위 프로세스들을 조합하는 개념이다. 이상주의자, 현실주의자, 비평가 그리고 이 세 가지는 모두 미래의 목표에 도달할 수 있도록 '내면 게임'에서 성공하는 데 필요한 주요 요소들이다.

이상주의자는 현실주의자가 없는 한 아이디어를 실체적인 표현으로 바꿀 수 없다. 비평가와 이상주의자는 현실주의자가 없는 한 끊임없이 갈등을 겪게 된다. 이상주의자와 현실주의자는 무언가를 만들어 낼 수는 있지만 비평가가 없다면 그것이 좋은 아이디어라는 것을 장담할 수 없다. 비평가는 창의적인 생산품을 평가하고 재정비할 수 있도록 돕는다(파괴적인 성향이 짙을 때 비평가는 '방해자'가 되지만 건설적일 때는 '조언자'가 된다).

한 기업인이 있었다. 그는 혁신적인 사고를 가졌지만 현실주의자와 비평가적인 관점이 부족했다. 그와 함께 일하는 동료들은 그에 대해 이렇게 말하곤 했다.

"그는 끊임없이 새로운 아이디어를 만들어 내지. 하지만 수많은 아이디어들 가운데 일부만 괜찮아."

요약하면

- 현실주의자와 비평가가 없는 한 이상주의자는 단지 망상가에 불과하다.
- 이상주의자와 비평가가 없는 한 현실주의자는 로봇이다.
- 이상주의자와 현실주의자가 없는 한 비평가는 방해자일 뿐이다.
- 비평가가 없는 한 이상주의자와 현실주의자는 연구 개발팀일 뿐이다. 그들은 견본을 만들지만 성공에 대한 품질 기준에는 떨어진다.
- 이상주의자가 없는 한 현실주의자와 비평가는 관료주의자이다.
- 현실주의자가 없는 한 이상주의자와 비평가는 조울증을 앓는 롤러코스터이다.

성공적인 혁신과 문제 해결에는 이와 같은 세 가지 프로세스와 단계들이 포함된다. 이상주의자는 새로운 아이디어와 목표를 형성하는 데 필수적이다. 현실주의자는 아이디어를 구체적인 표현으로 바꾸는 방편으로 필수적이다. 비평가는 아이디어를 재정비하고 예측 가능한 문제를 피하는 필터로 필수적이다.

다음은 이러한 주요 사고 유형들과 관련된 기본적 인식과 신체적인 패턴들에 대한 요약이다.

이상주의자

이상주의자 프로세스 단계는 긴 기간의 미래를 향하고 있다. 이는 새로운 대안과 선택을 하기 위해서 좀 더 큰 그림과 단위로 생각하는 것을 말한다. 이상주의자 단계에서는 특정한 계획이나 아이디어를 표현하고 확대하는 것을 강조한다. 주요 초점은 '어떤' 계획과 아이디어냐, 즉 콘텐츠를 생성하는 데 맞춰져 있다. 디즈니에 따르면, 이상주의자는 이야기나 프로젝트에서 사업의 모든 부분을 자신이 원하는 대로 배치하여 그의 마인드에서 선명하게 본다. 이상주의자의 목표는 긍정적인 언어로 목표를 진술하고 원하는 상태에 대한 목적과 대가를 확립하는 데 있다.

이상주의자처럼 생각하기 위해서는 머리와 눈을 위쪽으로 향하고, 긴장을 풀고, 편안하며 올바른 자세를 취하는 것이 도움이 된다.

현실주의자

현실주의자의 목적은 꿈을 실현 가능한 계획이나 제품으로 변화시키는 것이다. 현실주의자로서, 당신은 '마치' 꿈이 실현 가능한 것처럼 행동하고 싶고, 실제로 그 꿈에 도달하기 위해 요구되는 단계나 행동에 초점을 맞춘다. 당신의 주요 초점은 '어떻게' 그 계획과 아이디어를 실행시킬 것이냐에 있다.

현실주의자 프로세스 단계는 미래를 향해 좀 더 행동 지향적인 단계로서, 이상주의자보다는 시간 프레임이 짧다. 그의 주요 초점은 '어떻게' 그 계획이나 아이디어를 실행시킬 것인지에 있다.

현실주의자처럼 생각하기 위해서는 머리와 눈을 앞으로 똑바로 두거나 몸을 약간 앞쪽으로 기울여 좌우가 대칭이 되도록 앉는 것이 도움이 된다. '마치' 그 꿈이 성취 가능한 것처럼 행동하고, 어떻게 그 아이디어나 계획을 실행할 수 있을지에 대해 당신의 인식적인 초점을 맞춰야 한다. 구체적인 행동을 강조하고 단기간의 단계들을 명확히 하는 차원에서 말이다.

자신을 그 계획과 관련된 어떤 사람의 입장에 두는 등 다양한 관점에서 지각하는 것이 도움이 된다.

비평가

창의성에 있어서 비평가 단계는 이상주의자와 현실주의자 뒤에 따라 나온다. 비평가가 되는 목적은 제안된 계획이나 프로젝트를 평가하고, 잠재적인 문제점이나 누락된 요소, 연결 고리들을 찾기 위함이다. 효과적인 비평가가 되기 위해서는 계획이나 프로젝트에 영향을 끼치거나 영향을 받을 사람들의 관점(긍정적이든지 부정적이든지)을 취하여 그들의 요구와 반응을 고려해 보는 것이 중요하다. 비평가의 주요 목적은 특정한 계획이나 잠재적인 해결책에서 빠진 연결 고리나 문제점을 찾아내는 데 있다. 비평가의 전략은 다양한 관점을 취해 문제를 피하고, '만약 문제가 발생한다면 어떻게 될 것인가?'에 대해 논리적으로 고려함으로써 잃어버린 연결 요소들을 찾을 수 있도록 돕는 것이다.

비평가처럼 생각하기 위해서는 눈과 머리를 약간 아래쪽으로 향하게 하고, 한 손으로는 턱이나 얼굴을 괴는 자세를 취하는 것이 좋다.

| 티칭 도구 상자 | 상상 공학 코칭 형태

상상 공학 프로세스는 본질적으로 꿈을 증명하는 데 필요한 단계들로 꿈을 세분화하는 것을 말한다. 다음의 절차는 신체적인 것과 주요 질문들을 사용하는데, 이는 창의적인 계획 프로세스를 진행하면서 고객의 능력을 이끌어 내 이상주의자, 현실주의자, 비평가가 될 수 있도록 한다.

다음의 질문들은 이상주의자, 현실주의자, 비평가와 같은 사고 패턴들을 자극하기 위해 만들어졌다. 그러나 비평가의 자세를 취하면서 이상주의자처럼 질문을 받는다면 이상주의자로서의 대답과 어울리지 않게 된다. 마찬가지로 이상주의자의 자세로 비평가나 현실주의자처럼 질문을 받는다면 좋은 대답을 하지 못하게 된다. 과정을 진행하는 동안 고객이 코치의 질문에 대답할 때 코치는 부적절한 자세가 무의식에 영향을 주어 '오염된' 대답들이 나오지 않도록 주의 깊게 관찰해야 한다.

1. 창의적인 사이클의 각 단계에서(이상주의자, 현실주의자, 비평가) 코치는 그 단계와 관련 있는 질문(다음의 활동 용지에 적힌)을 한다. 그리고 고객이 자신의 대답을 놓치지 않고 따라갈 수 있도록 돕는다.

2. 질문에 대답할 때, 고객은 아래의 가이드라인에서 규정한 신체 자세와 사고 유형을 가정하고 유지해야 한다.

3. 코치는 고객을 관찰하여 고객이 적절한 상태를 유지하고 이를 '오염시키지' 않도록 해야 한다.

4. 그 계획의 연속적인 근사치를 얻어내기 위해서 사이클의 각 단계를 계속 반복하라.

다음은 상상 공학 사이클의 각 단계에서 제시된 다양한 질문들이다. 이에 답해 보라.

'원하는' 단계 – 이상주의자

목적 : 긍정적인 용어로 목적을 구체적으로 진술하라. 아이디어에 대한 적절한 보상을 정하라.

앞서 언급한 이상주의자의 사고에 맞는 자세를 취한 뒤 다음의 질문에 대답하라.

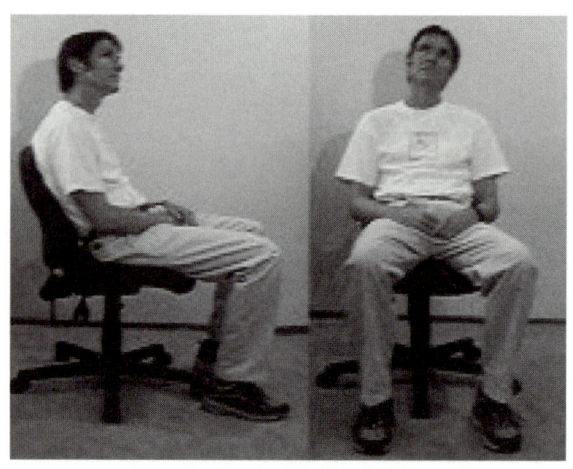

■ 이상주의자 상태의 신체 자세

1. 당신은 무엇을 하고 싶은가?(당신이 피하고 싶거나 하고 싶지 않은 것을 이야기하는 것이 아니다.)

   목표는 _____

2. 왜 당신은 그것을 하고 싶은가? 목적이 무엇인가?

   목적은 _____

3. 어떤 혜택이 있나?

   이것을 통해 _____ 혜택을 볼 수 있습니다.

4. 당신이 그것을 가지고 있다는 것을 어떻게 알 수 있는가?

   이러한 혜택들의 증거는 _____ 일 것입니다.

5. 이것을 언제 얻을 수 있다고 생각하는가?

   _____ 때라고 예상한다.

6. 이러한 아이디어가 당신을 어떠한 미래로 이끌었으면 좋겠는가?

   이 아이디어는 나를 _____ 로 이끌 것입니다.

7. 이 아이디어를 증명하는 데 있어 당신은 어떤 사람이 되고 싶은가? 또는 누구처럼 되고 싶은가?

   저(저희)는 _____ 가 되고 싶습니다.

'어떻게' 단계 – 현실주의자

목표 : 발전을 위한 시간의 프레임과 이정표들을 확립하라. 진전되고 있다는 것을 감각적인 경험으로 검증 가능하도록 사람이나 그룹들이 적합한 신체 자세를 유지하게 하고, 계속해서 성취 가능한 아이디어라고 생각하고 유지될 수 있도록 한다.

앞서 언급한 현실주의자의 사고를 끌어 주는 자세를 취한 뒤 다음의 질문들에 대답하라.

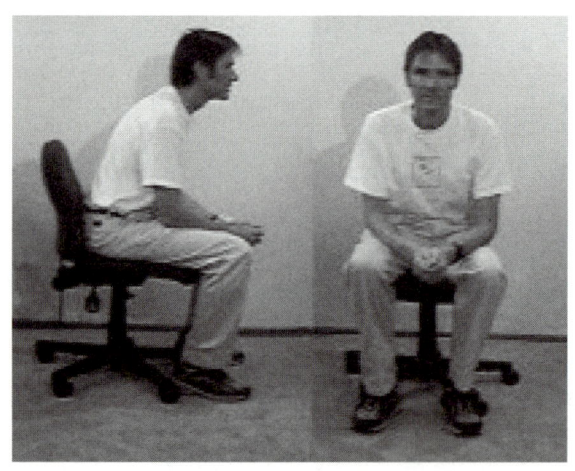

■ 현실주의자 상태의 신체 자세

1. 전체적인 목표가 언제 달성될 것인가?(언제 목표가 전반적으로 달성되는가?)

목표는 _____ 달성됩니다.

2. 누가 거기에 참여하는가? (그 계획을 수행할 사람들에게 책임 분야를 할당하고 약속을 받도록 한다.)

   책임 있는 참가자들은 _____ 입니다.

3. 그 아이디어는 구체적으로 어떻게 실행될 것인가? 그것을 위한 첫 번째 단계는 무엇인가? (그 아이디어를 구체적으로 어떻게 실행할 것인가? 그 첫 번째 단계는 무엇인가?)그 목적에 도달하는 단계를 적어 본다.

   (a)_____

   두 번째 단계는 무엇인가?

   (b)_____

   세 번째 단계는 무엇인가?

   (c)_____

4. 당신이 목표를 향해 나아가고 있는지, 멀어지고 있는지 지속적으로 알려 주는 피드백은 무엇인가?

   효과적이며 지속적인 피드백은 _____ 입니다.

5. 그 목표가 달성되었는지 당신은 어떻게 알 수 있는가?

저는 _____ 할 때 그 목표에 도달했다는 것을 알 수 있습니다.

당신이 목표나 비전에 도달하기 위해 요구되는 단계들을 시각적으로 표현해 보라. 간단한 이미지를 사용하거나 당신의 계획을 '스토리 보드 storyboard'로 만드는 것이다. 이는 계획에 대한 당신의 지도를 강하게 주입할 수 있도록 해 주고, 다른 사람들과 좀 더 수월하게 커뮤니케이션할 수 있게 해 준다. 목표(꿈)에 도달하기 위해 반드시 거쳐야 하는 세 가지 단계를 그림으로 표현할 수 있도록 다음의 프레임을 사용하라. 프레임 아래에는 제목이나 코멘트를 써 넣을 수 있다.

(a)_____ (b)_____ (c)_____

프로세스의 다음 국면, 즉 비평가의 국면으로 넘어가면서 이 스토리 보드를 참조하라.

◯ '기회' 단계 – 비평가

목표 : 계획이 목표를 달성하는 데 있어 현재 방식의 긍정적인 부산물들을 보호한다.

앞서 언급한 비평가의 사고를 이끌어 주는 신체 자세를 취한 뒤 다음의 질문들에 대답하라.

■ 비평가 상태의 신체 자세

1. 누가 이 새로운 아이디어에 영향을 끼칠 것이며, 누가 이 아이디어를 효과적으로 만들고, 누가 이 아이디어를 비효과적으로 만들 것인가?

  이 계획에 가장 영향을 많이 받는 사람들은 ＿＿＿＿＿＿＿＿ 입니다.

2. 그들의 요구와 보상은 무엇인가?

    그들의 요구는 _____입니다.

3. 이 계획이나 아이디어에 반대하는 사람이 있다면 무엇 때문인가?

    만약 _____라면 어떤 사람은 이 계획에 반대할지도 모릅니다.

4. 지금의 방법을 사용하여 일을 처리함으로써 어떤 긍정적인 혜택을 얻을 수 있는가?

    지금 이 방법을 사용함으로써 _____

5. 당신이 새로운 아이디어를 실행할 때 어떻게 그러한 긍정적인 혜택들을 유지할 것인가?

    이러한 긍정적인 결과들은 _____에 의해서 보존될 것입니다.

6. 당신은 언제 그리고 어디서 이러한 계획이나 아이디어를 실행하고 싶지 않은가?

    만약 _____라면 저는 이 계획을 실행하고 싶지 않습니다.

7. 그 계획에 현재 부족한 것은 무엇인가?

    그것은 바로 _____입니다.

요약

요약하면 티칭은 고객이 인지 능력을 계발하여 성과를 개선할 수 있도록 돕는 것이다. 티처로서의 역할을 할 때, 코치는 고객의 '내면 게임'에 집중하여 고객이 최선을 다할 수 있도록 정신적인 준비를 하게 해 준다.

탁월한 티처들은 사람들이 저마다 자신이 선호하는 표상 채널(시각, 청각, 감각 등)에 기초한 학습 유형을 가지고 있다는 것을 이해한다. 학습 유형 평가 질문은 코치들이 고객의 학습 유형을 잘 인지하고 거기에 적응할 수 있도록 도와준다. 또한 개선이 필요한 부분을 강화하고 보강할 수 있도록 돕는다.

좋은 티처들은 역시 '학습을 위한 학습'에 필요한 새로운 전략들을 계발하도록 돕는다. 성공을 시각화하고 멘탈 리허설을 하는 것은 고객들이 수행을 하기 전에 마음속으로 프로세스나 활동을 연습하고 재정비할 수 있도록 도와주는 티칭 도구들이다. 이는 성공 가능성을 매우 높여 준다.

상태 관리는 성과를 얻는 데 있어 개인의 내면 게임의 주요한 요소이다. 탁월성의 원과 같은 프로세스들은 고객들이 다양한 상황에서 성과를 개선할 수 있는 탁월한 상태들을 인식하고 그 상태에 재접속할 수 있도록 가르친다.

T.O.T.E. 모델은 코칭-모델링 연결 고리를 위한 기본적인 뼈대이다. 이는 티처에게 질문과 간단한 구조를 제공하여 성공적인 수행 후, 고객이 자신과 다른 사람들 내부에 있는 주요한 성공 요소들을 인지하고 그것들을

다른 상황이나 환경에 적용할 수 있도록 돕는다.

유능한 수행자들은 실수를 통해 배우지만 그 실수에 집착하지는 않는다. 좋은 코치는 고객이 실수를 실패보다는 피드백으로 인지할 수 있도록 격려하고, 고객이 이를 성공으로 연결함과 동시에 실수와 어느 정도 감정적인 거리를 두는 방법을 알려 준다.

다른 지각 위치들을 취하는 능력은 개인의 내면 게임의 또 다른 주요한 요소이다. 상황을 1차적인(자신), 2차적인(상대방) 그리고 3차적인(관찰자)의 위치에서 볼 수 있는 능력은 고객이 다른 사람들과 커뮤니케이션하는 능력과 상호 작용하는 능력을 크게 개선시킨다. 특히 2차적인 위치는 내면 게임의 성공을 위해 매우 중요하며, 이를 통해 다른 사람들과 효과적으로 일할 수 있다. 다양한 지도는 고객들이 경쟁해야 하는 상대를 더 잘 이해하고 다룰 수 있도록 다른 지각 위치들을 적용한다.

상상 공학 전략은 월트 디즈니의 이상주의자, 현실주의자, 비평가 사이클을 이용하는데, 이는 고객들이 긍정적이면서도 만족스러운 미래를 창조하고 그들이 원하는 상태에 도달하는 길을 만들어 준다.

CHAPTER 4

멘토링

4장의 개요

가치들
가치와 믿음
믿음의 힘
가치와 믿음을 멘토링하라
역할 모델링
멘토링 도구 상자 : 내면의 멘토 설정하기
멘토링 도구 상자 : 가치 검증
활동 용지 : 가치 검증 용지
가치를 비전과 행동에 정렬하기
멘토링 도구 상자 : 변화를 위한 정렬 창조하기
멘토링 도구 상자 : 가치를 행동화하기
멘토링 도구 상자 : 가치 계획
멘토링 도구 상자 : 실천하기
믿음 시스템과 변화
멘토링 도구 상자 : 믿음 평가
믿음 평가 활동 용지
멘토링 도구 상자 : 자신감과 믿음을 만들기 위해 내면의 멘토 이용하기
멘토링 도구 상자 : '마치 ~인 것처럼' 프레임
재구성하기
한 단어 재구성하기
멘토링 도구 상자 : 한 단어 재구성하기 적용
멘토링 도구 상자 : 가치 연결
비평가와 비평 재구성하기
긍정적인 의도를 긍정적으로 진술하기
비평을 질문으로 돌리기
멘토링 도구 상자 : 비평가가 조언자가 될 수 있도록 돕기
요약

04
멘토링

지식은 말하지만 지혜는 듣는다. _ 지미 핸드릭스 Jimi Hendrix

그리스 신화에서 멘토 Mentor는 영웅 오디세우스를 위한 지혜롭고 믿음직한 카운슬러였다. 오디세우스가 여행을 떠난 동안 여신 아테나는 멘토를 가장하여 오디세우스의 아들 텔레마쿠스의 보호자이자 티처가 되었다. 그리하여 '멘토'는 (a) 조언 또는 카운슬링을 위한 프로세스에 참여하거나 (b) 가이드나 티처로서 역할을 하는 것을 의미하게 되었다. 특히 직업적인 환경에서, 멘토링은 업무에 정통할 것을 강조하는 것만큼이나 학습과 성과에 있어서 격식을 따지지 않는 관계를 강조한다.

멘토는 티처 또는 코치와 겹치는 면도 있지만 티처나 코치와는 분명히 구분된다. 티처는 어떤 사람이 배우거나 성장할 수 있도록 가르치지만 코치는 구체적인 행동 차원의 피드백을 제공한다. 조언자와 카운슬러로서 멘토는 종종 자신의 경험을 들어 멘티가 주요한 가치와 믿음을 확립하거나 강화하도록 돕는다.

　가치와 믿음은 특정한 능력과 행동을 지지하거나 때로는 방해하는 힘을 가지고 있다. 가치와 믿음은 한 사람의 내면 게임에서 상당히 주요한 부분으로, 인지 능력과는 다른 단계에 속해 있다. 가치와 믿음은 특정한 경로를 취하는 이유와 사람들이 행동하거나 끈기 있게 관철하도록 하는 내면 깊숙한 곳에 있는 동기들과 관련되어 있다. 우리의 가치와 믿음은 어떤 특정한 생각이나 행동을 초월하고, 특정한 전략이나 계획 그리고 사고방식을 격려하거나 억제하며, 때로는 일반화하도록 돕는다. 그것은 우리가 왜why 생각하는지, 우리가 무엇을 생각하는지 그리고 우리가 무엇을 하는지와 관련 있다. 예를 들면 왜 자신의 생각과 행동을 바꾸려고 하는 것일까? 동기가 강력할수록 그 사람은 더 많은 내면의 자원을 결집시키려 한다. 동기는 사람들이 특정한 상황에서 어떻게 생각하고 무엇을 할 것인지를 자극하고 활성화시키는 것이다.

가치들

《웹스터 사전》에 따르면, 가치value란 '본질적으로 가치 있고 바람직한 원칙과 특질 또는 실재'라고 정의되어 있다. 그것은 가치worth, 의미 meaning, 욕망desire과 관련되어 있기 때문에 고객의 내면적 동기의 주요한 원천이다. 가치가 충족되었을 때 사람들은 만족스럽고 조화롭고 친밀한 기분을 느낀다. 그러나 반대로 가치가 충족되지 못했을 때 사람들은 불만족스럽고 조화롭지 못한 기분을 느끼며 감정이 상한다.

고객이 자신의 가치를 찾아내도록 돕기 위해서 다음과 같은 질문을 해 보라. "일반적으로 어떤 것들이 당신에게 동기를 부여합니까?", "당신에게 가장 중요한 것은 무엇입니까?", "당신을 행동하게 하는 것은 무엇입니까, 또는 당신이 아침에 침대를 박차고 일어나게 하는 것은 무엇입니까?"

가능한 대답들은 아마도 다음과 같을 것이다.

성공
칭찬
인정
책임감
즐거움
사랑과 수용
성취
창조력

이러한 가치들은 고객들이 성취하고자 하는 결과와 그들의 선택에 강력하게 영향을 끼친다. 사실 고객들이 세우는 목표는 자신의 가치를 표현한 것이다. 예를 들어 효과적인 팀을 만들고 싶은 고객은 '다른 사람들과 함께 일하는 것'을 중요시한다. 수입을 증가시키는 것이 목표인 사람은 '재정적인 성공'을 중요시할 것이다. 이와 유사하게 '안정성'을 중시하는 사람은 개인의 생활이나 회사 생활에서 안정성을 획득하는 것이 목표일 것이다. 그런 사람은 '유연성'을 중시하는 사람과는 다른 결과를 추구할 것이다. 안정성을 중시하는 사람은 고정적인 월급과 잘 조직된 업무 그리고 9시부터 6시까지 정해진 시간 동안 일할 수 있는 직업에 만족할 것이다. 반면 유연성을 중시하는 사람은 새롭고 다양한 업무와 업무 시간이 자유로운 직업을 찾을 것이다.

가치와 믿음

가치는 믿음과 밀접한 관계가 있다. 신경논리적 단계 모델에 따르면 믿음과 가치는 학습과 변화의 단계에서도 같은 위치를 차지한다. 믿음과 가치는 모두 '왜why'라는 질문에 대해 답을 제시한다. 가치는 의미 있거나 바람직하다고 느껴진 감각이 특징이다. 믿음은 가치를 경험의 다른 측면에 연결지어 주는 인지 구조들이다.

믿음은 본질적으로 우리 자신, 다른 사람들 그리고 주변 세계에 대한 판단이자 평가이다. 신경논리적 단계 모델에 따르면 가치(좀 더 추상적이며 주관적인)와 같이 좀 더 상위의 단계가 구체적인 행동으로 실제 표현되기 위해서는 믿음을 통해 좀 더 구체적으로 인식하는 과정과 능력이 필요하다.

믿음은 다음 질문들에 대한 답변이다.

"구체적으로, 당신은 자신이 중시하는 특성이나 실재들을 어떻게 정의하는가?", "이러한 특성들을 불러오는 것들은 무엇인가?", "그 가치는 어떠한 결과를 가져오는가?", "구체적으로, 어떤 행동이나 경험이 특정한 가치에 부합하는지를 어떻게 알 수 있는가?"

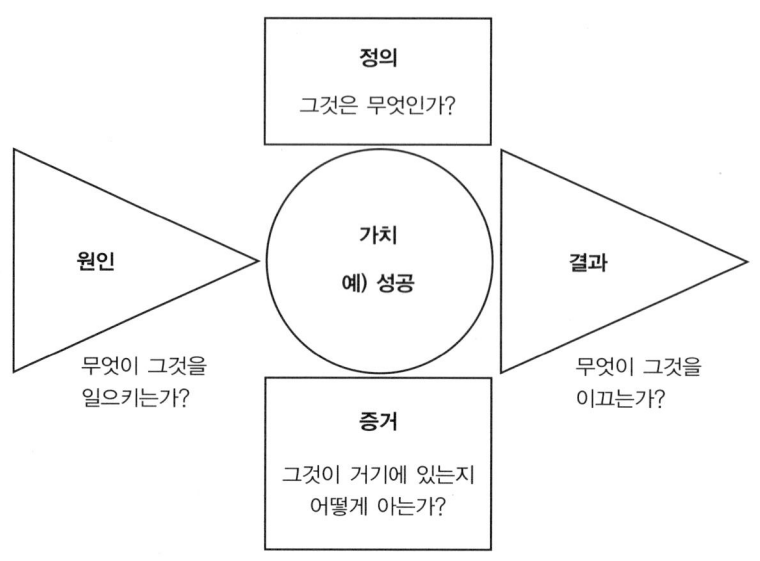

■ 믿음은 우리의 다양한 경험의 측면들에 가치를 연결시킨다.

특정한 가치가 사용 가능한 것이 되기 위해서는 이러한 믿음의 시스템이 반드시 어느 정도 구체화되어야 한다. 예를 들어 '프로 근성'과 같은 가치가 행위로 실행되려면 반드시 '프로 근성이 무엇인지(프로 근성에 대한 정의)', '그것이 실행되고 있음을 어떻게 알 수 있는지(증거)', '무엇이 그것을 발생시키는지' 그리고 '그것이 어떤 결과를 낳는지(그것의 결과)'에 대한 믿음이 있어야 한다. 이러한 믿음은 가치와 마찬가지로 사람들이 어떻게 행동할 것인가를 결정할 때 매우 중요하다.

예를 들어 두 사람이 '안전'이라는 가치를 공유하고 있다고 하자. 그중 한 사람은 안전에 대해 '적보다 강하거나 적이 당신을 공격하기 전에 먼저 공격하는 것'으로 믿을 수 있다. 반대로 다른 사람은 '우리를 위협하는 사람들의 긍정적인 의도를 이해하고 대응하는' 것이라고 믿을 수 있다. 이 두 사람은 상당히 다른 방법으로 안전을 추구하고 있다. 심지어 서로 모순되기까지 하다. 첫 번째 사람은 힘을 기르는 방법으로 안전을 찾는다(자신의 적보다 '더 큰 물리력'을 가짐으로써). 그리고 다른 사람은 정보 수집과 폭넓은 선택 사항의 추구와 커뮤니케이션을 통해서 안전을 찾는다.

분명 자신의 핵심 가치와 관련된 개인의 믿음들은 그러한 가치들과 관련된 '정신적인 지도'를 결정하게 될 것이다. 즉 그 사람은 어떠한 접근법으로 그러한 가치들을 증명할 것인가. 가치들을 적절하게 가르치거나 확립하기 위해서는 이러한 모든 믿음에 대한 과제들이 반드시 적절하게 다루어져야 한다. 한 시스템 안에서 사람들이 핵심 가치에 일관되게 행동하게 하기 위해서는 반드시 어느 정도, 가치와 마찬가지로 모두 특정한 믿음을 공유해야만 한다.

가치와 믿음은 가족이나 팀, 조직과 같이 한 시스템 안에 있는 사람들 사이의 모든 상호 작용을 둘러싸는 일종의 무형의 프레임을 형성한다. 또한 가치와 믿음은 동기를 불러일으키는 열쇠이자 조직과 사회적 시스템 내의 문화이다. 공유된 가치와 믿음들은 효과적인 조직이나 팀을 지탱해 주는 '접착제'와 같은 것이다. 반면 가치와 믿음 사이의 갈등은 부조화와 불일치의 근원이 된다.

믿음의 힘

믿음은 우리 삶에 강력한 영향을 미친다. 만약 누군가가 진실로 자신이 무언가를 할 수 있다고 믿는다면 그는 그것을 할 수 있을 것이다. 그러나 불가능하다고 믿는다면 아무리 노력해도 그것을 할 수 없을 것이다.

믿음의 힘은 다음의 연구에서 잘 드러난다. 그 연구는 평균적인 지능을 가진 학생들을 두 그룹으로 나누어 진행되었다. A 교사에게는 '머리가 매우 좋은' 학생들이라는 정보를 주면서 한 그룹을 배정했고, B 교사에게는 '학습 부진아'들로 구성되었다고 설명하면서 나머지 한 그룹을 배정했다. 교사들은 그 정보를 바탕으로 각 그룹의 학생들을 가르쳤.

1년 뒤, 두 그룹의 학생들은 다시 지능 검사를 받았다. 예상한 대로 특정한 근거 없이 '머리가 좋은 학생들'이라 이름 붙여진 반의 학생들은 대부분 이전보다 높은 점수를 기록했다. 반면 '학습 부진아' 그룹에 속한 학생들의 대부분은 이전보다 낮은 점수를 기록했다. 학생에 대한 교사의 믿음이 학생의 학습 능력에 영향을 끼친 것이다.

우리의 능력을 제한하기도 하고 북돋워 주기도 하는 믿음의 힘에 대한 또 다른 예가 있다. 바로 '1마일 4분 장벽'이다. 1954년 5월 6일 이전까지 사람들은 인간이 1마일(1,609m)을 4분 내에 주파하는 것은 불가능하다고 믿었다. 그 결과 로저 배니스터Roger Bannister가 마의 4분 장벽을 무너뜨리기 전까지 그 누구도 4분에 가까운 기록조차 내지 못했다. 하지만 배니스터가 4분의 장벽을 돌파하고 6주밖에 지나지 않아 호주의 육상 선수 존 런디John Lundy가 배니스터의 기록을 다시 1초 단축시켰다. 그 후 9년 동안 200명에 달하는 사람들이 한때 도저히 넘을 수 없는 장벽이라 생각했던 기록을 깨뜨렸다.

이러한 사례들은 우리의 믿음이 지능과 건강, 관계, 창의력, 심지어는 행복과 성공의 규모에 영향을 미친다는 것을 보여 준다. NLP는 믿음의 변화 테크닉과 방법론을 풍부하게 개발해 왔다. 또 이러한 것들은 일상적인 활용뿐만 아니라 치료에도 유용하다는 평가를 받고 있다. 이 책에서 우리는 대화와 해결 지향적인 코칭 상황에서 쉽게 활용할 수 있는 접근법에 더 초점을 맞출 것이다.

(NLP 믿음의 변화 테크닉에 대해 더 자세한 정보를 원한다면, Changing Beliefs with NLP(Dilts, 1990), Beliefs : Pathways to Health and Well-Being(Dilts, Hallbom & Smith, 1990), Encyclopedia of Systemic NLP(Dilts & DeLozier, 2000)을 참조하라.)

가치와 믿음을 멘토링하라

멘토들은 종종 자신의 경험을 활용하여 사람들이 가치와 믿음을 확립하고, 강화하고 정렬하도록 가이드한다. 신화 속 멘토의 사례처럼 멘토링은 인식적인 이해보다 한층 더 깊이 들어가서 카운슬링하고 가이드하는 가능성을 내포하고 있다. 이러한 유형의 멘토링은 개인의 내면에서도 충분히 이루어질 수 있기 때문에 때때로 외부의 멘토가 필요 없을 수도 있다. 사람들은 그들이 마주치는 다양한 상황에서 자신을 위한 카운슬러이자 가이드로 '내면의 멘토들'을 불러올 수 있다.

NLP에서 멘토Mentor라는 용어는 당신으로 하여금 내면의 소리를 듣게 하고, 당신의 내면 깊은 곳에 있는 것을 이끌어 내고 밝혀 냄으로써 당신의 삶을 긍정적인 방향으로 이끌거나 영향을 준 사람을 표현하기 위한 말이다. 이러한 멘토는 어린이나 교사, 애완동물, 당신이 한 번도 만난 적은 없지만 책을 통해서 알고 있는 사람들 또는 자연(예를 들어 바다나 산 등), 심지어 당신 자신의 한 부분일 수도 있다.

다른 사람들을 후원하고 그 사람들에게 조언을 해 줄 때 멘토는 다음과 같은 믿음에 기반을 둔다.

- 사람들이 무언가를 간절히 원하거나 믿고 있다면 그들은 이를 얻을 수 있는 방법을 찾게 될 것이다.

- 내가 사람들에게 해 줄 수 있는 가장 중요한 일은 그들이 자신을 믿고, 자신이 현재 하고 있는 일의 가치를 깨닫게 해 주는 것이다.

- 모든 사람은 마음속에 긍정적인 의도를 가지고 있다. 바람직한 가치와 믿음을 갖는 것은 가장 효율적이고 적합하게 자신의 긍정적인 의도를 표현하기 위한 토대이다.

- 이 사람은 내가 조언을 해 주고 관심을 기울이면 할 수 있다는 믿음과 적합한 가치들을 저절로 확립하게 될 것이다.

- 타인에게 조언하는 가장 좋은 방법 가운데 하나는 효과적인 역할 모델이 되는 것이다.

멘토링의 리더십 유형은 영감을 불러일으키는 리더십inspirational

leadership이다. 타인에게 영감을 주어 그들이 최선, 아니 그 이상의 노력을 쏟을 수 있도록 동기를 부여하고 격려하는 것이다. 멘토링과 영감을 주는 리더십은 가치와 미래의 가능성에 대해 임파워먼트Empowerment 하는 믿음을 강조한다.

역할 모델링

효과적인 멘토링의 첫 번째 자질은 다른 사람들에게 좋은 사례와 역할 모델이 되는 것이다. 역할 모델은 특정한 업무나 일련의 가치들을 구현한 전형으로 제시된 사람을 말한다.

역할 모델은 사람들이 그와 비슷한 성과와 결과를 얻기 위해 특정한 역할에서의 행위를 모방하거나 '본받으려' 하는 사람이다.

사람은 일생 동안 부모나 학생, 감독관, 리더, 파트너 등과 같은 많은 역할의 아이덴티티를 맡게 된다. 그러나 대부분의 경우 어떤 한 개인의 과거의 경험이나 개인적인 경력에 빈 곳이 있을 때 그 사람의 능력과 전략, 믿음 등과 관련하여 그 특정한 역할을 뒷받침해 줄 수 있는 부분이 없거나 부족하다. 그렇기 때문에 특정한 역할의 아이덴티티에 필요한 지도들을 강화할 수 있는 멘토와 가이드 그리고 '모델' 역할을 해 줄 수 사람을 찾는 것이 중요하다.

역할 모델링은, 만약 어떤 사람이 목표를 달성했다면 다른 사람도 그 사람을 모델링하여 비슷한 결과를 획득할 수 있다는 가정에 근거한 것이다. 그 역할 모델로부터 패턴들을 끌어와서 다른 사람이 성공적으로 성과를 수행할 수 있도록 돕는 사고 패턴과 믿음, 행위 등을 발견할 수 있다. 왜냐하면 우리는 다 같은 인류의 구성원이기 때문에 특정한 결과를 성취한 사람을 역할 모델로 하여 다른 사람 역시 비슷한 목표를 달성할 수 있기 때문이다. 인류의 구성원으로서 우리는 '불필요한 시간과 노력을 낭비할 필요 없이' 다른 사람에게 능력을 '빌리거나' 배울 수 있도록 허용하는 공통된 신경 시스템과 생물학적인 구조를 가지고 있으며, 그것을 이미 공유하고 있다.

허구의 인물조차도 효과적인 역할 모델이 될 수 있다. 즉 실재하는 인물이든 가상의 인물이든 간에 역할 모델은 학습과 영감을 위한 풍부하고 강력한 원천이 되어 준다.

다음은 마하트마 간디의 이야기이다.

> 당뇨병을 앓고 있는 여성에게 설탕을 많이 먹는 아들이 있었다. 그녀는 아들이 설탕을 먹는 것이 늘 걱정이었다. 어느 날, 그녀는 아들과 함께 간디를 찾아가 아들이 설탕을 먹지 않게 해 달라고 부탁했다. 간디는 그 여인에게 3주 뒤에 다시 오라고 했다. 3주가 지나 그녀는 다시 아들과 함께 간디를 방문했고, 간디는 여인의 아들을 향해 "설탕을 먹지 말게."라고 말했다. 그 말에 그녀는 간디를 향해 "선생님, 제가 마을을 떠나 여기까지 오는 데는 사흘이 걸렸습니다. 그리고 다시 마을로 돌아가려면 또 사흘이 걸립니다. 왜 3주 전에 왔을 때는 제 아들에게 설탕을 먹지 말라고 타이르지 않으셨나요?"라고 물었다. 그 말에 간디가 대답했다. "3주 전에는 나도 설탕을 무척이나 좋아해서 설탕을 많이 먹고 있었다오. 당신 아들에게 먹지 말라고 조언하기 위해서는 일단 내가 먼저 설탕을 먹지 말아야 했던 것이오."

이것은 간디가 종종 지적했던 원칙의 좋은 예시이다. '당신이 먼저, 당신이 보고 싶어 하는 변화 그 자체가 되어야 한다.'

코치와 멘토는 자기 자신이 다른 사람들에게 역할 모델이자 본보기라는 것을 깨달아야 한다. 사람들에게 효과적인 본보기와 역할 모델이 되어 주기 위해서는 그들에게 신뢰감을 주고, 당신과 겨루고 싶은 마음이 들도록 고무시키는 능력을 갖추어야 한다.

다음의 질문들을 통해 코치로서 좋은 본보기가 되기 위한 능력을 체크하라.

나는 무엇의 좋은 본보기인가?
나는 어떤 영향력을 가지고 있는가?
나의 행동의 결과는 어떠했는가?

나는 어느 정도 _____ 할 수 있는가?
- 동기 부여
- 영향력 행사
- 신뢰

멘토링 도구 상자 | 내면의 멘토 설정하기

앞에서 언급한 것처럼 사람들은 종종 삶에서 일어나는 다양한 상황에서 카운슬러이자 가이드로서의 '내면의 멘토'를 갖고 있다. 그러한 내면의 멘토는 자연스럽고 직관적인 방법으로 지식과 자원 또는 무의식적인 능력을 고객들로부터 이끌어 내기 위해 활용된다.

내면의 멘토를 이용하는 기본적인 방법은 멘토로 모시고 싶은 사람이 존재한다고 상상하고, 멘토의 관점이나 '입장'에 서서 '2차적인 입장'을 취하는 것이다. 이를 통해 종종 그들 안에 있는 능력에 접근할 수 있다. 하지만 이는 상황에 대한(또는 그들 자신에 대한) 그들의 지도로 인정되거나 포함되지는 않는다. 이러한 능력들을 표현함으로써 내면의 멘토는 고객들이 그 능력을 자신의 지속적인 행동으로 실현할 수 있도록 돕는다. (고객에게 멘토의 지각 위치를 취하게 한 결과) 일단 이러한 능력들을 한 개인이 멘토의 입장(2차적인 입장)에서 경험하고 나면 그 사람은 그것들을 그 상황에서 자신의 입장으로(1차적인 입장) 가져와 활용할 수 있게 된다.

다음의 연습은 고객이 어려운 상황을 좀 더 효과적으로 처리할 수 있도록 내면적 멘토링의 프로세스를 어떻게 사용할 수 있는지 알려 준다.

1. 좀 더 효과적으로 대처하고 싶은 어려운 상황을 생각해 보라.

2. 몇 가지 단계에서 당신을 더욱 효과적으로 도울 수 있는 세 명의 멘토를 선택하라. (a) 한 명은 당신의 행동에 관한 가이드나 조언자로서, (b) 또 한 명은 당신의 사고와 이해력을 돕는 조력자로서, (c) 또 한 명은 당신의 믿음과 가치들에 대한 카운슬러로서 도와줄 사람을 골라라. 그리고 당신이 처한 어려운 상황 속에 이 세 명의 멘토들과 함께 있다고 생각하라.

3. 한 번에 한 명씩, 이 세 명의 멘토의 입장이 되어 보라. '그 사람의

입장'이 되어 보고, 그 사람이라면 그러한 상황에서 당신에게 어떤 조언을 해 줄지를 상상하라. 그 사람은 당신이 가진 어떤 자원을 일깨워 줄 것 같은가? 그 사람은 당신에게 어떤 조언이나 메시지를 제공할 것 같은가?

4. 다시 당신의 지각 위치로 돌아가 멘토들의 조언과 가이드가 당신에게 어떤 변화를 가져왔는지, 상황에 대한 인식과 이해가 어떻게 변했는지, 더 많은 자신감이 생겼는지를 생각해 보라.

5. 세 명의 멘토들에게 배운 교훈을 앵커링하고 당신이 경험해 온 실제 상황에서 사용할 수 있는 방법을 강구하라.

| 멘토링 도구 상자 | 가치 검증

한 사람 또는 그룹이 가진 '가치에 대한 서열'은 본질적으로 그들이 특정 상황에서 어떻게 행동할 것인지를 결정할 때 그들이 적용하는 우선 순위다. 가치 서열은 사람들이 다양한 행동과 경험들에 각각 어떠한 의미를 부여하고 얼마나 중요하게 여기는지와 관련이 있다.

가치 서열의 예로 재정적인 성공보다 건강을 중시하는 사람을 들 수 있다. 그러한 사람은 자신의 건강을 최우선으로 두는 경향이 있다. 이러한 사람은 자신의 삶을 직업적 기회보다는 신체적 활동을 중심으로 설계할 것이다. 반대로 건강보다는 재정적인 성공에 우선순위를 두는 사람은 앞의 사람과는 다른 삶의 방식을 취할 것이다. 그는 금전적으로 '성공하기 위해서' 건강이나 신체적인 편안함을 희생할 것이다.

고객들이 자신의 가치와 가치 서열을 명확히 하도록 돕는 것은 멘토의 중요한 역할 가운데 하나이다. 가치 검증은 사람들이 그러한 가치들과 관련된 욕구와 목적, 결과 그리고 가정들을 정의함으로써 중요한 가치들을 확립하고 강화하기 위해 사용되는 멘토링 도구이다. 가치 검증의 결과들 중 하나는 다음과 같은 기본적인 질문들을 다루는 것이다.

- 어떤 가치를 가지고 싶은가? 어떤 가치에 더 비중을 두고 싶은가?
- 개인적으로 당신에게 중요한 것은 무엇인가?
- 가치와 개인적으로 당신에게 중요한 것 사이의 연결점은 무엇인가?

가치를 '검증하는' 프로세스는 언어적인 진술문과 주요 단어들을 사용하여 당신이 가치들을 행동으로 옮기는 데 반드시 필요한 믿음의 지원 시스템을 충분히 경험했다고 확신하게 한다.

활동 용지 | 가치 검증 용지

1. 당신이 갖고 싶거나 강화하고 싶은 주요 핵심 가치가 무엇인지 확인하라. 가치 진술value statement을 완성하기 위해 아래의 '가치'라고 표시된 공간에 당신이 강화하고 싶은 가치에 대해서 적어라.
2. 당신의 가치 진술문을 읽고 단어를 첨가하여 문장을 완성하라. 그

리고 제시된 질문에 답하라.
3. 다 되었으면 당신의 답변을 모두와 함께 읽고 무엇이 변화되었고 무엇이 강화되었는지 주목하라.

가치 : _____는 중요하고 추구할 만한 가치가 있다.
당신이 확립하거나 강화하는 데 중요한 핵심 가치는 무엇인가?

왜냐하면 나는 _____다.
왜 그것이 바람직하고 이러한 가치를 가져야 한다고 생각하는가?

그러므로 나는 _____다.
이 가치를 취함으로써 얻게 되는 행동적인 결과는 무엇인가?

내가 _____ 할 때는 언제나 _____다.
이 가치와 관련된 주요한 상황이나 조건은 무엇인가?

내가 _____ 하기 위해서 _____다.
이 가치의 긍정적인 목적은 무엇인가?

내가 만약 _____ 면 _____다.
이 가치와 관련된 제약이나 결과들은 무엇인가?

비록 내가 _____ 할지라도 _____다.

이 가치와 관련해서 어떤 대안이나 또는 제약이 있는가?

내가 _____을 하는 것은 _____과(와) 같은 것이다.
당신이 이미 가지고 있는 것과 비슷한 가치는 무엇인가?

예를 들어 만약 고객이 '건강'이라는 가치에 대한 믿음과 노력을 강화하고자 한다면 그 프로세스는 그 특정한 가치에 대한 진술로 시작할 것이다. '건강은 중요하고 추구할 만한 가치가 있다.'라는 가치에 대한 진술을 지속적으로 유지하면서 개인은 각각의 빈칸을 메우고 그와 관련된 질문에 답하는 사이 이와 같은 가치를 뒷받침하는 모든 이유를 떠올리게 될 것이다.

이때 각각의 문장들의 주어는 '나(I)'로 하는 것이 중요하다. 이렇게 하는 것은 고객이 그 경험을 주관적으로 경험하게 하고, 단순히 '합리화'하는 것을 피할 수 있도록 도와주기 때문이다.

다음은 어떤 사람이 작성한 활동 용지의 사례이다.

- 건강은 중요하고 추구할 만한 가치가 있는 것이다. 왜냐하면 나는 창조하고 생존하기 위해 힘과 에너지가 필요하기 때문이다.
- 건강은 중요하고 추구할 만한 가치가 있는 것이다. 그러므로 나는 나 자신을 돌보기 위해 적절한 조치들을 취할 것이다.
- 내가 미래를 준비해야 할 때 언제든지 건강은 중요하고 추구할 만한 가치가 있는 것이다.
- 내가 즐겁고 다른 사람들을 위한 좋은 역할 모델이 되기 위해서

건강은 중요하고 추구할 만한 가치가 있는 것이다.
- 내가 행복하고 생산적이길 원한다면 건강은 중요하고 추구할 만한 가치가 있는 것이다.
- 비록 내가 실현해야만 하는 다른 목표와 책임져야 할 일이 있더라도 건강은 중요하고 추구할 만한 가치가 있는 것이다.
- 내가 나의 꿈에 도달하는 데 반드시 근간과 자원이 필요한 것과 같은 차원에서 건강은 중요하고 추구할 만한 가치가 있는 것이다.

새로운 진술들을 끝낸 뒤에 진술문의 단어들을 지우면서 각각의 기재 사항을 읽어보는 것은 흥미로운 일이다. ('비록 ~일지라도although'는 계속 유지하는 것이 중요한데, 그렇지 않으면 그에 해당하는 대답이 부정적으로 표현될지도 모른다.)

당신의 답변들은 당신이 왜 그러한 핵심 가치에 전념하는지 놀라울 정도로 일관되며 가치 있는 진술을 형성한다.

건강은 중요하고 추구할 만한 가치가 있는 것이다. 나는 창조하고 생존하기 위해서 힘과 에너지를 필요로 한다. 나는 나 자신을 돌보기 위해서 적절한 조치들을 취할 것이다. 나는 미래를 위해서 준비하고 싶다. 나는 즐기고 싶고, 다른 사람들을 위한 좋은 역할 모델이 되고 싶다. 나는 행복하고 생산적이고 싶다. 비록 내가 실현해야 할 다른 목표와 책임져야 할 일이 있다고 해도 나는 내 꿈에 도달하는 데 있어 근간과 자원을 필요로 한다.

당신이 본 것처럼, 이는 건강이라는 고객의 가치에 대한 믿음과 노력을 강화하는 데 도움이 되는 응집력 있는 아이디어와 자기 긍정의 언어를 창조한다.

그 문장들은 가치를 표현하기 위한 경로의 요소를 정의하고 동기를 부여하며 예상되는 방해 요소까지 알려 준다.

진술문들은 다양한 이유(또는 원인)를 확인하여 그것들을 단어로 표현하기 때문에, 긍정적인 확언positive affirmation의 강력한 원천이 된다. 이는 그 가치에 전념하는 것이 정당하다는 것을 모든 측면에 걸쳐 설명해 준다. 또한 미심쩍은 부분을 다루기 위한 아이디어의 풍부한 원천을 제공한다.

가치를 비전과 행동에 정렬하기

탁월한 개인과 팀 그리고 조직에서는 행동과 능력이 주요한 가치들을 뒷받침한다. 그러한 가치들은 차례를 바꾸어 개인과 팀 또는 조직의 아이덴티티, 미션, 비전과 정렬되어 있다. 그러므로 탁월한 팀이나 조직에서 그들의 미세한 환경 내에서 이루어지는 개인적 행동은 더 높은 수준의 전략, 목적과 조화를 이룬다. 반대로 이러한 목적들은 더 큰 환경과 관련하여 시스템의 문화, 미션과 조화를 이룬다. 다시 말해 개인은 자신의 비전에 맞게 내부적으로 정렬해야 하고, 또 자신의 비전을 달성하기 위한 팀 또는 조직 차원에서도 정렬이 되어야 한다.

정렬에는 세 가지 유형이 있는데 그것은 다음과 같다.

1) 개인적인 정렬, 한 개인의 모든 부분에서 조화를 이룬다. 2) 목적 또는 비전에 맞춰 지원되는 프로세스의 정렬, 3) 환경적인 정렬로, 여기에서는 개인이나 그룹의 목적이나 행동이 더 큰 시스템(팀, 조직, 커뮤니티, 문화 등)과 조화를 이룬다.

기능적인 시스템에서 가치와 믿음은 조직의 아이덴티티와 환경과 정렬해 있다. 개인적인 수준에서의 목적과 행동은 좀 더 큰 환경인 조직의 문화와 아이덴티티 그리고 미션과 조화를 이루는 역할과 관련되어 목표와 전략들을 뒷받침한다.

기능상 장애가 있는 시스템에서는, 기본적인 가치와 갈등을 겪는 가치와 믿음들이 그들의 삶을 복잡하게 하고, 컴퓨터 바이러스나 생물학적인 바이러스와 같이 파괴력을 가진 '생각 바이러스'처럼 작용한다.

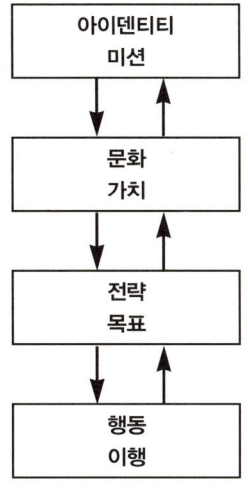

■ 시스템에서 프로세스의 정렬

그러므로 정렬은 효과적인 개인과 팀 그리고 조직의 성공과 장수를 위한 주요한 열쇠이다. 신뢰를 쌓고 팀 정신을 기르는 것은 개인이나 팀의 내부 정렬을 강화하고 멘토링하는 코치의 능력에 달려 있다.

| 멘토링 도구 상자 | 변화를 위한 정렬 창조하기

다음은 코치가 개인과 팀 내부에서 정렬을 멘토링할 때 적용할 수 있는 간단한 형태이다. 다음의 질문들은 고객이 자신의 활동에 좀 더 큰 목적을 확인하고, 이를 달성하기 위해 필요한 능력과 행동, 자원들을 인지하여 조직할 수 있도록 돕고 있다.

개인뿐만 아니라 팀 차원에서도 이 질문을 사용할 수 있다.

1. 당신의 비전은 무엇인가?

2. 그 비전과 관련하여 당신의 역할(미션)은 무엇인가? 본보기로 어떤 사람을 역할 모델로 삼고 싶은가?

3. 어떤 가치와 믿음이 당신이 그 비전을 가지고 그 역할을 하도록 동기를 부여했는가?

4. 그 비전을 달성하고 당신의 믿음과 가치들을 일관되게 유지하기 위해 당신에게는 어떤 능력들이 필요한가? 그중 당신이 이미 가지고 있는 것은 무엇인가? 반대로 당신에게 필요한 것은 무엇인가?

5. 비전에 도달하기 위해서 어떤 행동을 취할 것인가?

6. 그 비전에 도달하기 위해서 어떤 환경적인 기회를 이용하고 어떤 장애 요소를 극복해야 하는가?

멘토링 도구 상자 | 가치를 행동화하기

멘토링 도구의 목적은 고객이 그들의 핵심 가치를 효과적으로 표현하기 위해 필요한 프로세스의 각 단계를 정의하는 데 있어 더욱 세부적인 수준으로 고객을 이끌면서 정렬하는 프로세스를 만드는 것이다. 가치를 근거 있고 조화로운 것으로 표현하기 위해 개인은 반드시 상황을 평가하고 진술된 가치들과 동일 선상에 있는 행동이 무엇인지를 결정하는 데 반드시 필요한 기술과 능력들을 소유하고 있어야 한다. 상위 단계인 전략과 기술은 주어진 환경에서 특정한 가치들을 표현하는 하위 단계인 행위들을 정의하고 실행할 수 있어야 한다.

가치는 주로 주요한 환경에서 선택되고 실행되어야 하는 행동과 행위들로 표현된다. 다음의 질문들은 고객이 다른 단계의 프로세스를 더욱 상세하게 정의할 수 있도록 돕는다. 이 프로세스는 그들이 가치를 조화롭고 일관되게 행하기 위해 꼭 필요하다.

1. 어떤 가치를 실행해야 하는가? (예를 들어 '건강', '전문성', '성실' 등)

_____

2. 그 가치를 확립하고 실행하는 데 꼭 필요한 능력들은 무엇인가? (예를 들어 자기 절제나 커뮤니케이션, 창의력, 정렬 등)

_____   _____
_____   _____
_____   _____

3. 어떤 행동들이 이 가치를 가장 잘 표현하고 증명하는가? (예를 들어 건강한 식습관이나 듣기, 공헌 인정하기, 새로운 아이디어에 대한 보상 등)

_____   _____
_____   _____

4. 이 가치를 표현하는 데 있어 가장 중요한 환경이나 상황은 무엇인가?
   (예를 들어 집이나 사무실, 팀 미팅, 공장 작업장, 고객과의 상호 작용 등)

_____   _____
_____   _____
_____   _____

멘토링 도구 상자 | 가치 계획

특정한 가치를 표현하는 활동은 변화하는 환경에 반응하여 기계적 또는 자동적으로 실행될 수 없다. 오히려 그것은 시간의 흐름에 따라 꾸준한 행동을 통해 변화되어야 한다. 이러한 활동의 지속적인 '실천'을 위해서는 반드시 시간이 배분되어야 한다. 시간 배분은 가치의 '진가가 드러나는 순간' 이다. 실제로 어떤 사람이 자신의 시간을 어떻게 사용하는가 하는 것은 그의 가치를 표현하는 가장 직접적인 방법이다. (비록 그 사람이 의식적으로 그러한 가치들을 인지하고 있지 않다 하더라도 말이다.)

다음의 멘토링 도구들의 목적은 고객이 그들이 선택한 가치들을 표현하는 활동에서 각각의 항목을 위해 시간을 적절히 분배할 수 있도록 돕는 것이다. 왼쪽 빈칸에 당신의 고객이 실행해야 할 가치들을 가장 잘 표현하는 활동들을 적게 하라. 이 작업이 끝나면 각각의 활동을 위해 시간을 적절히 배분하고 이를 오른쪽 원에 표현하게 하라.

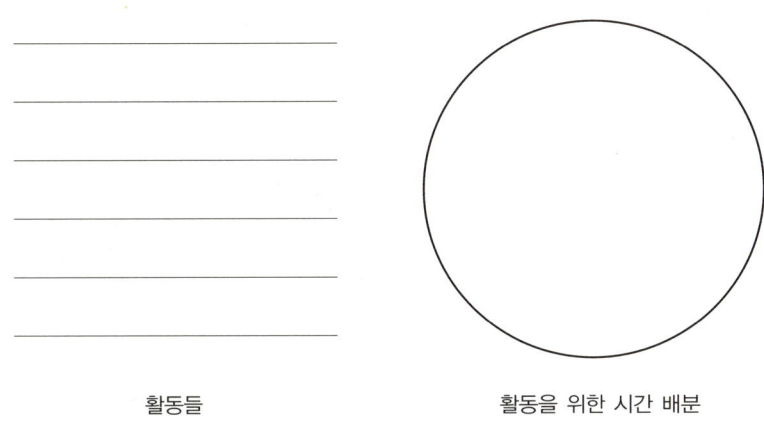

활동들　　　　　　　　　활동을 위한 시간 배분

■ 가치 계획은 원하는 활동들과 그것에 배당될 시간을 결정하는 것이다.

멘토링 도구 상자 | 실천하기

실천Practice이란 핵심 가치와 믿음이 어떤 것인지 확인하고 강화하는 수단이다. 가치와 믿음은 일시적이고 한시적인 행동이나 테크닉에 의해 확립되는 것이 아니다. 우리는 가치에 대해 말로만 떠들거나 가치들 안에 있는 문제에 얽매이는 것이 아니라 '가치를 실현시키며 살고' 그것을 '실천' 한다. 실천은 (1) 실용적인 목적과 (2) 상징적인 가치 두 가지 모두를 지향하는 반복적인 활동이다. 의례는 상징적인 면을 더 강조한다는 점에서 실천은 의례와도 다르다. 팀의 의례는 '최고의 아이디어에 상을 주는 것'이다. 상을 주는 것은 잠재적인 강화로서 간접적이면서 실용적인 가치를 가지는데, 이는 본질적으로는 상징적인 행위이다. 상징적인 활동과 마찬가지로 좀 더 실용적인 것은 미팅이 끝나기 전 10분 정도 팀 프로세스를 돌이켜 보고, 멤버들이 저마다 어떤 것이 좋았고 어떤 부분이 개선될 수 있다고 느끼는지에 대해 말하는 시간을 갖는 것이다.

실천은 직업적일 수도 있고 개인적일 수도 있다. 개인적인 실천의 일반적인 예는 매일 일정한 양의 운동을 하는 것, 매일 일정한 시간 동안 작문을 하거나 악기 연습을 하는 것, 매일 일정한 시간을 자녀들과 보내는 것, 매주 특정한 미팅에 참석하는 것 등이 있다.

매일 하는 '건강을 위한' 아침 산책은 실천의 고전적인 예이다. 걷기 운동은 지구력을 향상시켜 주고 건강한 신체를 만들어 준다. 건강과 체력을 위한 노력의 상징이기도 하다. 어떤 사람들은 매일 아침 그날 해야 할 일을 계획하거나 그들의 비전과 미션, 가치, 믿음 그리고 능력을 미팅 나가기 전이나 아침에 일을 시작하기 전에 실천하기도 한다.

직업적인 수준에서는 미팅이 끝나기 전에 팀 멤버들과 함께 각자의 기여도에 대해 되짚어보거나 미팅 시작 전에 '프로젝트나 상호 관심사에 대해 미리 상의하는 것'처럼 실용적이고 상징적인 기능들을 예로 들 수 있다. 회사의 모든 직원들이 참석 가능하고, 최고 경영진이 참석하며, 의제에 대해 자유롭게 토의하는 주간 점심 미팅은 '직업적' 실천의 또 다른 예가 될 수 있다.

고객들이 가치를 확립하도록 하는 것은 그들이 그러한 가치를 반영하고 지지하는 실천을 만들 수 있도록 돕는 것이다. 이것은 그들이 패턴으로 확립해 갈 활동들을 고안하는 것이다. 각각의 활동은 고객이 무엇을 할 것인가, 고객은 어디서, 언제, 누구와 함께 그것을 할 것인지 정의되어야 한다. 그리고 난 뒤에 왜 그것이 이루어지고 있는지를 구체적으로 명시해야 한다. 이 실천이 표현하는 가치들은 무엇인가? 또 그 활동의 실용적인 목적이 무엇인지도 규정해야 한다. 예를 들면

활동 : 무엇을, 어디서, 언제, 그리고 누구와 함께	가치 : 왜
• 각각의 미팅을 시작할 때 10분 동안 협력자들의 아이디어를 긍정적으로 받아들이기	타인을 존중하기
• 매일 한 시간씩 고객들에게 개선되었으면 하는 점 묻기	고객들의 서비스와 만족
• 2주마다 다른 회사의 최고의 실천과 성공에 대해서 조사하는 미팅 열기	질

활동 : 무엇, 어디서, 언제 그리고 누구와 함께	가치 : 왜
_____	_____
_____	_____

믿음 시스템과 변화

당신이 성공할 것이라고 믿어라. 그 믿음을 확고히 한 뒤 성공을 불러오기 위해 꼭 필요한 것들을 하라. _ 데일 카네기 Dale Carnegie

멘토의 가장 중요한 업무 가운데 하나는 고객들이 원하는 성과를 성취할 수 있도록 그들의 능력과 그들이 자신을 믿도록 돕는 것이다. 결과에 도달하는 과정에서 야기되는 기본적인 믿음의 문제들은 전반적인 변화 프로세스의 몇 가지 근본적인 요소들과 관련 있다.

1. 결과를 원하는 정도
2. 구체적인 행동이 결과를 산출할 것이라는 자신감
3. 그 행위에 대한 적절함과 어려움에 대한 평가(그것이 원하는 결과를 가져올 거라고 믿는지의 여부와는 별개로.)
4. 결과를 성취할 계획을 완성하는 데 필수적인 행동들이 가능하다는 믿음
5. 요구된 행동과 결과와 관련한 책임감과 자존심, 동의

예를 들어 건강을 추구하거나 새로운 것을 배우고 프로젝트에서 성공하고자 하는 고객을 고려해 보라. 위에서 밝힌 변화의 요소들 가운데 하나와 관련하여 믿음의 문제가 발생할 수 있다.

첫 번째 과제는 '얼마만큼 그 결과를 희망하는가?' 이다. 그 고객은 얼

■ 변화와 관련된 믿음 문제들

마나 건강해지고 싶어 하고, 배우고 싶어 하고, 성공하고 싶어 하는가? 모든 조건이 평등하다면 모든 사람은 아무런 고민 없이 이 모든 것을 원할 것이다. 그러나 모든 것이 똑같이 주어지는 일은 거의 없으며, 건강이나 학습 또는 성공이 언제나 한 개인의 가치 서열의 맨 윗부분을 차지하는 것도 아니다. 어떤 사람은 "지금 나는 충분히 튼튼하므로 건강은 신경 쓰지 않아도 된다.", "지금 신경 써야 할 일이 너무 많아 새로운 것을 배우는 일은 그리 중요하지 않다.", "다른 사람들이 모두 나를 필요로 한다. 따라서 내 성공에 대해서 걱정하는 것은 이기적이다."라고 반박하는 사람이 있을지도 모른다.

비록 고객이 건강, 학습, 또는 성공을 간절히 원한다 해도 그는 그것을 진짜 성취할 수 있을지 의심할 것이다. 고객은 아마도 "내가 무엇을 하건 난 건강해질 수 없다", "늙은 개는 새로운 재주를 배울 수 없다.", "성공에 대해 허황된 꿈을 품어서는 안 된다. 변화를 창출하기 위해 내가 할 수 있는 일은 없다."고 말할지도 모른다.

어쩌면 고객은 결과를 진심으로 원하며, 또 그것을 달성할 수 있다고 믿지만 특정한 행동적인 방법이 그 결과를 달성할 수 있는 가장 적합한 방법인지에 대해서는 의심할 수도 있다.

그는 아마 다음과 같이 주장할지도 모른다. "나는 결과를 성취할 수 있다고 믿지만 이(계획, 기술, 프로그램 등)를 활용했기 때문이라고는 생각하지 않는다." 또 다른 고객은 아마도 그 방법은 효과적이겠지만 그에 요구되는 노력이나 희생을 거부하거나 그것이 그의 삶에 끼칠 영향에 대해서 걱정할지도 모른다.

예를 들어 운동과 균형 잡힌 식습관이 건강에 좋다는 것은 알면서도 생활 습관을 바꾸는 등의 번거로움은 겪고 싶어 하지 않는 고객도 있다는 말이다. 어떤 고객들은 특정한 코스를 통해 뭔가 새롭고 중요한 것을 배울 수 있을 것이라고 믿지만 그럴 시간이 없다고 생각할 수도 있다. 이와 비슷한 맥락에서 어떤 고객은 새로운 직업을 통해 성공적인 삶을 누리게 될 것이라 믿지만 그것이 그의 가족에게 끼칠 영향을 우려할 수도 있는 것이다.

고객이 결과 얻기를 간절히 희망하고, 그것이 가능하다고 생각하며 알려 준 행동적인 경로 또한 이를 도와줄 탁월한 방법이라고 생각하지만 이에 요구되는 행동들을 수행할 수 있을지 자신의 능력을 의심할 수도 있다. 그들은 아마도 "내가 간절히 원하는 결과에 도달하기 위해서는 이 과정을 반드시 거쳐야 하지만 나에겐 이를 성공적으로 완수할 수 있도록 도와줄 능력(기술, 일관성, 지능, 집중력 등)이 없다."고 생각할지도 모른다.

고객이 결과를 원하고, 그것이 가능하다며 이를 도와줄 행동적인 수행을 신뢰하며, 자신의 능력에 대해서도 자신감을 가질 때조차도 요구된 행동을 완수하거나 결과를 얻는 것에 자신이 책임져야 하는지 의문을 가질 수 있다.

심지어 "내가 건강해지거나 새로운 것을 배우거나 성공하는 것은 내 책임이 아닙니다. 그건 전문가들이나 할 일이죠. 저는 그냥 다른 누군가에게 의존하고 싶어요."라고 불평하는 고객이 있을 수도 있다. 고객들은 또한 자신들이 건강해지거나 배우거나 성공할 자격이 있는지에 대해서 의심을 품을 수도 있다. 이는 자존심 또는 자아 존중감의 문제이다. 만약에 어떤 고객이 자신은 목표를 달성할 자격이 없다고 믿거나 이를 위해 요구되는 것들을 할 책임이 없다고 생각한다면, 그에게 그만한 능력이 있는지 아니면 적합한 경로를 택했는지 아니면 그것을 간절히 원했는지는 문제가 되지 않는다.

멘토링 도구 상자 | 믿음 평가

멘토에게 있어 믿음의 전체적인 시스템을 평가하고 다루는 일은 매우 중요하다. 이를 통해 사람들이 목표를 달성할 수 있도록 도울 수 있기 때문이다. 갈등이나 의심이 지나치게 많으면 계획에 따라 제대로 수행할 수 없다. 그러나 플라시보 효과placebo effect가 의미하는 것처럼, 임파워된 믿음과 가정은 특정한 개인이나 그룹 내에 내재되어 있는 능력과 '무의식적 역량들'을 풀어 낼 수 있지만 아직 움직이지는 않고 있다.

개인이나 그룹의 동기를 결정하는 한 가지 방법은 변화 프로세스에 필요하다고 확인한 5가지의 주요한 믿음들을 평가하는 것이다. 믿음은 다음의 예처럼 믿음에 대해 구체적인 진술로 평가받을 수 있다.

1. 결과를 원하는 정도

    진술 : "그 목표를 원하고, 그럴 만한 가치가 있다."

2. 그 결과를 획득할 수 있다는 자신감

    진술 : "그 목표를 획득할 수 있다."

3. 원하는 결과를 얻을 수 있다는 믿음과 상관없이 결과를 위해 필요한 행동들의 적합성과 어려움 평가

    진술 : "그 목표를 획득하기 위해 해야 할 행동들이 매우 적합하며 순리적이다."

4. 요구된 행동들을 할 수 있다는 믿음

    진술 : "나는/우리들은 그 목표를 획득하기 위해 요구되는 능력들을 가지고 있다."

5. 요구된 행동이나 결과와 관련하여 가지고 있는 자존심과 인정

    진술 : "나는/우리들은 책임이 있고, 그 목표를 획득할 자격이 있다."

믿음을 진술한 뒤 고객들에게 1부터 5까지 각각의 진술에 대한 자신의 자신감을 등급으로 매겨보게 하라. 이때 1이 가장 낮은 점수이고 5가 최고 점수이다. 이를 통해 동기나 자신감의 잠재적인 문제들에 대해 즉각적이고 흥미로운 프로필을 제공할 수 있다.

점수가 낮은 진술들에 대해서는 저항이나 방해가 있음을 지적하는데,

이러한 부분들은 관리될 필요가 있다.

　다음의 믿음 평가 활동 용지는 목표나 계획과 관련된 고객의 믿음 시스템을 평가하는 간단하면서도 효과적인 수단이다.

믿음 평가 활동 용지

달성해야 하는 목표나 결과에 대해 한 문장으로 진술하라.

　　목표 / 결과 : _____

그리고 나서 목표에 도달하기 위한 계획이나 해결책이 있다면 그것에 대해 짧게 진술하라.

　　계획 / 해결책 : _____

아래의 박스에 각각의 진술과 관련한 결과에 대한 믿음의 정도를 1~5로 표시하라. 1이 가장 낮고 5가 가장 높다.

a. 그 목표를 원하고, 그것은 가치가 있다.

| 1 | 2 | 3 | 4 | 5 |

b. 그 목표를 획득할 수 있다.

| 1 | 2 | 3 | 4 | 5 |

c. 목표를 성취하기 위한 행동은 적합하고 순리적이다.

| 1 | 2 | 3 | 4 | 5 |

d. 나(당신 / 우리)는 그 목표를 획득하는 데 꼭 필요한 능력을 가지고 있다.

| 1 | 2 | 3 | 4 | 5 |

e. 나(당신 / 우리)는 그 목표를 획득할 책임과 자격이 있다.

| 1 | 2 | 3 | 4 | 5 |

이 용지를 이용하는 방법은 다음과 같다. 예를 들어 '개인적인 삶과 직업적인 삶의 균형을 맞추자.'라는 목표를 가진 사람이 있다고 하자. 이 결과에 대한 고객의 믿음 정도를 평가하기 위해서 멘토는 고객에게 다음의 진술들을 한 뒤 각각 자신감의 등급을 매기라고 요청했다.

- 개인적인 삶과 직업적인 삶의 균형을 맞추는 것을 원할 뿐 아니라 그것은 가치가 있다.
- 개인적인 삶과 직업적인 삶의 균형을 맞추는 목표를 성취할 수 있다.
- 개인적인 삶과 직업적인 삶의 균형을 맞추는 목표를 성취하기 위해 해야 할 일은 적합하고 순리적이다.
- 나는 개인적인 삶과 직업적인 삶의 균형을 맞추는 목표를 획득하는 데 꼭 필요한 능력을 가지고 있다.
- 나는 개인적인 삶과 직업적인 삶의 균형을 맞추는 목표를 획득할 자격이 있고, 그럴 만한 책임이 있다.

그 고객이 다음과 같이 등급을 매겼다고 하자.

원하는 정도와 가치=5

가능성=2

적합성과 생태학성=4

능력=4

책임감과 자격=5

이 결과를 통해 '개인적인 삶과 직업적인 삶의 균형을 맞추는 목표를 획득할 수 있다.'는 믿음에 대한 부분이 가장 우려된다는 것을 알 수 있다. 이 상황에서 멘토가 가장 먼저 요구해야 하는 것은 고객이 자신의 믿음과 기대를 강화하는 데 도움이 되는 경험의 유형을 발견하는 데 주의를 집중하라고 하는 것이다.

멘토링 도구 상자 자신감과 믿음을 만들기 위해 내면의 멘토 이용하기

다음은 고객이 내면의 멘토를 활용하여 자신감과 믿음을 강화하는 과정이다.

1. 당신이 자신감을 더 갖기 위해서 더 알아야 하고 더 믿어야 할 것은 무엇인가?

2. 그 지식과 믿음을 도와줄 당신의 멘토는 누구인가? 당신을 가장 잘 도울 수 있는 멘토가 있다면 당신 주변 어디에 있어야 할지 생각해 보라.

3. 이제는 당신 자신이 멘토의 입장이 되어 멘토의 눈으로 자신을 바라보라(2차적인 입장). 그 멘토는 당신을 위해 어떤 메시지와 조언을 해 줄 수 있는가?

4. 당신 자신의 관점으로 돌아가서(1차적인 입장) 그 메시지를 받아라. 그것이 당신의 자신감에 어떤 영향을 끼치는가?

능력을 강화하거나 제한할 수도 있다는 믿음은 종종 중요한 타인들의 피드백과 관계 속에서 쌓인다. 예를 들어 우리의 아이덴티티와 미션에 대한 감각은 주로 우리 자신이 속해 있는 곳에서 역할을 담당하고 있는 중요한 타인들과의 관계 속에서 분명해진다. 아이덴티티와 미션은 우리의 믿음과 가치를 아우르고 더 큰 프레임을 형성하기 때문에 중요한 관계를 확립하거나 기억하는 것은 믿음에 강력한 영향력을 행사할 수 있다. 이로 인해 그러한 관계 속에서 받은 메시지들을 분명하게 하면 저절로 믿음에 대한 변화를 불러일으킬 수 있다.

멘토는 일반적으로 자신의 경험을 통해 우리의 무의식적인 능력을 발견하고, 믿음과 가치를 강화하도록 도와주는 중요한 타인이다. 멘토는 전형적으로 우리 안의 깊은 곳에 숨어 있는 무언가를 이끌어 내고 발산하게 하며, 함께 '공명하게' 함으로써 긍정적인 영향을 미치거나 삶을 이끌 수 있도록 도와준다. 믿음 평가 프로세스에서 믿음과 관련한 멘토를 깨닫는 것은 우리의 자신감과 일체감을 강화하는 데 도움이 된다.

그룹이나 팀과 일할 때는 그 목표와 관련된 모든 멤버들의 믿음을 평가해야 한다. 개인이 지닌 미심쩍은 부분들 중 공통된 점을 알아냄으로써 팀 전체가 우려하는 사항을 파악할 수 있다. 다양한 믿음들 사이에서 등급에 차이가 난다면 각 믿음마다 많은 자신감을 가진 사람이 나머지 사람들의 자신감을 높여줄 정보와 경험을 제공할 수도 있다. 이러한 사람들은 나머지 멤버들을 위한 팀 내부의 멘토가 될 수 있고, 또 이들은 멤버들에게 확신을 준다.

멘토링 도구 상자 | '마치 ~인 것처럼' 프레임

'마치 ~인 것처럼 as if' 프레임은 멘토링 도구 상자 중 가장 간단하면서도 유용한 도구의 하나이다. '마치 ~인 것처럼' 프레임은 개인이나 그룹이 '마치' 원하는 목표나 결과를 이미 획득한 것처럼 행동하도록 지도하는 프로세스이다. '마치 ~인 것처럼' 프레임은 사람들이 그들의 세계에 대한, 그리고(또는) 그들이 원하는 미래 상태에 대해 뚜렷하고 확실하게 인지할 수 있도록 도와주는 강력한 수단이다. 현재 그들의 세계에 대한 지도 내에 있는 저항과 제한을 극복하도록 돕는 유용한 수단이기도 하다.

종종 반대의 예나 대안을 창조하여 우리를 제한하는 믿음들에 도전하기 위해 '마치 ~인 것처럼' 프레임을 사용하기도 한다. 만약 어떤 사람이 "나는 ~를 할 수 없어요." 또는 "~를 하는 것은 불가능해요."라고 말한다면 다음과 같은 질문을 통해 '마치 ~인 것처럼' 프레임을 적용할 수 있다. "만약 당신이 ~를 할 수 있다면 어떤 일이 일어날까요?", "마치 당신이 ~를 할 수 있는 것처럼 행동해 보면 어떨까요?", "만약 당신이 이미 ~를 할 수 있다면 당신은 지금 무엇을 하고 있을 것 같나요?"

예를 들어 어떤 회사의 중역이 특정 프로젝트가 어떠한 상태가 되어 있기를 원하는지 묘사하지 못한다면, 멘토는 아마도 "지금부터 5년 뒤라고 상상해 보세요. 무엇이 달라져 있을까요?"라고 질문할 수 있을 것이다.

'마치 ~인 것처럼' 식의 행동은 현실의 제약에서 벗어나 더 큰 상상력을 발휘할 수 있도록 해 준다. 이는 우리의 고유한 상상력을 활용하게 하며, 개인적인 경력과 믿음 시스템 그리고 '자아ego'에서 벗어날 수 있도록 한다.

예를 들어 목표와 결과, 비전에 도달하기 위한 프로세스에서 우리는 우선 그것들이 가능한 것처럼('마치 ~인 것처럼') 행동한다. 우리는 마음의 눈으로 그것(목표, 결과, 비전)에 대한 그림을 그리고, 우리가 원하는 특성을 그림에 그려 넣는다. 그리고 나서 마치 성공한 것과 같은 기분을 느끼며, 꿈과 목표를 달성하기 위해 구체적으로 실행하고 있는 것처럼 행동함으로써 꿈을 현실화시킬 수 있다.

또한 '마치 ~인 것처럼' 식으로 행동하는 것은 코칭-모델링 연결 고리의 중요한 요소이다. '마치 ~인 것처럼' 프레임은 멘토와 조언자를 위한 주요한 도구 가운데 하나이다. 다음을 '마치 ~인 것처럼' 프레임에 적용하라. 고객의 의심과 제한적인 믿음을 뛰어넘을 수 있도록 도와줄 것이다.

1. 멘토는 고객에게 의심하고 있는 목표나 상황에 대해 생각해 보라고 요청한다. 고객은 언어적으로 멘토에게 제한적인 믿음에 대해 표현한다. 예를 들어 "내가 ~를 하는 것은 불가능하다." "나는 ~를 할 능력이 없다." "나는 ~할 자격이 없다." 등.

2. 멘토는 다음과 같이 말하면서 고객을 격려한다.

   "만약 (가능하다면 / 당신에게 능력이 있다면 / 당신에게 그럴 만한 자격이 있다면) 어떤 일이 일어날까요?"

   "'마치' (가능한 것처럼 / 당신에게 능력이 있는 것처럼 / 당신에게 그럴 만한 자격이 있는 것처럼) 행동한다면 어떻게 될까요?"

   "당신이 당신의 믿음에 대한 문제(가능하지 않다 / 능력이 없다 / 자격이 없다)들을 모두 처리했다고 상상합시다. 당신의 생각이나, 행동, 믿음이 어떻게 달라졌을까요?"

3. 만약 고객에게 또 다른 방해나 반대가 생긴다면 멘토는 이렇게 끊임없이 질문을 할 것이다.

   "마치 당신이 이미 그 방해 요소나 반대 사항을 처리한 것처럼 행동합시다. 당신의 반응은 어떻게 달라질까요?"

재구성하기 Reframing

고객이 지각한 제약과 한계를 극복할 수 있도록 멘토가 도울 수 있는 또 하나의 방법은 재구성하기 프로세스이다. 재구성하기란 말 그대로 어떤 이미지나 경험을 새롭게 하거나 다른 프레임을 적용하는 것이다. 심리학적으로 무엇인가를 '재구성'한다는 것은 그것을 기존과 다른 상황이나 프레임에 적용하여 의미를 변형시키는 것을 말한다. 심리학적인 '프레임'은 특정한 사건이나 경험을 둘러싼 인식적인 상황과 관련이 있다. 그러한 '프레임'은 상황을 둘러싼 경계와 제약을 만들어 낸다.

프레임은 특정한 경험들과 주목할 방향을 강조하는 방법을 제시하기 때문에 그러한 경험과 사건들을 해석하고 이에 반응하는 방식에 상당한 영향을 미친다.

예를 들어 고통스러운 경험을 했다고 가정하자. 만약 그 사건이 일어난 전후 5분 정도 되는 짧은 시간의 프레임 속에서 이를 지각할 때는 매우 강렬하고 절실할 것이다. 하지만 이를 인생 전체라는 긴 프레임으로 '재구성'하여 지각한다면 사소하게 느껴질 것이다. 이런 면에서 '재구성'은 고객이 관점을 전환하여 그의 세계에 대한 지도를 확대할 수 있게 도와주는 가장 심오하고 강력한 수단 가운데 하나이다.

재구성하기는 어떤 사건에 대한 경험과 해석이 우리의 관점과 상황에 영향을 받는다는 사실과 관련 있다. 예를 들어 비가 올 것처럼 어둑어둑한 날씨라는 '사실'은 가뭄에 고생하는 사람에게는 축복이요, 야유회에 가기 싫어 핑계를 댈 구실을 찾던 사람에게는 좋은 변명거리가 된다. 반면 쇼핑을 가려고 했던 사람에게는 불편함이 되고, 야외 결혼식을 올리려고 했던 사람에게는 저주가 된다. 때때로 우리는 상황이나 사건, 또는 결과를 오직 한쪽에서만 바라보고 한 가지 관점에만 사로잡히는 경우가 있다. 무엇이든지 다양한 관점이 존재한다는 사실을 깨닫는 것이 중요하다.

사진을 끼워 넣는 프레임에 비유하면 재구성하기reframing의 개념과 프로세스를 이해하기 쉽다. 사진 프레임 속에 무엇이 들어 있는가에 따라 우리는 그 사진에 대해 다른 정보를 가지게 된다. 즉 사진이 표현하는 다른 시각을 갖게 된다는 말이다. 예를 들어 사진작가나 화가가 풍경을 기록으로 남긴다고 하자. 어떤 사람은 나무 한 그루 한 그루를 '프레임'에 담을 것이고, 또 어떤 사람은 나무와 동물, 연못 등 숲 전체를 담을 것이다. 나중에 그림을 감상하는 사람이 이중 어떤 경치를 볼 것인지를 결정하는 것이다. 만약 그 사람이 어떤 그림을 구입했다면 그는 어쩌면 그림을 장식할 방에 어울리도록 그 프레임을 바꿀지도 모른다.

이와 유사하게 특정한 경험이나 사건과 관련하여, 심리적인 프레임들은 우리가 '보는' 것과 지각하는 것을 결정하기 때문에, 심리적인 프레임들은 우리가 상황을 경험하고 해석하는 방법에 영향을 끼친다. 실례로 다음의 그림을 잠시 살펴보자.

■ 프레임 넘버 원

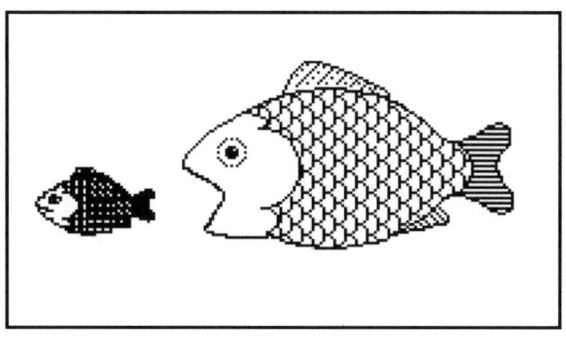

■ 프레임 넘버 투

　그려진 상황에 대한 당신의 경험과 이해가 더 많은 상황에서 어떻게 확대되는지 주의하라.

　첫 번째 그림은 그것만으로는 많은 '의미'를 가지고 있지 않다. 단지 한 마리의 '물고기'일 뿐이다. 그러나 프레임이 두 번째 그림으로 확대되는 순간 우리는 다른 상황과 마주한다. 첫 번째 물고기가 단순한 '물고기'가 아니라 '큰 물고기에게 잡아먹히기 일보 직전에 있는 작은 물고기'인 것이다. 이 그림을 보고 작은 물고기에 대한 안타까운 마음이 들 수도 있고, 반대로 큰 물고기가 생존하기 위해서는 반드시 작은 물고기를 잡아먹어야 한다는 사실을 인정할 수도 있다.

　우리가 우리의 관점을 좀 더 확대하여 그 상황을 '재구성'할 때 어떤 일이 일어나는지 주의하라.

　이제 우리는 또 다른 관점과 완전히 새로운 의미를 갖게 되었다. 위험에 처한 것은 그 작은 물고기뿐만이 아니라는 사실을 알게 된 것이다. 큰 물고기 또한 더 큰 물고기에게 잡아먹히기 일보 직전이다. 자신의 생존

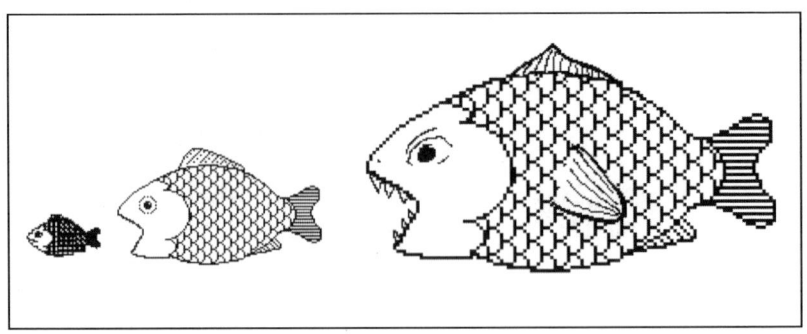

■ 프레임 넘버 쓰리

을 위해 큰 물고기는 작은 물고기를 잡아먹는 것에 집중한 나머지 자신이 더 큰 물고기에게 위협당하고 있다는 사실은 안중에도 없다.

　여기에 묘사된 상황과 상황에 대한 인식을 재구성하여 얻은 새로운 수준의 인식은 프로세스와 재구성의 목적을 설명하는 훌륭한 비유이다.

　사람들은 종종 작은 물고기나 중간 물고기의 상황에서 끝날 때가 많다. 그들은 작은 물고기처럼 더 큰 환경에서 온 도전을 자각하지 못하거나 어떤 결과를 획득하는 데 지나치게 집중한 나머지 중간 물고기처럼 다가오는 위기를 알아차리지 못한다. 중간 물고기의 패러독스는 생존과 관련된 특정한 행위에 집중하는 것이 또 다른 면에서는 자신의 생존에 위협을 가지고 온다는 것이다. 재구성하기는 우리로 하여금 '더 큰 그림'을 볼 수 있게 해 주어 좀 더 적합한 선택과 행동을 실행할 수 있게 한다.

　NLP에서 재구성하기는 새로운 정신적인 프레임을 경험이나 상황에 가져와서 좀 더 현명하게 상황을 인식하고 자원이 충만한 상태에서 다룰 수 있도록 하는 것과 관련된다.

한 단어 재구성하기

멘토가 재구성하기 프로세스를 고객과의 대화에 적용할 수 있는 간단하고 기초적인 방법은 다른 단어로 '한 단어 재구성하기'를 하는 것이다. 이는 특정한 아이디어나 개념을 표현하는 한 단어를 취하거나 그 개념을 달리 바꿀 아이디어나 개념을 표현한 또 다른 단어를 찾음으로써 수행할 수 있다. 철학자 버트란트 러셀Bertrand Russel은 유머러스하게 다음과 같이 지적했다. "나의 의지는 확고하다. 너는 완고하다. 그는 옹고집의 바보이다." 러셀의 공식을 빌리면 우리는 다음의 또 다른 예를 만들 수 있다.

- 나는 정당한 이유로 화가 났다. 너는 짜증이 났다. 그는 별일도 아닌 일에 수선을 떤다.
- 나는 그것에 대해 다시 고려했다. 너는 마음을 바꾸었다. 그는 약속을 저버렸다.
- 나는 순진하게도 실수를 했다. 너는 사실을 왜곡했다. 그는 저주받은 거짓말쟁이다.
- 나는 인정이 많다. 너는 약하다. 그는 다른 사람에게 잘 넘어간다.

이 각각의 진술들은 특정한 개념이나 경험을 다른 단어로 '재구성하기' 함으로써 다른 관점으로 바꿔 놓았다. '돈'이라는 단어로 재구성하기를 해 보라. '성공', '수단', '책임감', '부패', '녹색 에너지'와 같은 모든 단어와 구절들이 '돈'이라는 관념을 둘러싼 다른 '프레임'들에 놓이면서 다른 잠재적인 관점들을 가지고 올 것이다.

아래 제시된 개념들에 대해서 당신만의 한 단어 재구성하기를 찾아보라.

책임감이 있는 — 예 : 안정적인, 견고한

쾌활한 — 예 : 융통성이 있는, 불안한

검소한 — 예 : 현명한, 인색한

다정한 — 예 : 좋은, 순진한

자기 주장이 강한 — 예 : 자신만만한, 역겨운

존경할 만한 — 예 : 사려 깊은, 명예를 손상시키는

| 멘토링 도구 상자 | 한 단어 재구성하기 적용

고객이 한계나 제한을 묘사할 때 사용하는 키워드나 구절들을 바꾸어 문장을 다시 만들게 하라. 이와 같은 한 단어 재구성하기의 사용을 통해 고객이 과거에 인식한 한계와 제한으로부터 벗어나게 도와줄 수 있다.

다음의 제시된 방법과 같이 할 수 있다.

1. 인식하는 한계와 제한을 묘사하기 위해서 고객이 사용한 주요 단어나 구절들을 확인하라. 이를 위해 고객에게 다음의 진술을 완성하게 하라.

   나는 _____하기 때문에 자제한다.

예) 고객 :

"나는 내가 이것을 할 능력이 있는지 확실하지 않기 때문에 **자제한다**."

"나는 다른 사람들에게 비난받는 것이 두렵기 때문에 **자제한다**."

"나는 무언가를 잃을지도 모른다는 걱정 때문에 **자제한다**."

2. 그 주요 단어와 구절을 새로운 단어와 구절을 이용해 문장을 다시 구성하라. 그리하여 더 넓고 다른 관점에서 긍정적인 의미를 가질 수 있게 표현하라.

부정적이거나 제한적인 의미를 내포한 단어나 구절	→	보다 넓고 다른 관점을 제공하여 더 긍정적인 의미를 내포하는 쪽으로 끌고 가는 새 단어나 구절

예) 멘토 :

"나는 당신의 학습 곡선이 짧을 것이라고 자신합니다."

(능력에 대한 불확실함 → 학습 곡선의 양상)

"모든 피드백은 가치 있습니다."

(비난 → 피드백)

"때때로 변화는 익숙한 것을 버릴 수 있을 때 일어납니다."

(상실 → 익숙한 것을 버림)

| 멘토링 도구 상자 | 가치 연결

한 단어 재구성하기는 고객이 자신의 가치와 믿음과 관련된 갈등이나 부조화를 해결할 수 있게 해 준다. 종종 개인이나 조직의 핵심 가치에 충돌하는 상황이 발생한다.

예를 들어 '성장'과 '안전' 두 가지 모두를 원하는 고객이 있을 수 있다. 그런데 성장을 위해 요구되는 단계들이 그의 안전을 위협한다고 믿을 수도 있다. 이렇게 표면적으로 드러난 근본적인 부조화를 해소하지 않으면 갈등과 저항을 야기할 수 있다.

외관상 가치의 갈등을 다루는 한 가지 방법은 서로 다른 가치를 연결해 주는 '연결 고리'를 만들 수 있도록 언어적인 재구성하기를 사용하는 것이다. 그 예로 '성장'은 '가능성과 선택 사항을 확장하는' 것으로 쉽게 재구성하기를 할 수 있다. '안전'은 '한 사업에 모든 것을 걸지 말아야 하는' 것으로 재구성하기를 할 수 있다. 여러 면에서 '가능성과 선택 사항을 확장하는 것'과 '한 사업에 모든 것을 걸지 않는 것'은 의미하는 바가 비슷하다. 그러므로 간단한 언어적인 재구성하기는 외관상으로는 양립할 수 없을 것 같아 보이는 가치들의 빈틈을 막아 준다.

또 다른 예로 '품질'과 '창의력'을 중시하는 고객이 있다고 하자. 이 두 가지 가치는 언뜻 보기에는 서로 상충되는 것처럼 보인다. ('품질'은 '표준을 유지하는 것'이지만 '창의력'은 '무언가를 바꾸는 것'이다.) 하지만 '품질'은 '지속적인 개선'으로 재구성하기를 할 수 있다. 또한 '창의력'은 '더 나은 대안을 이끌어 내는 것'으로 재구성하기를 할 수 있다.

다시 말해 간단한 재구성하기는 고객들로 하여금 다리를 만들어 외관상 공통점이 없어 보이는 가치들을 이어 주는 연결점을 볼 수 있도록 도와준다.

고객이 이와 같은 경험을 할 수 있도록 다음의 단계를 사용해 보라.

1. 당신의 고객이 부조화와 갈등을 겪고 있는 분야가 무엇인지 확인하라.

2. 그 갈등이나 부조화와 관련하여 외관상 양립하기 힘든 가치들을 구체화하라. 가치 #1과 가치 #2로 제목이 붙은 공간에 이 가치에 대해 써라.

3. 각각의 가치를 근본적으로 같은 의미를 가지면서도 다른 관점을 제시하는 단어나 구절을 사용하여 재구성하기 하라. 외관상 양립하기 힘든 가치를 보다 조화롭게 서로를 보완하는 방향으로 함께 엮는 재구성 틀을 찾을 수 있는지를 보라.

| _____ | _____ | | _____ | _____ |
| 가치 #1 | → 재구성 #1 | | 가치 #1 | → 재구성 #1 |

예)

| **프로페셔널리즘** | 개인적인 성실함 | | 자아에 대한 표현 | **자유** |
| 가치 #1 | → 재구성 #1 | | 가치 #1 | → 재구성 #1 |

멘토링 233

비평가와 비평 재구성하기

앞에서 월트 디즈니의 상상 공학 전략을 가리켜 고객들이 목표나 꿈을 달성하기 위한 효과적인 경로를 명확히 하고 창조하도록 코칭하는 수단이라고 했다. 이상주의자, 현실주의자, 비평가를 관리하고 균형을 맞추는 능력이 성공적인 수행을 위한 '내면 게임'에서의 성공하는 주요 요소라는 것도 확인했다. 이를 수행하는 데 있어서 주요한 도전은 잠재적으로 부정적인 효과를 뜻하는 비평을 다루는 것이다.

'비평가'는 종종 다루기 힘든 관점을 가지고 있다고 오해받기도 하는데, 이는 다른 사람의 아이디어와 제안으로부터 문제점을 찾는 비평가들의 경향 때문이다. 또 비평가들은 종종 '망치는 사람들'로 인식되기도 하는데, 이는 그들이 '문제 프레임' 또는 '실패 프레임'의 관점에서 활동하기 때문이다.

"이 제안은 비용이 너무 많이 들어.", "그 아이디어는 절대 효과를 볼 수 없어." 등 수많은 비평들은 일반화된 판단의 형태로 제시된다. 이것이 언어적 차원에서 비평이 가지고 있는 주요 문제점이다.

이와 같은 언어적인 일반화의 또 하나의 문제는 사람들이 그것에 대해 동의 또는 반대라는 선택밖에 할 수 없다는 점이다. 즉 어떤 사람이 위와 같이 말한다면 그에 대한 대답은 "제 생각에는 당신 생각이 맞는 것 같습니다." 또는 "아니요, 당신 생각이 틀렸어요. 그 아이디어는 매우 효과가 있을 거예요." 또는 "아니요. 그것은 비용이 많이 들지 않습니다."가 될 것이다. 이처럼 비평은 대체로 대립을 불러오기 때문에 누군가가 그 비평에 동의하지 않는 이상 갈등이 야기될 수밖에 없다.

또한 비평가가 단순히 이상주의자나 현실주의자의 꿈이나 계획을 비평하는 것이 아니라 그 사람 자체에 대해 비평을 할 때 가장 위험한 문제가 발생한다. "그 아이디어는 어리석군요."나 "그런 아이디어를 내다니 당신은 어리석군요."라는 말은 명백히 다르다. 비평가가 어떤 사람을 아이덴티티의 측면에서 공격할 때 그는 '망치는 사람'에서 나아가 '살인자killer'가 되기 때문이다.

하지만 다른 행위와 마찬가지로 비평 또한 긍정적인 의도를 가지고 있음을 기억해야 한다. 비평가의 목적은 이상주의자와 현실주의자의 산출물을 평가하는 것이다. 유능한 비평가는 잘못될 우려가 있거나 피해야 할 요소를 찾아내기 위해 제안된 계획이나 경로를 분석한다. 비평가들은 "만약 문제가 발생한다면 무슨 일이 일어날 것인가?"를 논리적으로 고려하여 잃어버린 연결 고리를 찾아낸다. 좋은 비평가들은 종종 그 계획이나 활동에 직접적인 관련은 없지만 이에 영향을 받을지도 모르고, 또 그 계획이나 활동의 실행에 긍정적이든 부정적이든 영향을 줄지도 모르는 사람들의 관점을 취한다.

긍정적인 의도를 긍정적으로 진술하기

'부정적인' 판단이라는 것 외에 비평의 또 다른 문제점은 부정적인 용어가 사용된다는 점이다. 즉 비평은 부정적인 언어를 사용하여 진술된다는 말이다. 예를 들어 '스트레스 피하기'와 '좀 더 안정되고 편안해지기'라는 말이 있다고 하자. 언뜻 보기에는 상당히 달라 보이지만 이 둘은 서로 비슷한 내면 상태를 묘사하고 있다. 한 진술(스트레스 피하기)이 무엇을 원하지 않는지를 표현했다면 다른 진술(좀 더 안정되고 편안해지기)은 무엇을 원하는지를 표현하고 있다. 우리는 이미 코칭에 대해 배울 때 '잘 형성된 결과들'이라는 부분에서 이 의미에 대해 다루었다.

비평들은 주로 무엇을 원하는가보다는 무엇을 원하지 않는지를 표현하는 형태를 취한다. 이는 긍정적인 의도나 비평의 목적에 가장 적절하게 대응하는 방법을 결정하는 데 복잡한 문제를 만들어 낼 수 있다. "이것은 시간 낭비다."라는 말은 아마도 "가능한 자원을 현명하고 효율적으로 사용하고 싶다."라는 긍정적인 바람을 내포하고 있을 것이다. 이처럼 비평은 숨겨진 긍정적인 의도(또는 가치)를 가지고 있다. 그러나 비평의 '표층 구조'로부터 이러한 의도를 파악하는 것은 쉽지 않다. 왜냐하면 그 문장 자체가 무엇을 피해야 하는지에 대해 언어적으로 진술하고 있기 때문이다. 그러므로 비평을 다루고 문제 프레임을 결과 프레임으로 전환하는 주요 언어적인 기술은 긍정적인 의도를 긍정적인 진술로 인식하고 유도하는 능력이다.

이는 때때로 난관에 부딪친다. 왜냐하면 대부분의 비평가들이 문제 프레임의 관점에서 움직이기 때문이다. 예를 들어 당신이 비평가에게 "이 제안은 너무 많은 비용이 듭니다."라는 제안의 이면에 어떤 긍정적인 의도가 숨겨져 있느냐고 물었다고 치자. 그 말에 비평가는 이렇게 대답할 것이다. "긍정적인 의도는 비용을 과도하게 낭비하는 것을 피하자는 것입니다."

이것이 '긍정적인 의도'이긴 하지만 언어학적으로는 부정적으로 진술되거나 프레임이 되었다는 것을 알 수 있다. 다시 말해 이는 '무엇을 획득해야 하는지'가 아니라 '무엇을 피해야 하는지'를 진술하고 있다. 이 의도를 긍정적인 진술로 바꿔 보면 '비용을 타당하고 적절하게 하기 위해서' 또는 '우리가 예산 내에서 움직인다는 것을 확실히 하기 위해서'가 될 수 있을 것이다.

의도와 가치의 긍정적인 표현을 유도하기 위해 탁월한 멘토는 다음과 같은 질문들을 할 수 있다. "만약 (스트레스/비용/실패/낭비)를 원치 않는다면 당신이 원하는 것은 무엇입니까?" 또는 "만약 당신이 원치 않는 것을 피하거나 제거할 수 있다면 그것은 당신에게 무엇을 가져다 줍니까? (당신은 그것으로부터 어떤 혜택을 받게 됩니까?)"

다음은 부정적인 진술들을 긍정적으로 다시 표현된 사례들이다.

부정적인 진술	긍정적으로 재표현
지나치게 비싼	비용이 알맞은
시간 낭비	가능한 자원들을 현명하게 사용하기
실패에 대한 두려움	성공을 위한 열망
비현실적인	구체적이고 성취 가능한
너무 많은 노력	쉽고 편안한
어리석은	현명하고 지적인

비평을 질문으로 돌리기

비평의 긍정적인 의도를 긍정적인 용어로 깨닫고 진술하면 그 비평은 질문으로 바뀔 수 있다. "모든 부정적인 비평의 이면에는 진실로 좋은 질문이 있다."고 할 수 있는 것이다. 비평이 질문으로 바뀌면 이에 대응할 수 있는 선택 사항은 비평이 일반화나 판단의 형태로 진술되었을 때와는 완전히 달라진다. 예를 들어 "그것은 너무 비싸다."라고 말하는 대신 비평가는 "우리가 어떻게 그 비용을 감당하지요?"라고 물을 수 있다. 이러한 질문을 받게 되면 상대방은 비평가의 의견에 반대하거나 그 의견에 맞서 싸우기보다는 그 계획이 가진 세부 사항의 윤곽을 그릴 수 있다.

실제로 모든 비평은 질문으로 바꿀 수 있다. "그 아이디어는 실행 가능성이 전혀 없어."라는 비평은 "당신은 어떻게 그 아이디어를 실질적으로 실행할 건가요?"라는 질문으로 바뀔 수 있다. "그것은 비현실적인 계획이야."는 "당신은 어떻게 계획의 단계를 좀 더 구체적이고 실제적으로 만들 것인가요?"로 바뀔 수 있다. 그리고 "그것은 너무 많은 노력을 필요로 해."라는 불평은 "당신은 어떻게 그것을 더욱 쉽고 간단하게 실행할 수 있지요?"로 표현될 수 있다. 대체로 그러한 질문들은 비평과 같은 기능을 하지만 실질적으로는 더 생산적이다.

위에 다시 표현된 진술들은 모두 '어떻게how'를 사용했다는 점에 주목하라. 이러한 유형의 질문들이 가장 유용한 경향이 있다. 예를 들어 '왜why'라는 말은 종종 갈등이나 불일치를 가져올 수 있는 다른 판단들을 전제로 한다. "왜why 이 제안은 이렇게 돈이 많이 들죠?" 또는 "왜why 당신은 좀 더 현실적으로 생각하지 못하죠?"라고 묻는 것은 여전히 문제 프레임을 전제로 삼고 있는 것이다. "당신의 제안이 돈이 많이 들게 만드는 것은 무엇what이죠?" 또는 "누가who 그것에 대한 비용을 지불하지요?"라는 질문 역시 마찬가지이다. 일반적으로 '어떻게how' 질문이 결과 프레임 또는 피드백 프레임에 초점을 맞추는 데 가장 효과적이다.

| 멘토링 도구 상자 | 비평가가 조언자가 될 수 있도록 돕기

요약하면 누군가가 '건설적인' 비평가 또는 조언자가 될 수 있도록 돕기 위해서는 (1) 비평에 숨겨져 있는 긍정적인 의도 찾기 (2) 긍정적인 의도를 긍정적으로 진술하기(프레임 만들기) (3) 비평을 질문으로 변형하기(특히 '어떻게how' 질문으로)의 과정이 필요하다는 것이다.

이는 다음의 질문을 통해 달성될 수 있다.

1. 당신은 무엇을 비평하고 반대합니까?
    예) "이 계획은 결코 실행되지 못할 것이다."

2. 그 비평 뒤에 숨겨진 가치나 긍정적인 의도는 무엇인가? 그 비평을 통해 당신이 얻으려 하거나 유지하려는 것은 무엇입니까?
    예) "시기 적절하고 충분히 달성할 수 있는 목표에 노력을 쏟아 부어라."

3. 긍정적인 의도를 충족시키는 '어떻게how' 질문으로 바꾸면 어떻게 됩니까?

예) "시의 적절하게 목표를 달성하는 데 필수 불가결한 과제들을 당신은 '어떻게how' 해 낼 수 있는가?"

이 프로세스를 적용하기 위해 당신의 고객에게 자신의 삶이나 직장에서 중요한 분야 또는 프로젝트의 수행에 대해 떠올리게 하라. 그런 다음 그 상황에서 자신과 관련하여 고객이 비평가의 입장을 취하도록 하라. 자신이 하고 있는 일에 대해 그들은 어떠한 비평을 하는가?

고객이 가지고 있는 비평이나 반대 생각들을 확인했다면 고객이 그 비평(반대)을 질문으로 전환할 수 있도록 위의 질문 단계를 거쳐라. 이를 통해 비평에 숨겨진 긍정적인 의도와 '어떻게' 질문을 찾을 수 있도록 도와주어라. (일단 비평을 질문으로 전환할 수 있다면 적절한 대답을 찾기 위해 고객은 이러한 질문들을 그들의 내면의 이상주의자나 현실주의자에게 제기할 것이다.)

프로젝트의 비평가 국면이 지향하는 목적은 궁극적으로 아이디어나 계획이 목표 달성에 동반되는 긍정적인 혜택이나 부산물들을 보장하는 데 있다.

'어떻게how' 질문을 통해 비평가는 '망치는 사람' 또는 '살인자'에서 '조언자'로 탈바꿈하게 된다. 이런 면에서 비평가를 변장한 조언가나 멘토로 봐도 좋을 것이다.

요약

멘토는 가치와 믿음의 단계에 이른 사람들을 지원하고 조언해 준다. 자신의 능력을 사용하고 행동을 취하려고 할 때 사람들이 느끼는 동기와 허용의 정도는 가치와 믿음에 따라 다르다. 그래서 때로 변화의 문을 열기도 하고 한계나 경계를 설정하기도 한다. 그러므로 가치와 믿음은 고객의 수행 능력을 강화하기도 하고 억제하기도 한다.

탁월한 멘토mentors는 적절한 격려와 자신의 사례들을 통해 고객들이 임파워먼트할 수 있는 가치와 믿음을 확립하고 강화하며, 표현하며, 정렬할 수 있도록 도와준다. 멘토의 한 가지 역할은 고객이 자신의 삶에서 기준으로 삼을 수 있는 주요 가치와 믿음의 역할 모델이 되어 주는 것이다.

이러한 유형의 멘토링은 종종 세상에 대한 내적 모델의 한 부분으로서 고객 안에 내면화되는데, 이렇게 되면 멘토의 외적 존재가 더 이상 필요하지 않게 된다. 그러므로 고객이 내적인 멘토를 깨닫고 만날 수 있도록 돕는 것은 실질적인 멘토와 접하는 것만큼 가치 있는 일이 될 수 있다.

멘토링의 주요 업무는 고객이 자신의 핵심 가치 그리고 가치의 우선순위에 대해 좀 더 뚜렷하게 인식할 수 있도록 돕는 것이다. 가치 평가, 비전과 행동을 통한 가치 정렬과 같은 멘토링의 도구들은 고객이 그들의 가치를 더욱 잘 획득하고 표현하기 위한 가치들을 깨닫고, 그들의 생각과 행동 그리고 환경을 잘 조직할 수 있도록 도와준다. 가치를 계획하거나 가치를 행동으로 드러내기, 실천하기와 같은 방법들은 고객이 지속적으로 자신에게 가장 중요한 것을 획득하는 데 필수적인 행동과 환경을 깨닫고 지원하도록 도와준다.

 탁월한 성과를 위해서 고객이 자신과 자신의 능력을 믿도록 돕는 것은 좋은 멘토의 가장 중요한 업무 가운데 하나이다. 성공할 수 있고, 목표를 달성할 수 있으며, 성공할 자격이 있다고 고객이 믿을 수 있도록 지원하는 것은 그들이 최상의 성과를 내게 하는 데 매우 중요한 요소가 된다.

 믿음 평가 프로세스는 고객과 코치 모두에게 고객의 믿음이 어느 분야가 강하고 약한지를 확인하게 하고, 의심이 가는 부분을 확인할 수 있게 해 준다. 내면의 멘토는 고객이 의심이나 불일치를 경험하는 분야에 대한 믿음을 강화하고 자신감을 쌓을 수 있도록 한다.

 '마치 ~인 것처럼' 프레임은 고객이 자신의 경계와 한계에서 벗어날 수 있게 해 주는, 간단하지만 중요한 수단이다. '마치 ~인 것처럼' 행동하는 것은 고객이 풍부한 상상력을 발휘할 수 있게 하여 그들이 현재 현실에서 느끼고 있는 각종 제한에서 벗어나고 의심과 제한적인 믿음을 극복할 수 있도록 한다.

 재구성하기란 멘토를 위한 또 하나의 필수 도구이다. 재구성하기는 언어의 사용과 관련된다. 이를 통해 고객이 좀 더 넓은 관심에 초점을 가질 수 있도록 하여 경험과 사건에 대해 다른 해석과 대응을 할 수 있게 한다.

한 단어 재구성하기는 특정 아이디어나 개념을 표현하는 데 사용된 주요 단어를 다른 단어로 대체하여 진술하는 것이다. 이때 기존과 다른 견해를 가질 수 있도록 기존 관점보다 넓고 다른 관점을 가진 단어로 바꿔야 하는데, 이를 통해 긍정적인 의미를 부각시킬 수 있다.

가치의 연결이란 외관상으로 양립하기 힘든 가치들을 더욱 조화롭고 상호 보완적으로 '연결하기' 위해서 한 단어 재구성하기를 적용하는 멘토링의 프로세스를 말한다.

멘토링의 또 다른 주요 목표는 고객으로 하여금 비평이 가진 잠재적인 간섭을 해결하도록 돕는 것이다. 비평 뒤에 숨어 있는 긍정적인 의도를 찾아서 비평을 질문으로(특히 '어떻게how' 질문으로) 전환하는 것은 비평의 부정적인 측면을 희석시키는 동시에 그 비평이 전달하고자 하는 가치 있는 피드백을 유지하는 강력한 방법이다.

CHAPTER 5

스폰서십

5장의 개요

아이덴티티
스폰서의 스타일과 믿음
스폰서십의 메시지
스폰서십이 없는 것과 부정적인 스폰서십
스폰서십의 예
스폰서십의 기술들
스폰서십 도구 상자: 자원들의 '원천' 찾기
스폰서십 도구 상자: 활동적인 센터링
스폰서십 도구 상자: 경청 파트너십
스폰서십 도구 상자: '나는 본다I See'와 '나는 느낀다I Sense' 연습
영웅의 여행
스폰서십 도구 상자: '영웅의 여행' 지도 만들기
스폰서십 도구 상자: '영웅의 여행' 시작하기
대표 에너지들
스폰서십 도구 상자: 대표 에너지들 동시에 스폰서하기
스폰서십 도구 상자: 적절한 이름 짓기
스폰서십 도구 상자: 잠재성 스폰서하기
스폰서십 도구 상자: 집단 스폰서십 형태
스폰서십 도구 상자: 잃어버린 스폰서 회복하기
요약

05
스폰서십

우리가 마음속 깊이 두려움을 느끼는 이유는 우리가 남보다 떨어지기 때문이 아니라 우리에게 한없이 많은 힘이 있기 때문입니다. 그것은 우리가 어둠이 아니라 빛을 가지고 있기 때문에 두려운 것입니다. 우리는 우리 자신에게 묻습니다. "명석해질 수 있고, 멋질 수 있고, 재능이 있을 수 있고, 근사할 수 있는 우리의 존재는 과연 무엇입니까?"
여러분이 될 수 없는 것은 무엇입니까? 여러분은 신의 자녀입니다. 여러분의 소극적인 행동은 세상에 큰 유익을 가져다주지 않습니다. 여러분이 움츠려든다면 여러분 주변의 다른 사람들을 위협하지는 않겠지만, 세상을 밝히지도 못합니다.
어린아이들이 그런 것처럼, 우리 모두는 세상을 밝혀야 합니다. 우리는 우리 마음속에 있는 신의 영광을 드러내기 위해 이 땅에 왔습니다. 그 빛은 우리들 몇몇에게만 주어진 것이 아닙니다. 그 빛은 우리 모두의 안에 있습니다. 우리가 각자의 빛을 밝힐 때, 우리는 무의식적으로 타인에게도 같은 일을 하도록 허락하는 것이 됩니다. 우리가 두려움에서 자유로워질 때 우리의 존재는 자연스럽게 타인을 자유롭게 할 것입니다.
_ 마리안느 윌리엄슨Marianne Williamson(넬슨 만델라의 연설문에서 인용-)

당신이 하는 모든 일이 무언가 다른 세상을 만드는 데 쓰이게 하라.
_ 윌리엄 제임스William James

광의의 코칭에서 코치의 가장 중요한 기능 중의 하나는 고객의 아이덴티티 차원에서 그들의 개인적인 성장을 지원하는 것이다. 한 개인의 아이덴티티에 대한 감각은 심지어 그 자신의 가치와 믿음보다 더 심오하고, 자아에 대한 인식과 역할 그리고 미션에 대한 지각에 초점을 맞춘다. 아이덴티티 이슈들은 한 개인이나 집단이 그들 자신을 누구로 지각하느냐에 대한 것이다. 아이덴티티 차원에서의 성장과 변화는 스폰서십이라고 알려진 코칭 관계의 특별한 유형을 통해 육성된다.

　일반적으로 '스폰서십'은 프로모션과 관련이 있다. 특정한 프로그램이나 연구 프로젝트를 '스폰서' 하는 조직은 필요한 자원들을 제공함으로써 그 프로그램이나 프로젝트를 프로모션한다. 세미나나 워크숍을 '스폰서하는' 집단은 워크숍의 리더가 자신의 아이디어나 활동을 제안하고, 다른 사람이 이러한 아이디어나 활동의 혜택을 받을 수 있도록 하는 상황을 창출하는 데 필수적인 공간과 프로모션적인 노력을 제공한다. 최고 경영진이 프로젝트나 발의된 아이디어를 '스폰서할' 때 그 최고 경영진은 그 프로젝트나 발의된 아이디어를 회사의 아이덴티티나 미션을 위해 중요한 것으로 '정식으로 인정하는' 것이다. 이러한 관점에서 볼 때 스폰서십은 다른 사람들이 최상의 상태로 수행하고, 성장하고, 탁월해지는 상황을 창출하는 것을 말한다.

　오늘날의 '스폰서십'은 상업적인 의미를 내포하고 있지만 원래 '스폰서'라는 용어는 라틴어의 spondere(약속하다 : to promise)에서 파생된 것으로, 다른 사람의 영적인 복지에 대한 책임을 지는 사람이라는 뜻으로 사용되었다(spouse : 배우자 또한 같은 뿌리에서 나온 말이다).

　상업적인 형태의 스폰서십을 소문자 s스폰서십으로 부를 수 있겠다. 아이덴티티 수준에서의 '스폰서십(대문자 S로 시작하는 Sponsorship이라고 부르겠다)'은 다른 사람의 핵심적인 특징을 인식하고 인정하는(보고 seeing, 축복하는 blessing) 프로세스이다. 이 형태의 스폰서십은 다른 사람들 내부에 있는 근본적인 자질과 잠재력을 찾아내고 보호하며, 집단이나 개인이 그들의 독특한 적성과 능력을 최대한 표현하고 발전시킬 수 있게 하는 조건과 지원 그리고 자원을 제공하는 것을 말한다. 간단히 말해서, 스폰서십은 고객의 독특한 아이덴티티를 장려하는 것이다.

자신의 내부로부터의 핵심 자질을 장려하고 보호하는 것을 배우는 개인의 '셀프 스폰서십'도 가능하다.

아이덴티티 Identity

위에서 진술한 것처럼 '아이덴티티'란 우리가 누구인지에 대한 감각과 연관된다. 신경 논리적 단계 모델에 따르면 아이덴티티는 우리의 가치와 믿음, 능력, 행동 그리고 환경과는 구분되는 변화와 경험의 단계이다. 갓 태어난 아이를 본 적이 있는 사람은 그 아이가 아무것도 없는 '텅 빈 도화지blank slates'가 아니라는 사실을 잘 알 것이다. 모든 사람은 각자의 독특한 개성을 가지고 태어난다. 환경에 대해 많은 것을 지각하거나 행동을 조화시키고 정신적인 지도를 형성하거나 특정한 믿음과 가치를 확립하기 전에도 우리는 이미 아이덴티티를 가지고 있다. 세상에 존재하는 특별한 방법 말이다.

우리의 믿음과 능력 그리고 행동을 하나의 시스템으로 조직하는 것은 우리의 아이덴티티에 대한 지각이다. 우리의 아이덴티티에 대한 감각은 또한 우리가 한 부분으로 속해 있는 더 큰 시스템과 관련된 우리의 '역할', '목적' 그리고 '미션'에 대한 감각을 결정하는 우리의 지각과 관련되어 있다.

그러므로 아이덴티티에 대한 지각은 '나는 누구인가?' '나의 한계는 무엇인가?' 그리고 '나의 역할과 미션은 무엇인가?'와 같은 질문들과 관련이 있다.

아이덴티티에 대한 '심층 구조'를 명확히 하는 것은 우리 행위의 '표층 구조'의 수준에서 하는 것보다 더 우리를 완전하게 표현할 수 있게 해 준다. 이는 다음과 같은 것들과 관련된다.

- 삶의 방향을 찾고 명확히 하기
- '자아'와 '타인들' 사이의 경계 관리하기
- 우리의 아이덴티티를 지원하고 우리를 제한하는 믿음들에 대해 명확히 알기
- 자아에 대한 감각 확장하기
- 존재에 대한 새로운 차원 구체화하기

스폰서의 스타일과 믿음

아이덴티티 수준에서의 스폰서십은 멘토링이나 티칭, 코칭과는 다르다. 티처나 코치 그리고 멘토와 달리, 스폰서의 기술과 자원들은 스폰서를 받는 개인이나 집단의 것과 다를 수 있다. 스폰서는 스폰서를 받는 개인이나 집단의 역할 모델일 필요는 없다. 오히려 스폰서는 스폰서를 받는 집단이나 개인이 완전히 그들 자신의 독특한 능력과 기술에 집중하고 발전시키며 사용하도록 허용하는 상황과 격려, 자원을 제공한다.

그러므로 스폰서십은 다른 사람들 내부의 잠재력을 깨우고 보호하는 것과 관련된다. 이는 이미 한 개인이나 집단의 내부에 존재하지만 최대

한도로 증명되지 못한 무언가를 장려해 줄 책임에 근거한다.

스폰서의 믿음들은 다음과 같다.

- 아이덴티티의 수준에서 모든 사람은 본래부터 선하다.
- 사람들은 근본적으로 긍정적인 의도를 가지고 있다.
- 사람들의 근본적인 선함과 잠재력을 인식하고 인정하는 것은 중요하다.
- 각각의 개인은 각자의 '영웅의 여행 Hero's Journey'을 하고 있다.
- 사람이 더 많은 빛을 밝히면 이 세상은 더 많은 빛으로 가득 찰 것이다.
- 나의 현존과 지속적인 관심 그리고 다른 사람들을 '바라보는' 능력은 자연적으로 그들의 가장 깊은 곳에 있는 잠재력을 발산시킬 것이다.
- 내가 함께 하고 있는 이 사람은 소중하다. 그는 중요하고 가치 있는 존재이다. 그는 나의 관심과 인정을 받을 만한 가치가 있다.

스폰서의 리더십 유형은 개별적인 고려 individualized consideration이다. 이는 업무적인 것보다는 개인의 필요와 잠재력 그리고 그 개인과의 관계에 더 많은 관심을 기울이는 것을 말한다. 이는 고객에게 그 사람에 맞는 관심을 표출해 주고, 그를 하나의 독특한 개인으로 대우해 주는 것을 말한다.

스폰서십의 메시지

좋은 스폰서는 고객을 믿고, 고객으로 하여금 자신이 중요하다고 느끼게 하며, 고객이 변화할 수 있다는 것을 보여 준다. 그래서 스폰서십의 프로세스는 언어적 그리고 비언어적으로 주요한 메시지들을 포함하고, 그러한 커뮤니케이션으로 이루어진다. 이러한 메시지들은 아주 근본적인 면에서 고객을 인정하는 것과 관련 있다.

기본적인 스폰서십 메시지들은 다음과 같다.

당신은 존재한다. 나는 당신을 본다. 나는 당신을 알고 있다.
당신은 가치가 있다.
당신은 중요하다 / 특별하다 / 독특하다.
당신은 무언가 기여할 만한 중요한 것을 가지고 있다.
당신은 여기서 환영받는다. 당신은 여기에 속해 있다.

이러한 근본적인 아이덴티티 메시지들은 주로 다음과 같은 능력을 갖게 하는 믿음들을 만들어 낸다.

당신이 성공하는 것은 가능하다.
당신은 성공할 만한 능력이 있다.
당신은 성공할 만한 자격이 있다.

명백하게, 이 메시지들의 의도는 고객의 가치가 무조건 인정받는 느낌, 소속감 그리고 기여하고 성공하려는 열망을 촉진할 수 있게 하기 위함이다. 이러한 메시지들의 효과는 일반적으로 꽤 심오하고 긍정적이고 자원이 충만한 상태의 감정적인 반응들로 이끌어 준다.

예를 들어 다른 사람들이 자신의 모습을 보고 있다고 느낄 때, 사람들은 그것에 따라오는 안전함과 인정에 대한 감각을 느낀다. 그들은 더 이상 주의를 끌기 위해 어떤 행동을 해야 한다고 느끼지 않는다. 그 덕분에 사람들은 안도감과 편안함을 맛볼 수 있다.

사람들은 자신이 현재 존재하고, 마음과 육체 속에 현존하며, 자신의 존재가 위협받지 않는다고 느낄 때 중심이 잡혀 있다는 느낌과 평화를 느낀다. 또한 사람들은 자기 자신이 가치 있으며, 그만한 대접을 받을 때 만족감을 느낀다.

한 개인이 독특하다는 인식은 개인의 자연적인 창의력을 해방시키고, 그 사람으로 하여금 독특함을 표현하려는 열망을 갖게 만든다. 하지만 여기서 독특하다는 것, 중요하다는 것, 특별하다는 것이 다른 누군가보다 '더 낫다' 거나 '더 우수하다' 는 것을 의미하지는 않는다는 것을 명심해야 한다.

독특함이란 한 개인에게 다른 사람과 구분되는 특별한 정체성이 있다는 것을 부여하는 자질이다.

그들이 무언가에 기여할 수 있다는 것에 대한 인정은 동기를 부여할 뿐만 아니라 막대한 에너지를 불러일으킨다. 환영받고 있다는 믿음은 사람들의 마음을 느긋하게 하고 충성심을 발생시킨다. 이와 유사하게 소속감은 의무감과 책임감을 발생시킨다.

다음의 표에는 긍정적인 스폰서십의 메시지와 효과가 요약되어 있다.

긍정적인 스폰서십 메시지	→	감정적인 반응
"당신을 보고 있다."	→	안도, 편안한
"당신은 존재한다."	→	중심이 있는, 평화로운
"당신은 가치 있다."	→	만족스러운
"당신은 독특하다."	→	창의력이 있는
"당신은 무언가 기여할 만한 것이 있다."	→	의욕적인, 원기 왕성한
"당신은 여기에서 환영받는다."	→	편안한, 충성스러운
"당신은 여기에 속한다."	→	헌신적인

■ 긍정적인 스폰서십의 감정적인 효과

스폰서십이 없는 것과 부정적인 스폰서십

스폰서십의 중요성과 스폰서십의 메시지들은 스폰서십 없는 상황과 '부정적인 스폰서십'으로 불리는 상황의 비교를 통해 더 잘 설명될 수 있다.

스폰서십이 없는 상황에서는 본질적으로 긍정적인 스폰서십 메시지들이 있을 수 없다. 그러나 이는 본질적으로 자연스럽게 표현한 유형의 메시지가 되는데, 아래와 같은 결론과 반응들을 이끈다.

| 받은 스폰서십이 없는 메시지 | → | 감정적인 반응 |

"나를 보는 사람이 없다." → 걱정스러운,
눈에 보이지 않는

"나는 존재하지 않는다." → 필사적으로 주의를 끌
려고 하는

"나는 가치가 없다." → 공허한

"나는 독특하지 않다 / 전혀 특별하지 않다." → 소극적인

"나는 다른 사람과 전혀 다르지 않다." → 가치 없는, 불필요한
"나는 전혀 기여할 것이 없다."

"나의 기여도는 전혀 가치가 없다." → 이용당하는

"나는 그 집단의 일부가 아니다." → 추방된

"나를 대체할 사람은 얼마든지 있다." → 불안한

■ 스폰서십이 없는 것의 감정적인 효과

부정적인 스폰서십의 상황에서, 실질적으로는 스폰서십 메시지의 반대되는 내용이 전달되는데, 이는 스폰서십이 없는 상황의 감정적인 반응으로 이끌면서, 오히려 더 과장된 반응을 만들어 내기도 한다.

부정적인 스폰서십 메시지들의 몇몇 예와 그에 기인한 반응은 다음과 같다.

부정적인 스폰서십 메시지 → 감정적인 반응

"당신은 여기 있으면 안 돼요. → 두려운
당신은 숨어야 돼요/사라져야 돼요."

"당신이 누구라고 생각하나요? ──▶ 자격이 없는
당신은 아무것도 아니에요.
당신은 여기 있으면 안 돼요."

"당신은 결코 자격이 되지 않을 거예요. ──▶ 비난받는, 부끄러운
당신이 문제예요."

"당신은 다른 누구보다도 못해요." ──▶ 부적합한

"당신은 우리의 명예를 떨어뜨리고, ──▶ 결점이 있는, 부담이 되는
우리의 앞길을 막아요."

"당신은 환영받지 못해요." ──▶ 떠나거나 도피하고 싶은
　　　　　　　　　　　　　　　　열망 (몰래 하는)

"당신은 여기 있을 자격이 없어요. ──▶ 거절당한, 버림받은
당신은 우리와 어울릴 수 없어요."

■ 부정적인 스폰서십의 감정적인 효과

다음의 표에서는 긍정적인 스폰서십, 스폰서십이 없는 상황, 부정적인 스폰서십의 감정적인 효과를 비교하여 요약한 것을 제시하겠다.

많은 사람들이 아마도 부모나 동료처럼 개인적으로 큰 영향을 끼치는 사람들로부터 스폰서십이 없는 상황이나 부정적인 스폰서십을 경험한 적이 있을 것이다. 이상한 것은, 부정적인 스폰서십 메시지들은 종종 긍정적인 의도 또는 단순한 무지로부터 기인하는 경우가 있다는 것이다.

사실, 코치나 전문가들이 어떤 다른 단계의 지원(보호하기, 가이드하기, 티칭, 등)에 초점을 맞추다 보면 스폰서십을 무시하는 아이러니한 상황이 발생하기도 한다.

긍정적인 스폰서십	스폰서십이 없는 것	부정적인 스폰서십
"당신을 보고 있다." 안도, 편안한	"너를 보는 사람이 없다." 걱정스러운, 눈에 보이지 않는	"당신은 여기 있으면 안 돼요." 두려운
"당신은 존재한다." 중심이 있는, 평화로운	"너는 눈에 띄지 않는다." 주의를 끌려고 하는	"당신은 아무것도 아니에요." 자격이 없는
"당신은 가치 있다." 만족스러운	"너는 가치가 없다." 공허한	"당신이 문제에요." 비난받는, 부끄러운
"당신은 독특하다." 창의력이 있는	"너는 전혀 특별하지 않다." 소극적인	"당신은 다른 누구보다도 못해요." 불충분한
"당신의 기여는 중요하다." 동기 부여된 그리고 원기왕성한	"너는 전혀 기여할 것이 없다." 가치 없는, 불필요한	"당신은 우리의 명예를 떨어뜨려요." 결점이 있는, 부담이 되는
"당신은 환영받는다." 느긋한, 충성스러운	"너는 그 집단의 일부가 아니다." 추방된	"당신은 환영받지 못해요." 떠나거나 도피하고 싶은 열망
"당신은 여기에 속한다." 헌신적인	"너는 대신할 사람은 얼마든지 있다." 불안한	"당신은 여기 있을 자격이 없어요." 거절당한, 버림받은

■ 긍정적인 스폰서십, 스폰서십이 없는 상황, 부정적인 스폰서십의 효과 비교

예를 들어 어떤 사람은 매우 탁월한 보호자인데, 스폰서십을 희생함으로써 그렇게 되기도 한다. 환자들의 육체적인 필요만을 지속적으로 지켜보는 많은 병원(환경)에서도 이러한 예를 찾아볼 수 있는데, 환자들은 코칭이나 티칭 또는 멘토링은 물론이고 스폰서링을 거의 받지 못한다. 그저 '침대 3에 있는 천식 환자'라고 불릴 뿐이다.

또한 스폰서십은 종종 조직적인 설정에서 무시당하기도 한다. 스폰서십이 실행되지 않는 회사에는 걸어 들어가는 순간 그것을 알아챌 수 있

다. 그런 곳은 마치 아무도 존재하지 않는 곳처럼 느껴진다. 사람들은 그들이 아무에게도 보이지 않는다고 느끼거나 아무런 가치를 인정받지 못한다고 느끼며, 그들이 아무것도 기여하지 않고(또는 그들의 기여도가 전혀 인정받지 못하거나), 쉽게 다른 사람으로 대체될 수 있으며, 소속감이 없다고 느낀다. 이렇게 되면 성과 또한 좋지 않을 수밖에 없다. 그러나 반대로 사람들이 스폰서십을 받는다고 느끼면 그들은 존재감과 더불어 의욕과 충성심, 창의력을 갖게 되며 그 결과 기대 이상의 성과를 올릴 수 있다.

덧붙여 말하자면, 회사에서 스폰서십을 받지 못하는 것은 단지 고용인들만이 아니다. CEO와 최고 경영진들도 진정한 스폰서십을 받지 못하는 것은 마찬가지이다. 이는 회사 내의 많은 사람들은 그들이 스폰서가 되길 기대하기 때문이다. CEO나 최고 경영진을 사람으로 보기보다는 그들의 역할만 바라보고, 그들과 '가까워지는 것'과 관련된 정치적인 이점과 권력 때문에 그들에게 관심을 가지는 경우가 많다는 의미이다.

심지어 NLP 전문가들조차도 최신 기법을 이용해 자신의 고객들을 '가이드하는 것'에 지나치게 집중한 나머지 고객보다는 고객의 '세부적인 감각'이나 '접근 단서들'에만 주의를 기울이는 경우도 있다.

물론 탁월한 스폰서십은 다른 어떤 단계의 지원에도 첨가될 수 있다. 한 개인은 보호자인 동시에 가이드, 코치, 티처, 멘토, 스폰서가 될 수 있다.

 스폰서십의 예

다음에 나오는 엘리자베스 실란스 발라드Elizabeth Silance Ballard가 쓴 이야기에는 다른 단계들의 지원과 스폰서십을 융합하는 것의 힘에 대한 내용이 나온다. 원본은 1976년에 쓰여졌고, 《영혼을 위한 닭고기 수프》에 〈테디로부터의 3통의 편지〉라는 제목으로 실려 있다.

그녀의 이름은 톰슨 선생님이었다. 학기 첫날, 그녀는 5학년 교실의 맨 앞에 서 있었다. 그녀는 학생들에게 거짓말을 했다. 대부분의 다른 선생님들과 마찬가지로, 그녀는 학생들을 바라보면서 모두를 똑같이 사랑한다고 말했다. 하지만 그것은 불가능했다. 맨 앞줄에 앉은 구부정하고 조그만 소년 테디 스토다드 때문이었다. 톰슨 선생님은 이전 해에도 테디를 보았다. 테디는 다른 아이들과 잘 어울리지 못하고, 옷은 항상 더러웠고, 몸도 늘 청결하지 못했다. 가끔은 테디가 불쾌하게 느껴질 때도 있었다. 톰슨 선생님은 테디의 시험 답안지에 굵은 붉은색 펜으로 X자 표시를 크게 하면서 답안지 앞쪽에 'F'라고 쓰는 것을 낙으로 삼기까지 했다.

어느 날, 톰슨 선생님은 학생들의 과거 기록들을 검토하고 있었다. 마지막으로 미루어 두었던 테디의 파일을 검토하던 톰슨은 깜짝 놀랐다. 테디의 1학년 담임 선생님이 "테디는 똑똑하면서 명랑한 아이입니다. 테디는 숙제도 깔끔하게 잘하고 매너도 좋습니다. … 테디는 함께 하기에 즐거운 아이입니다."라고 쓴 것이다. 그의 2학년 담임은

"테디는 매우 훌륭한 학생입니다. 같은 반 아이들과도 잘 어울립니다. 하지만 어머니가 불치병에 걸려서 요즘 힘들어하고 있습니다." 라고 썼다. 3학년 담임 선생은 "테디의 어머니의 죽음이 테디에게는 감당하기 힘든 어려움일 것입니다. 테디는 최선을 다하려고 하지만 테디의 아버지가 그에게 관심을 많이 쏟고 있지 않아 적절한 조치를 취하지 않으면 테디의 가정 환경이 학교 생활에 영향을 미칠 것 같습니다."라고 썼다. 그리고 4학년 담임은 "테디는 의기소침해서 학교 생활에 큰 관심을 보이지 않습니다. 친구도 많지 않고, 가끔씩 수업 중에 자기도 합니다."라고 썼다. 톰슨 선생님은 문제를 깨닫고는 스스로에게 부끄러웠다.

크리스마스가 다가오는 어느 날, 모든 학생들이 톰슨 선생님께 드릴 크리스마스 선물을 가지고 왔다. 아이들의 선물은 아름다운 리본과 빛나는 종이로 포장되어 있었다. 그러나 테디는 다른 학생들처럼 하지 못했다. 테디의 선물은 슈퍼마켓에서 받아 온 봉투를 잘라 만든 무거운 갈색 종이로 엉성하게 포장되어 있었다. 톰슨 선생님은 다른 선물들 가운데서 테디의 선물을 열 때 마음이 아팠다. 알이 몇 개 빠진 듬성듬성한 모조 다이아몬드 팔찌와 1/4밖에 남지 않은 향수를 톰슨 선생님이 집어 들었을 때 몇몇 학생은 웃기까지 했다. 그녀는 그 학생들의 웃음을 멈추게 했다. 그리고는 그 팔찌가 정말 예쁘다고 말하면서 뚜껑을 열어 손목에 향수를 발랐다. 테디 스토다드는 방과 후에 남아서 이렇게 말했다. "선생님, 오늘 선생님한테서 우리 엄마가 살아 있었을 때 나던 것과 똑같은 향기가 나요."

학생들이 모두 집으로 돌아간 뒤, 톰슨 선생님은 한참을 울었다. 그리고 그날부터 톰슨 선생은 읽기와 쓰기를 비롯한 산수를 가르치는 것을 그만두었다. 그 대신 그녀는 아이들을 가르치기 시작했다. 톰슨 선생은 특히 테디에게 관심을 쏟았다. 그녀와 함께 공부하면서 테디는 점점 마음이 살아나는 것처럼 보였다. 그녀가 격려해 주면 해 줄수록 테디는 더 빨리 반응했다. 그 해가 끝나갈 즈음, 테디는 반에서 가장 똑똑한 학생 중에 한 명이 되었고, 모든 학생들을 똑같이 사랑한다는 톰슨 선생님의 거짓말에도 불구하고 테디는 그녀가 가장 아끼는 '애제자' 중 한 명이 되었다.

1년 뒤, 그녀는 테디가 그녀의 교실 문 아래에 남긴 메모를 발견했다. 내용인즉, 톰슨 선생님은 자신이 이제껏 만난 선생님들 중 최고라는 것이었다.

6년이 지나 그녀는 테디에게 한 통의 편지를 받았다. 그가 반에서 3등이라는 성적으로 고등학교를 마쳤고, 그녀는 여전히 자신의 인생에서 만난 선생님 가운데 최고라는 것이었다.

그로부터 4년이 흘러 그녀는 또 다른 편지를 받았다. 때때로 어려움이 있었지만 학교 생활을 잘해서 이제 곧 대학의 최고 학생에게 주는 상을 받고 대학을 졸업할 것이라고 했다. 그러면서 이번에도 역시 그는 톰슨 선생님이야말로 자신이 지금껏 만난 선생님들 가운데 가장 훌륭하고 가장 좋아하는 선생님이라고 했다.

그리고 나서 4년 뒤, 또 한 장의 편지가 도착했다. 학사 학위를 받은 이후에도 공부를 더 하기로 마음먹었다는 것이었다. 톰슨 선생님은 여전히 자신이 만난 모든 선생님들 가운데 최고이며, 가장 좋아하는 선생님이라는 말도 빼놓지 않았다. 그런데 이번에는 그의 이름이 평소보다 조금 더 길었다. 테오도르 F. 스토다드 박사Theodore F. Stoddard, MD라고 서명되어 있었던 것이다.

이야기는 거기서 끝나지 않았다. 편지가 하나 더 있었다. 결혼하고 싶은 여성을 만났다는 것이었다. 몇 해 전에 아버지가 돌아가셨는데, 혹시 신랑의 어머니 자리에 앉아 주실 수 있는지를 물어보고 있었다. 물론, 톰슨 선생님은 그렇게 했다. 그리고 또 어떤 일이 일어났는지 아는가? 그녀는 알이 몇 개 빠진 모조 다이아몬드 팔찌를 차고, 테디의 어머니가 살아 있을 때 마지막으로 테디와 함께 보낸 크리스마스 날 뿌렸던 향수를 뿌리는 것을 잊지 않았다.

그들은 서로를 포옹했다. 닥터 스토다드가 톰슨 선생의 귀에 대고 속삭였다. "선생님, 저를 믿어 주셔서 정말 감사합니다. 제가 제 자신을 소중히 생각할 수 있도록 도와주시고, 제가 달라질 수 있다는 것을 보여 주셔서 정말 감사합니다."

톰슨 선생은 눈물을 글썽거리며 테디의 귀에 대고 속삭였다. "테디, 네가 뭔가 잘못 알고 있구나. 너야말로 내가 달라질 수 있다는 것을 가르쳐 주었단다. 난 너를 만나기 전까지 과연 아이들을 어떻게 가르치는 것이 정말로 가르치는 것인지를 몰랐단다."

스폰서십의 기술들

톰슨 선생님과 테디 스토다드의 이야기에서처럼 스폰서십은 개인적인 결정으로부터 기인하는 것으로, 어떤 일에도 추가될 수 있는 것이다. '읽기와 쓰기를 비롯한 산수를 가르치는 것을 그만두고' 대신에 '아이들을 가르치겠다.'는 톰슨 선생님의 결정은 그녀의 초점이 '티처'에서 '스폰서'로 옮겨졌다는 것을 분명하게 보여 준다. 테디의 '마음이 살아나는 것처럼 보인' 사실과 '그 해가 끝나갈 즈음, 테디는 반에서 가장 똑똑한 학생 중에 한 명이 된 것' 또한 더 깊은 스폰서십의 단계에서의 이점을 예증하는 것이다.

초점의 변화에 추가하여, 티처에서 스폰서로의 변화는 다른 집합의 도구와 기술의 적용을 필요로 한다. 스티브 길리건Stephen Gilligan 박사는 몇 가지 긍정적이고 '치료적인 스폰서십'의 원칙과 기술들을 밝힌다. 길리건의 관점에서 보면 스폰서는 어떤 특정한 행동을 하면서 다른 사람들을 돕는 것이 아니다. 오히려 스폰서들은 사람들 내부에 잠재하고 있는 것을 먼저 인식하고, 그런 뒤에 그들에게 기준점과 같은 역할을 함으로써 다른 사람들을 변화시킨다. 길리건에 따르면 긍정적인 스폰서십의 결과는 '자신과 세상에 대한 자각을 일깨우고, 세상 속의 자신과 자신 속의 세상'을 발전시키기 위한 기술과 전통들을 소개하는 것이다.

길리건은 '치료적인 스폰서십'과 관련된 몇 가지 구체적인 기술들을 정의한다. 이러한 기술들의 많은 부분은 치료보다 더 일반적으로 스폰서십에 적용될 수 있다. 다음은 광의의 코칭을 위한 스폰서십의 주요한 기술을 포괄하는 치료적인 스폰서십에 대한 길리건의 기술들의 일부이다.

1. 내적 일치

길리건에 따르면 스폰서의 가장 중요한 책임은 자기 자신에 대한 것이다. 길리건은 자신과의 연계감이 없으면 '사람은 반응하기responsive보다는 대응적reactive이게 되는 경향이 있으며', 타인을 진정으로 도와주기보다는 '지배'와 '복종'에 더 신경을 쓰는 것으로 끝나게 된다고 한다. 개인적인 조화와 정렬 그리고 성실함은 긍정적인 스폰서십의 원천이다. 예를 들어 어떤 사람이 내적 일치 상태가 아니면 그는 다른 사람을 돕기가 불가능하다. 이런 면에서 스폰서는 타인을 위한 일종의 역할 모델이라고 할 수 있다. 만약 스폰서가 진실하지 못하거나 생각과 행동이 일치된 상태가 아니라면 그는 어떤 것에 대해서도 '헌신할 수' 없다.

2. 다른 사람과 연결하기

서부 아프리카 일부 문화권의 전통적인 인사말은 서양 문화권에서 쓰는 "How are you doing?", "What's happening?", "How is it going?"이 아니다. 그들의 전형적인 인사말은 "I see you.(나는 당신을 본다.)"이다. 이 말에 대한 대답으로 상대방은 "I am here.(나는 여기에 있다.)"라고 한다. 이러한 교환은 표면적인(환경적인 또는 행위적인) 것보다는 더 깊은 유형의 접촉을 상징화하는 것이다. 스폰서십은 다른 사람 내면에 있는 잠재력을 보고 양육하는 것이다. 이는 다른 사람의 내면의 것들과 친밀함을 느끼기를 요구한다.

　실존주의자들의 주장에 따르면, 어떤 한 사람이 다른 사람에 의해서 보여지고, 인정받고, 축복받기 전까지는 그 사람이 완전히 존재하는 것이 아니라고 한다. 그러므로 탁월한 스폰서는 단지 "I see you.(나는 당신을 본다.)"라고만 인정하지 않고 "It is good to see you.(again)(당신을 (다시) 보게 되어 좋군요.)"라는 말을 덧붙인다. 이러한 친밀함과 인정 없이는, "I see you(나는 당신을 본다)."라는 개념은 단지 또 다른 공허하고 텅 빈 문장일 뿐이다. 스폰서십에서는 다른 사람에게 강요해서는 안 된다는 것을 기억하는 것이 중요하다. 진정한 스폰서십을 위한 기본은 친밀함을 느끼는 감각이다.

3. 호기심

다른 사람을 인정하는 것은 그들이 어떻게 지내고 있는지에 대해서 궁금해 하는 것으로 특징지어질 수 있다. 스폰서십의 목적은 고객으로 하여금 지각된 내면적 한계를 뛰어넘을 수 있도록 돕고, 고객의 가장 깊은 곳에 숨어 있는 잠재력을 발산하고 발달시킬 수 있도록 지원하는 데 있다. 호기심은 요구와 법칙 또는 조언보다는 질문들에 의해 드러난다. 길리건에 따르면 스폰서의 질문은 다음과 같은 것들을 포함한다.

What's going on? / What's the problem? / How is it a problem? / What do you think you need to resolve the problem or make progress? (무엇이 일어나고 있죠? / 무엇이 문제죠? / 왜 그것이 문제가 되죠? / 그 문제를 해결하거나 문제의 진전을 위해서 당신은 무엇을 할 필요가 있다고 생각하죠?)

4. 수용성

스폰서들은 질문을 제공할 수는 있지만 그들이 스폰서링하는 사람에 대한 대답을 제공하지는 못한다. 같은 맥락에서, 호기심은 '질문하는 것'과 연관되고, 수용성은 '듣는 것'과 연관된다. 수용성은 불확실성에도 불구하고 일정한 정도까지는 편안하게 있어 주는 것을 말한다. 타인이 자신의 해답을 생각해 볼 수 있도록 그들을 보호하는 공간을 창출해 주는 것이다. 자극제의 차원에서 제안을 할 수는 있지만 그러한 제안이 그 사람을 위한 '해답'으로 지각되어서는 안 된다.

5. 적절한 이름 짓기

우리가 사물에 지어 주는 이름은 우리에게 있어 그들의 의미를 결정한다. 같은 맥락에서, 부모는 자녀에게 사물과 사건, 감정의 적절한 이름을 가르침으로써 자녀가 세상을 이해하고, 세상 속에서 효과적으로 상호작용하는 법을 배우게 한다. 스폰서십은 고객의 핵심 가치와 개인적인 특징, 건강을 지원하는 언어들의 유형을 표명하는 것과 관련된다.

예를 들어 언어와 건강의 관계에 관한 연구에서 육체적 건강과 감각을 조절하는 것 사이에는 '증상을 표시하는 것이 관련된다. 그것은 환자의 조절 감각은 그가 경험하는 방식에 영향을 미치고, 건강이나 질병과 관련된 증상들을 신체적인 느낌으로 표시한다는 것이다. 다시 말해 조절 감각이 부족한 사람들은 신체적인 감각을 질병의 '증상'으로 표시하는 경향이 더 많다는 것이다. 이처럼 특정한 신체적 감각에 주어진 표식은 개인이 그것에 대해 느끼는 조절의 정도에 영향을 끼친다.

'적절한' 이름은 그 자신으로부터 최선의 것을 드러나게 하고, 그 상황과 관련된 다른 사람의 긍정적인 의도를 인정하는 동시에 그 경험에 대해 진실을 말하는 것으로 정의될 수 있다. 예를 들어 '나는 실패했다.', '나는 실력이 충분하지 않다.', '최선을 다했지만 목표를 달성하지 못했다.'는 말은 모두 같은 상황에 대한 다른 표현일 수 있다. 그럼에도 불구하고 각각의 문장은 화자의 내면적인 상태에 다른 영향을 미친다.

한 사람이 최선의 것을 드러내면서 다른 사람을 깎아내리는 것은 '적절한 이름'이라고 할 수 없다. 명백하게 어떤 사람을 깎아내리거나 그가 가진 자원을 부정하는 것도 적절한 이름 짓기라고 할 수 없다. 한 사람이나 다른 사람의 긍정적인 면을 강조하면서 어떤 경험에 대한 상처나 고통을 숨기고 부인하는 것 역시 '적절한 이름'이 아니다.

6. 자기를 부정하는 데 영향을 미치는 것을 확인하고 변혁시키기

성장하고 진화하려는 시도는 때때로 변화와 관련된 혼동과 갈등을 야기할 수 있다. 믿음을 제한하거나 '내가 변화한다는 것은 불가능해.', '나는 목표에 도달할 능력이 없어.', '나는 성공할 자격이 없어.'와 같은 '생각 바이러스들'은 성공적인 성장과 변화하려는 시도를 좌절시킨다.

스폰서십의 임무 가운데 하나는 그러한 제한적인 믿음을 확인하고 변화하도록 돕는 것이다. 탁월한 스폰서십은 사람들이 자신의 행동과 행위의 긍정적인 면을 볼 수 있도록 하는 관점을 제공하는 것이다. 이것은 다른 사람이 특정한 상황과 관련된 필요와 의도, 결과 그리고 가정을 인식하도록 돕는 것을 말한다. 이를 위해서 스폰서는 창의적이면서도 정기적으로 고객의 '입장에 설' 필요가 있다.

이 장의 나머지 부분들은 이러한 스폰서십의 근본적인 기술을 지원하는 도구 상자를 제공하는 데 목적이 있다.

스폰서십 도구 상자 | 자원들의 '원천' 찾기

스폰서십의 모든 기술들은 스폰서가 중심을 잡고 내면적으로 일치를 이루는 능력에서 비롯된다. 내면의 일치를 이루는 능력은 당신 스스로 당신의 '중심'과 연결되어 있다고 느끼는 것이다.

당신의 중심에서 느끼는 감각은 강력한 자원이다. 매우 도전적인 상황에 놓였을 때 어떻게 자원이 충만한 상태에 머무를 수 있었는지를 생각해 보라. 외부적인 상황이 아무리 어렵고 혼란스러웠어도 당신은 내면적으로 중심을 잡고 정신적으로 맑은 상태로 있었을 것이다.

이제는 당신이 중심을 잡지 못했거나 중심에 대한 감각을 잃어버렸을 때를 생각해 보라. 외부적으로 볼 때 그리 어려운 상황이 아니었음에도 불구하고 당신은 중심을 유지하거나 자원을 찾는 것이 어려웠을 것이다.

중심을 잡는다는 것은 당신이 자원들의 '원천'과 접촉하고 있는 상태를 말한다. 사실 '자원re-source'이라는 용어는 우리가 자원이 충만한 상태로 있을 수 있을 때 어떻게든 우리의 '원천source'과 접촉할 수 있다는 것을 암시한다. 이는 대단히 흥미롭고 주목할 만한 것이다.

예를 들어 우리가 '자원들'이라고 부를 때는 '집중', '융통성', '결단력', '창의력', '개방성', '사리 분별' 등의 감정적인 자원들을 말한다. 이러한 자원들이 우리의 내면에서 그 상태가 어떻게 유지되고 과정이 진행되는지 생각해 보라. 내용적인 측면에서 보면 이 중 많은 부분이 서로 반대되는 것들이다. 그렇다면 왜 우리는 그것들을 카테고리화하기 위해서 같은 이름을 사용하는가? 그것은 아마도 그것들이 자원으로 기능할 때 그것이 모두 우리를 내면의 중심 또는 원천과 접촉하도록 만들어 주기 때문일 것이다.

다음의 프로세스는 당신이 내면의 자원들의 '원천'과 접촉하기 위해서 신경논리적 단계의 학습과 변화들을 적용한 것이다. 이는 스폰서들이 다른 사람을 스폰서하기 위해 준비할 때 사용하는 매우 유용한 전략이다. 이는 또한 코치와 스폰서들이 그들의 고객이 중심을 잡고 그들의 자원과 접촉할 수 있도록 돕기 위해서 고객들을 안내하는 프로세스이기도 하다.

1. 두 발을 바닥 위에 놓고 두 손을 무릎에 편안하게 올린 뒤 '중립적인' 또는 '휴식하는' 자세로 앉아라. 당신의 중심에 집중해서 내면으로 편안함과 안정감을 느끼면서 몸의 중심을 느껴 보라.

2. 이제 외적인 환경을 둘러보라. 당신을 자원이 충만한 상태로 느끼게 해 주는 환경들(집, 회사, 사회적인)에 관해서 생각해 보라. 마음이 평안하거나 자원이 충만한 상태가 되게 하는 환경이 있을 것이다. 이러한 환경들은 당신에게 있어서 자원의 원천이 될 수 있다. 그럼에도 불구하고 당신 내부에는 다른 자원들에 접속해야만 하는 도전적인 상황도 있음을 주목하라. 당신의 환경보다 더 깊은 당신의 자원들의 '원천'이 있음을 자각하라. 당신의 외부 환경보다 더 깊은 무언가로부터 기인하는 자원들의 원천을 자각할 때는 손바닥

을 아래로 향하게 하여 허벅지 윗부분에 놓아라. 그리고 충분히 그런 자원이 충만한 상태를 느껴 보라. 충분히 느꼈다면 손을 다시 무릎 위의 '중립적 / 휴식하는' 위치에 가져가라.

3. 당신의 관심이 신체와 행동으로 옮겨가게 하라. 당신의 눈과 귀, 손, 발, 호흡 그리고 균형을 유지하기 위한 미묘한 움직임들에 주목하라. 당신의 신체와 감정 그리고 에너지로 연결된 몇몇 자원들에 대해 생각하라. 여러 가지 면에서 당신의 신체는 당신의 자원들의 원천이다. 또한 당신이 신체적으로 약하고, 지치고 아플 때도 자원이 충만한 상태로 있어야 했던 시간들이 있었다는 것에 주목하라. 이러한 경우에는 당신의 신체와 행동들보다 더 깊은 자원들의 '원천'이 있었음을 자각하라. 충분히 느끼면서 손을 위로 올려 배꼽 바로 아랫부분인 아랫배를 쓰다듬으면서 당신의 육체적인 존재보다 훨씬 더 깊은 곳에서 나오는 자원들의 원천을 있음을 인식하고 커뮤니케이션하라. 충분히 하고 난 뒤에는 다시 손을 무릎 위의 '중립적인 / 휴식하는' 위치에 돌려놓아라.

4. 이제 당신의 마음과 생각들을 자각하라. 당신 내면의 목소리와 기억, 환상, 느낌을 자각하라. 당신의 마음과 정신적인 능력들로 가장 많이 연결된 자원들 중 몇 가지를 생각해 보라. 여러 가지 면에서 당신의 마음은 당신 자신을 위한 자원들의 강력한 원천이 될 수 있다. 그럼에도 불구하고 당신이 정신적으로 혼란스럽거나 불확실하거나 아무런 생각이 없을 때에도 자원이 충만한 상태로 있어야 했

던 경험들이 있었음을 주목하라. 때로는 당신이 자원이 충만한 상태로 있으려는 능력에 도전하는 생각이나 정신적인 프로세스를 자각해야 할 때도 있다. 이러한 경우, 당신의 자원들의 '원천'은 당신의 마음과 정신적 능력을 뛰어넘는 것임을 자각하라. 손을 올려 횡격막을 쓰다듬고 당신의 마음과 정신적 프로세스들보다 훨씬 더 깊은 무언가로부터 나오는 자원들의 원천이 있음을 인식하고 커뮤니케이션하라. 충분히 하고 난 뒤에는 다시 손을 무릎 위의 '중립적인 / 휴식하는' 위치에 돌려놓아라.

5. 당신의 관심을 신념과 가치 그리고 믿음의 시스템으로 전환하라. 당신에게 능력을 부여하는 핵심 가치와 믿음 가운데 몇몇을 확인하라. 당신의 믿음과 가치들은 매우 중요한 당신의 자원들의 원천이 될 수 있다. 그럼에도 불구하고 때때로 자원이 충만한 상태가 되는 당신의 능력에 도전하는 몇몇 믿음과 가치가 있었거나 의심과 갈등 속에서 자원이 충만한 상태로 있어야 했던 일이 있었음을 주목하라. 이러한 경우, 당신의 자원들의 '원천'은 당신의 믿음과 가치 시스템보다 훨씬 더 깊은 그 어떤 것이다. 손을 들어 심장 부분을 쓰다듬으면서 당신의 믿음과 가치들보다 훨씬 더 깊은 무언가로부터 기인하는 당신의 자원들의 원천이 있음을 인식하고 커뮤니케이션하라. 충분히 하고 난 뒤에는 다시 손을 무릎 위의 '중립적인 / 휴식하는' 위치에 돌려놓아라.

6. 당신의 아이덴티티에 대한 지각과 당신의 자아에 대한 감각으로 당

신의 자각을 전환하라. 당신 자신의 많은 다른 부분을 자각하라. 당신이 어떠한 긍정적인 자기 이미지와 자기 개념을 가지고 있는지 주목하라. 당신의 다른 부분과 면모는 당신의 자원들의 원천이다. 그럼에도 불구하고 당신이 자원이 충만한 상태로 있는 능력들에 도전하는 부정적인 자아 이미지와 자아 개념과 싸워야 하는 일이 있었음을 주목하라. 당신 자신에 대한 확신이 없거나 당신이 누구인지 더 이상 알 수 없던 때에도 자원들을 찾아야 했던 일이 있었을 것이다. 이러한 경우, 자원들의 '원천'은 아이덴티티에 대한 당신의 지각과 자아에 대한 감각보다 훨씬 더 깊은 무언가가 있었다는 것을 자각하라. 손을 위로 올려 목 아랫부분을 부드럽게 만지면서 당신의 자기 이미지와 성격을 넘어서는 자원들의 원천이 있음을 인식하고 커뮤니케이션하라. 그리고 난 뒤에 손을 무릎 위의 '중립적인 / 휴식적인' 위치에 돌려놓아라.

7. 당신 자신과 이러한 모든 다른 단계들의 경험 사이의 차이점을 자각했다면 당신의 가장 깊은 단계에서 '당신'으로 남겨진 것에 주목하라. 많은 사람들은 이것을 '공간'이나 '영혼', '본질' 또는 '에너지'로 경험한다. 당신의 경험은 어떤 것인지 주목하라. 당신의 가장 깊은 자아self나 '본질' 또는 '원천'을 감지했다면 손을 위로 올려 이마 가운데를 쓰다듬어라. 이마를 만지는 행위가 당신의 가장 깊은 자아나 '본질' 또는 '원천'을 경험하는 '앵커'를 만들도록 하라. 그리고 난 뒤에 손을 무릎 위의 '중립적인 / 휴식하는' 위치에 돌려놓아라.

8. 이제 눈을 들어 숨을 깊이 들이쉬고 손을 머리 위로 올려 팔을 편 다음 당신 자신을 당신보다 더 큰 시스템을 향해 열어라('우주적인 마음', '영적', '집단 의식' 등).

   당신의 '본질' 또는 '에너지'가 홀로 있지 않음에 주목하라. 이는 더 큰 의식과 에너지 그리고 영적인 '영역'이다. 그 영역으로부터 나오는 '에너지'와의 교감에 대해 상상해 보라. 그 '영역'과 교감할 때 손을 정수리에 올려놓아라. 정수리를 만지는 감각이 당신을 초월한 무언가와 교감하는 커뮤니케이션을 하도록 허용하라.

9. 손으로 각각의 단계를 되짚어가면서 이러한 '영역'의 감각을 당신의 아이덴티티의 모든 측면으로 가지고 오라.
   - 손을 아래로 움직이면서 이마 가운데를 만져라. 이렇게 하면서 그 영역에 대해 당신이 느낀 감각을 당신의 '영혼'과 '본질' 또는 '중심'과 연결하라. 모든 종류의 통찰력과 영감을 보고 듣고 느껴라.
   - 이제 목 아랫부분을 만져라. 당신의 영역에서 느낀 감각과 당신의 중심을 당신의 자기 이미지와 자기 개념과 연결하라. 이때 떠오르는 모든 통찰력과 영감을 보고 듣고 느껴라.
   - 심장을 만지면서 당신의 목이 심장과 가치, 믿음, 조화의 감각과 연결된다고 상상하라. 모든 통찰력과 영감을 보고 듣고 느껴라.
   - 당신의 영혼과 가슴, 마음을 통해 육체의 중심으로 나아가는 영역을 상상하면서 횡격막을 만져라. 모든 통찰력과 영감을 보고 듣고 느껴라.
   - 아랫배를 만지면서 몸의 모든 세포와 육체적 존재를 채우는 영역을

상상하라. 모든 통찰력과 영감을 보고 듣고 느껴라.
- 마지막으로 손바닥을 허벅지 윗부분에 놓아라. 각각의 위치를 채우면서 몸 전체를 통해 흐르고, 발을 통해 몸 밖으로 나가는 집합적인 에너지나 영역을 느껴라. 모든 통찰력과 영감을 보고 듣고 느껴라.

10. 다 마쳤으면 손을 무릎 위의 '중립적인 / 휴식하는' 위치로 돌려놓고 당신의 중심으로 향하는 느낌, 전체의 느낌, 정렬된 감각을 느끼고 인식하면서 시간을 보내라. 이 상태가 당신의 모든 자원들이 통합된 자원이 될 수 있도록 상상하라. 이 상태에 도달할 수 있을 때 이것들은 당신의 다른 자원들을 위한 기초가 된다. 이 상태로 더 쉽고 빠르게 돌아가기 위한 앵커로 사용할 수 있도록 이 상태를 표현하는 상징을 만들어라.

| 스폰서십 도구 상자 | 활동적인 센터링

중심을 잡고 내면의 일치를 이루는 것이야말로 스폰서십의 근본적인 기술이다. 이는 또한 자원이 충만한 상태이기도 하다. 예를 들어 무도(태권도나 유도, 쿵푸 등)를 수행하는 이들은 치열한 경기 중에도 '중심을 잡고' 안정된 상태로 있는 것이 얼마나 중요한지에 대해서 말한다. '만약 상대방에게 중심을 줘 버리면 당신은 이미 그 경기에서 진 것이나 다름없다.'는 것이다. 당신이 중심을 잃고 화를 내면 당신은 자원들을 잃을

것이고, 그것은 종종 당신에게 방해가 될 것이다.

다음의 도구는 도전적인 상황들에 보다 더 자원이 충만하게 대응하기 위해서 중심을 잡는 경험을 적용하는 방법이다.

1. 고객에게 중심을 잡기 어렵거나 자원이 충만한 상태로 있기 어려운 상황이 있었는지를 물어보고, 그때를 떠올리며 직접 경험하는 것처럼 재현해 보게 하라.

2. 고객이 그 경험에서 벗어나 이제는 정렬되고 편안하면서 중심을 잡은 느낌의 내적 상태를 느끼게 하라.

3. 고객이 준비되었을 때 고객의 몸을 다른 방향에서, 다른 각도로(어깨, 허리, 앞, 뒤, 옆 등등) 부드럽게 밀거나 당긴다. 그러는 동안 고객이 중심을 유지하고 육체와 정신이 모두 균형 잡혀 있는지를 확인하라. 고객이 그 상태에 머무르는 능력에 대해 보다 편안하고 자신 있어짐에 따라 조금 더 세게 밀거나 당기면서 고객을 시험한다.

4. 고객이 준비되었다고 생각될 때 중심 잡힌 상태를 멈추고 다시 도전적인 상황으로 돌아가게 함으로써 그의 경험이 어떻게 다른지 주목하게 하라. 그는 주로 그러한 상황을 자원이 충만한 방식으로 훨씬 더 잘 다룰 수 있다고 느낄 것이다.

| 스폰서십 도구 상자 | 경청 파트너십

스티브 길리건은, 스폰서는 사람들 속에 잠재한 무언가를 먼저 인식하거나 '보고', 일종의 기준점으로서 그들을 위해 거기에 있어 줌으로써 사람들을 변화시킨다고 주장한다. 들어주기는 스폰서들이 자신의 고객들을 위해 '거기에 있어 주는' 방법들 가운데 하나이다.

스폰서십의 관점에서 효과적인 듣기의 요점은 고객과 완전히 연결되어 있는 동시에 완전히 당신의 중심에 자리하는 것이다. 이는 당신으로 하여금 고객이 심사숙고해서 자신의 중심에서 나온 발언을 할 수 있도록 고객을 위한 '공간'을 만들어 준다. 당신 중심으로부터의 듣기는 당신의 고객이 말하는 것에 의해 당신이 '접촉하도록' 해 주고, 당신과 당신의 고객 모두에게 호기심이 있으면서 수용하게 한다.

경청 파트너십은 이러한 유형의 듣기를 스폰서십과 '상호 스폰서십'에 효과적인 도구로 적용할 수 있다. '경청 파트너십'의 개념은 팔로 알토Palo Alto 부모 리더십 연구소의 패티 위플러Patty Wipfler에 의해 개발되었다. 위플러에 따르면, '듣기는 학습 보조와 스트레스 발산을 위한 부모들(그리고 다른 사람들)의 욕구를 강력하게 표현할 수 있는 도구'라는 것이다. 그녀는 '우리는 모두 서로를 들어주는 것에 의해서 도와주는 자연적인 능력을 가지고 있는데, 이러한 능력이 시간에 걸쳐 계발되면 우리는 더욱 자원이 충만한 상태가 되며, 더욱 효과적으로 관심을 가져 줄 수 있고, 우리 자신에 대해 더욱 확신을 갖게 된다.'라고 주장한다.

위플러는 사람들이 앵커링할 수 있고, '경청 파트너십'을 형성함에 의해 이러한 듣기 능력을 쉽게 이끌어 갈 수 있는 강력한 구조를 창조할 수 있다고 격려한다.

(경청 파트너십에서의) 동의는 보통 듣기 시간을 교환하는 것이다. 이러한 듣기 시간에는 공평한 기회가 주어진다. 한 사람은 말하고 다른 한 사람은 듣고 관심을 갖는다. 듣는 사람은 아무런 조언이나 힌트도 제공하지 않는다. 호기심을 충족시키기 위한 어떤 질문도 하지 않는다. 완전한 존중을 커뮤니케이션하는 것이다. 듣는 사람은 이야기를 나누는 것이 다른 사람으로 하여금 자신의 경험으로부터 배울 수 있게 도와준다는 기본적인 가정을 한다. 시간이 다 되면 두 사람은 역할을 바꿔 이야기를 듣던 사람이 이번에는 말하는 사람이 되어 파트너의 완전한 관심 속에 그의 경험과 느낌, 생각을 검증하는 시간을 갖게 된다.

이처럼 자기 자신에 대한 그리고 자기 자신의 삶에 대해 방해받지 않고 생각하는 시간은 우리의 생각과 관계를 얽히게 하는 경험과 느낌 그리고 기대의 거미줄을 풀 수 있게 해 준다. 우리가 우리의 경험을 더욱 구체적으로 검증할 수 있을 때 어려운 상황이 일어나면 우리는 새로운 접근법에 대해 생각하고 문제를 해결하며, 의도적으로 행동하는 데 있어 더 자유로워질 수 있다. 우리는 생각하고 배우도록 도움을 받는다.

다시 한 번 강조하건대, 효과적인 경청 파트너십을 만드는 것의 요점은 화자가 자발적이면서도 진정으로 심사숙고할 수 있도록 '공간을 마련해 주는' 것이다. 이는 스폰서십의 첫 번째 네 가지 기술에 의해서 쉽게 이루어진다.

- 중심을 잡고 내면의 일치를 이룰 것
- 다른 사람과 연결될 것
- 다른 사람에 대한 호기심을 가질 것
- 다른 사람이 말하는 모든 것에 대해 수용적일 것

NLP의 관점에서 볼 때 경청 파트너십에서 '스폰서'로서 다른 사람의 이야기를 들어주는 동안 다음과 같은 믿음의 자세를 취하는 것도 도움이 된다.

스폰서의 믿음들(경청 파트너)

- 나에게 말하는 사람은 총명하다.
- 그는 '영웅의 여행'을 하고 있다.
- 이 사람이 모든 방법을 생각해 볼 수 있다면 그는 자신의 문제들을 해결할 수 있다.
- 이 사람에게 필요한 가장 중요한 것은 나의 현존과 끊임없는 관심이다.
- 이것은 내가 지금 해야 하는 것 중에 가장 중요하다.
- 나에게는 시간이 있다. 시간은 선물이다. 내가 듣는 데 보내는 시간은 가치 있으므로 낭비해서는 안 된다.
- 나는 이 사람이 하는 말에 의해 풍요로워질 것이다.
- 어떠한 것도 무작위로 되는 것은 없다. 모든 세세한 사항이 중요하다.

- 모든 것은 다른 모든 것에 대한 비유이다.
- 나는 이 사람에 대해 너그럽고 감사한 느낌을 가진다.

팀 멤버들 사이에서 경청 파트너십을 확립하는 것은 쌍방의 스폰서십을 격려하고 스폰서십 문화를 확립하는 강력한 방법이 될 수 있다.

스폰서십 도구 상자 | '나는 본다 I See' 와 '나는 느낀다 I Sense' 연습

스폰서십은 사람들의 긍정적인 특징을 보고 긍정적인 이야기를 해 주는 것과 관련 깊다. 집단 사이에서 서로 스폰서십을 격려하는 한 가지 방법은 그들이 동료들을 관찰하고, 좋아하는 것을 찾아보고 그리고 인정하는 것을 연습하게 하는 것이다.

스폰서십은 아이덴티티 단계에서 보고 지원하는 것이기 때문에 사실상 관찰 가능한 단계와 깊은 단계에서 긍정적인 특징들에 사람들이 주목하게 하는 것이 필요하다.

NLP 트레이너인 로버트 맥도널드가 처음으로 개발한 다음의 프로세스는 사람들이 깨달은 것과 진심으로 서로에 대해 좋아하는 것에 초점을 맞추게 함으로써 서로를 스폰서하도록 격려한다.

이 프로세스는 5~6명의 작은 그룹에 적합하다. 그룹 멤버들은 교대로 그 그룹의 모든 사람의 관심을 받는 사람 A가 된다. 사람 A의 왼쪽에서부터 시작하여 시계 방향으로 돌아가면서 각각의 멤버가 사람 A에 대해 자신이 보고 좋아하는 한 가지와 사람 A에 대해 느끼고 좋아하는 한 가지씩을 발표하게 한다. '보는 것'은 감각에 기반한 것이고, '느끼는 것'은 아이덴티티에 대한 직관이다.

각각의 멤버는 다음의 형태로 진행한다.

"나는 _____을 본다. 그리고 나는 그것을 좋아한다."
"나는 당신이 _____ 이라는 것을 느낀다. 그리고 나는 그것을 좋아한다."

그룹 내의 모든 멤버가 A가 될 때까지 이 프로세스를 반복하고, 다른 그룹 멤버들로부터 이러한 발표들을 받아라.

영웅의 여행 The Hero's Journey

개인의 성장과 삶의 변화의 프로세스를 관리하는 것은 조셉 캠벨Joseph Campbell이 말한 '영웅의 여행Hero's Journey'에 비유될 수 있다. 캠벨은 문화적인 경계를 교차하는 신화나 변화의 이야기에서 관련성을 찾았다. 그는 모든 시대와 문화, 종교 그리고 성별을 초월하는 영웅들 그리고 역사적·신화적인 이야기들을 조사했다.

캠벨은 많은 문화들에서 특정한 주제들이 반복적으로 나타나는데, 그러한 주제들이 모든 인류를 연결해 주는 실타래가 되어 서로 다른 환경들에 상관없이 개인들이 출생에서 죽음에 이르기까지 겪어야 하는 전반적인 행로를 반영하는 것이라는 사실을 발견했다. 태어나고 죽는 것에 있어서 인간은 똑같다. 그렇지만 그 인생 여정 안에는 다른 깊은 패턴들이 있다.

캠벨은 우리의 전반적인 삶의 행로의 공통성을 '영웅의 여행'이라는 단계들로 진술했다.—모든 문화의 서사적 신화와 이야기들에서 공유되는 것으로 보이는 사건들의 연속. 캠벨이 말한 '영웅의 여행'의 개념은 탁월한 코치와 스폰서들이 그들의 고객들이 특히 아이덴티티 수준에서의 변화를 다룰 수 있도록 돕기 위해서 사용된다.

캠벨에 따르면 '영웅의 여행'의 근본적인 단계들은 다음과 같은 것들을 포함한다.

1. 우리는 아이덴티티와 삶의 목적 또는 임무와 관련된 신의 부름을

듣는다. 우리는 그것을 받아들이거나 그 부름을 무시하려고 노력할 수 있다.

2. 신의 부름을 받아들이는 것은 현존하는 능력이나 세상에 대한 지도에서의 경계에 대면하도록 해 준다. (부름을 무시하려는 시도는 종종 우리 삶에서 문제나 증상들을 형성하거나 악화로 이끈다.)

3. 경계를 넘는 것은 우리로 하여금 현재의 안전지대에서 벗어나 새로운 삶의 '영토'로 들어갈 수 있게 해 준다. 이 영토는 우리를 성장하고 진화하게 해 주며, 지원과 안내를 찾도록 요구하는 영토이다.

4. 보호자나 멘토 또는 스폰서를 찾는 것은 종종 경계를 넘는 용기를 갖는 것으로부터 자연스럽게 기인한다('학생이 준비가 되었을 때 교사가 나타난다.'라는 격언처럼). 그러나 경계 너머에 있는 영토는 새롭기 때문에 어떤 유형의 보호가 필요한지, 어떤 보호자가 필요한지 알기는 쉽지 않다.

5. 도전(또는 '악마')에 직면하는 것은 경계를 넘는 것의 자연적인 결과이다. '악마들'이 반드시 악하거나 나쁜 것만은 아니다. 그것은 단지 우리가 맞서 싸우거나 수용하는 것을 배울 것을 필요로 하는 일종의 '에너지'이거나 '힘'이다. 종종 그들은 우리의 내적 두려움과 그림자의 반영일 때도 있다. 종종 악마는 외부의 도전에 반응하는 자기 자신이나 부모 또는 동료로부터의 어떤 부정적인 유형의

스폰서십 메시지를 표현한 형태일 때도 있다.

6. '악마'를 자원이나 조언자로 변화시키는 것은 전형적으로 다음과 같은 방법들에 의해 완수된다.
   a) 특별한 기술을 개발함으로써
   b) 특별한 자원이나 도구를 발견함으로써

7. 우리가 부름 받은 임무를 완수하는 것과 소명을 다하기 위해 방법을 찾는 것은 궁극적으로 그 여정이 가져다 준 성장과 발견을 구성하는 세상에 대한 새로운 지도를 만드는 것에 의해서 성취된다.

8. 변화된 사람으로서 집으로 돌아가는 방법을 찾고, 그 여정의 결과로 얻게 된 지식과 경험을 다른 사람들과 공유하라.

영웅의 여행은 비유이긴 하지만 고객으로 하여금 성공적인 미래로 향하는 길을 만들고, 변화의 불확실성과 싸워나가는 방법을 모색하는 가운데 직면하게 될 현실을 꽤 잘 포착하고 있다. 예를 들어 '소명'의 개념은 고객이나 팀 또는 조직이 추구하는 비전과 미션을 명백하게 상징화한다.

'경계'는 고객이 그 비전과 미션을 실행하기 위해서 반드시 대면해야만 하는 알 수 없고 불확실한 요소와 새로운 영토를 표현한다.

'악마'의 상징은 우리가 제어할 수 있는 것을 벗어난 영역에 있는 환경에서 비롯되는 대변동이나 경쟁, 내면적인 역학 관계, 다른 장애 그리고 위기들을 반영한다. 여기서 우리는 '부정적인 스폰서십'—너는 여기에 있으면 안 된다.', '너는 존재할 자격이 없다.', '너는 능력이 없다.', '너는 결코 충분한 능력이 없다.', '너는 환영받지 못한다.' 등과 같은 것을 암시하는 우리 자신이나 부모, 가까운 동료로부터의 메시지—을 대면해야 하는 것이다. 악마는 궁극적으로 우리가 기여해야 할 무언가에 대해 우리가 영웅이 되는 것을 반대하거나 부정하는 것처럼 보인다.

우리가 새 영토로 가는 경계를 넘게 하고 악마를 변화시키는 자원들은 복잡성, 불확실성, 저항을 다루기 위해서 우리가 실행할 수 있는 가치와 행위적인 기술, 사업적인 연습들이다. 이는 성공적으로 새 영토를 항해하고, 여행하는 동안 발생하는 장애를 극복하는 데 필요한 유연성을 기르고, 반드시 필요한 다양성을 증진시키기 위해서 반드시 해야만 하는 부분들이다.

'보호자들'은 우리가 기술을 쌓아 가고, 우리 자신을 믿으며, 우리의 목적에 집중하도록 지원하는 스폰서이자 그 관계이다.

때때로 고객이 피해자이고 코치가 '영웅'이 되어서 코치의 코칭 테크닉을 가지고 고객의 악마를 살해하는 유혹을 느낄 수도 있다. 중요한 것은 고객이 영웅이고 코치는 보호자라는 사실이다. 코치와 스폰서로서 우리의 임무는 고객이 자신의 영웅의 여행을 인식하도록 돕고, 그가 여정을 잘 마칠 수 있도록 지원하는 것이다.

스폰서십 도구 상자 | '영웅의 여행' 지도 만들기

캠벨의 여정에 대한 진술은 '소명'을 듣고 받아들이는 것으로 시작하지만 우리 삶의 경험들은 종종 우리에게 도전으로 먼저 다가와 우리를 영웅의 여행으로 안내한다. 예를 들어 9 · 11테러의 결과로 출현한 많은 영웅들은 '악마'와 직접적으로 대면하는 것으로 여행을 시작했다. 그들은 자신이 직면하고 있던 위기 상황에서 그들의 소명을 인식해야 했다.

우리의 고객들도 종종 이와 같은 상황에 처한다. 소명을 표현하는 것은 위기이다. 확실히 모든 종류의 위기를 다루는 것은 본질적이면서도 자연스럽게 영웅의 여행이 된다.

고객들이 영웅의 여행을 함에 있어 그들 스스로 탐험하고 준비하게 하기 위해서는 그들이 진행하고 있거나 계획하고 있는 프로젝트나 변화 또는 관심사를 골라서 다음과 같은 질문들을 해 보는 것이 좋다.

1. 당신이 직면한 '악마(도전)'는 무엇인가? 당신이 '영웅'이기보다는 '피해자'로 더 느끼는 상황은 무엇인가?
   (다시 말해서, 이는 전형적으로 고객이 외적인 도전에 대한 대응으로서 자기 자신이나 부모, 동료처럼 가까운 누군가로부터의 일종의 부정적인 스폰서십을 대면하는 상황이 될 것이다.)

2. 당신이 넘어야 할 '경계'는 무엇인가? A) 당신을 강제적으로 밀어 넣고 있거나 b) 그 위기에 대처하기 위해서 당신이 반드시 들어가야만 하는, 안전 지대를 벗어난 미지의 영토는 어디인가?

3. 당신이 도전에 직면하고 경계를 지나야만 할 때 '행동에 대한 소명'은 무엇인가?—당신은 어떤 '소명'을 받았는가?('나는 독수리 /

전사 / 마법사 등이 될 소명이 있다.' 처럼 상징이나 비유 형태로 답하라.)

4. 도전에 맞서고, 당신의 경계를 지나 소명을 완수하기 위해 당신은 어떠한 자원들을 가지고 있는가? 또 어떠한 자원을 더 계발할 필요가 있다고 생각하는가?

5. 그러한 자원들을 위한 '보호자'는 누구인가?

고객이 자신의 보호자들에 대해 밝힌 뒤에는 그 보호자가 고객을 가장 잘 지원하기 위해서 어디에 위치하면 좋을지를 상상하라고 하라. 그리고는 한 사람씩 보호자의 입장이 되어 보호자의 시각을 통해(2차적인 입장) 그들을 보라. 각각의 보호자들은 고객을 위하여 어떤 메시지나 조언을 가지고 있는가?

고객으로 하여금 자신의 관점으로 돌아가게 하라(1차적인 입장). 그리고 메시지들을 받게 하라.

스폰서십 도구 상자 | '영웅의 여행' 시작하기

당신의 고객이 영웅의 여행을 계획하는 것을 도운 뒤에는 다음의 형태를 통해 고객이 그 여정을 시작하게 할 수 있다. 이 프로세스는 고객이 자신의 '경계'를 넘어 영웅의 여행을 시작하면서 갖게 되는 모든 저항을 밝히고 변형시키는 것을 돕기 위해 시간 스케줄과 'as If' 프레임을 사용한다.

1. 바닥 위에 상상으로 시간선을 그려라. 그 시간선에 미래에 있을 '소명calling'과 '악마demon'가 어디에 있을 것 같은지를 표시하라.

■ 과거를 회상하고 미래를 예상하기 위해 사용될 수 있는 물리적인 시간선

2. 고객으로 하여금 현재의 시간선상에서 그의 '악마'에 대처하고, 성공적으로 '소명'을 달성하기 위해 그가 반드시 넘어야 할 경계를 직접 느낄 수 있도록 하라. "당신을 뒤로 물러서게 하는 것은 무엇인가?", "저항은 어디에 있는가?"라고 질문하라.

3. 당신의 고객/영웅이 이러한 저항을 '신체로 표현할 수 있도록' 도우라. 예를 들어 저항감을 느끼기 위해 신체적인 비유를 할 수 있도록 고객과 상호 작용하라(예를 들어 고객을 제지하거나 뒤로 밀거나 아래로 끌어내리거나 트랙 밖으로 당기는 행위 등). 고객이 직관적으로

'옳다'고 느끼는 다양한 가능성을 찾을 때까지 역할 연기를 하듯이 해 보라.

■ 스폰서는 저항에 대한 신체적인 비유들에 대한 역할 연기를 함으로써 고객이 경계를 넘는 것에 대한 저항을 신체로 표현할 수 있도록 돕는다.

4. 이제 스폰서와 고객이 입장을 바꾸어 고객이 저항하는 역할을 한다. 이 관점에서 고객은 "저항하는 긍정적인 의도는 무엇인가?" "보다 새롭고 적합한 방법으로 긍정적인 의도를 충족시키기 위해서 나에게 필요한 자원은 무엇인가?" "제한보다는 긍정적인 의도와 관련하여 '보호자'가 될 수 있도록 저항의 신체적인 표현을 어떻게 바꿀 수 있을까?" 등과 같은 질문들에 대해 생각하게 한다.

5. 고객은 시간선에서 현재를 떠나 미래 쪽으로 걸어가면서 자신이 마치 그 경계를 넘어 '소명'을 표현하는 미래의 장소로 갈 수 있는 것처럼 행동한다. 고객은 소명을 표현하는 위치에 가서 서고, 성공적

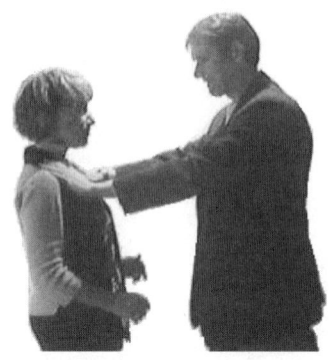

- 스폰서와 고객이 입장을 바꾸어 고객이 저항의 역할을 하면서 그 저항의 긍정적인 의도에 대해 숙고하게 하라.

이면서 중심이 잡힌 감각을 실제로 느낀다.

6. 고객/영웅은 소명의 장소로부터 현재를 향해 돌아서서 자신이 투쟁하고 있는 경계 지역을 본다. 이 위치에서 고객은 자신의 보호자 또는 셀프 스폰서가 되어서 현재의 자신에게 자원과 메시지를 제공한다.

7. 고객은 현재로 돌아가서 미래의 포지션으로부터 온 메시지와 필수적인 자원들을 받는다. 고객은 이전의 저항을 보호자로 변형시키기 위해서 자원들을 어떻게 활용할 것인지를 생각한다.

8. 이러한 자원들을 가지고 고객은 다시 그의 시간선상에서 소명을 표현하는 미래의 위치로 걸어 들어간다.

대표 에너지들

스티브 길리건에 따르면 한 개인이 '영웅의 여행'을 성공적으로 완수하기 위해서는 세 가지 근본적인 '대표 에너지들'이 필요하다. 그것은 강함(힘, 결단력, 맹렬함)과 동정심(부드러움, 솔직함, 상냥함) 그리고 유머(장난스러움, 유연성, 창의력, 복잡함)이다.

강함은 책임감을 가지고 경계를 설정할 때 필요하다. 그러나 동정심과 유머 없는 강함은 폭력과 침략이 될 수 있다.

동정심은 다른 사람들과 관계를 맺고 감정적인 일체감을 느끼며 효과적으로 성장하는 데 필요한 지원을 주고받을 필요가 있다. 강함과 유머가 결여된 동정심과 부드러움은 나약함과 의존이 될 수 있다.

유머는 새로운 관점과 창의력, 융통성이 필수적이다. 그러나 강함과 동정심이 결여된 유머는 냉소주의나 피상적인 농간이 될 수 있다.

길리건에 따르면 이 세 가지 힘이 균형을 유지하고, 이것을 당신의 '중심'으로 가지고 옴으로써 '인간적일' 필요가 있다고 한다. 길리건은 우리가 이 세 가지 에너지 가운데 하나라도 포기하거나 중심을 잃을 경우 그것들이 분리되어 '그림자'를 만든다고 주장한다. 예를 들어 강함은 '전사'의 에너지이다. 그런데 이 전사의 에너지가 중심을 잡지 못하거나 인간적이지 못하거나 다른 사람들과 조화를 이루지 못하면 전사는 단지 살인자나 파괴자가 될 뿐이라는 것이다. 마찬가지로, 동정심과 유머 또한 그림자적인 면을 가지고 있다.

요점은 이러한 에너지들을 우리 내면의 중심을 '통해' 선택적으로 가지고 옴으로써 정착시키고 이용하며 통합할 수 있다는 것이다.

좋은 코치는 고객이 그들의 '영웅의 여행'을 위한 필수적인 자원들을 가질 수 있도록 하기 위해서 이 세 가지 대표 에너지들을 고객 내부에 지원하고 싶어 한다. 고객들 역시 자신의 코치가 완전하고 자원이 충만한 상태에 있음을 자신하고 편안하게 느끼기 위해서 코치와 '보호자'들이 이러한 에너지들을 균형 잡힌 상태로 가지고 있음을 보고 싶어 한다.

다음의 형태는 스티브 길리건이 디자인한 코치와 고객이 서로의 근본적인 자원들을 서로 협력해서 스폰서할 수 있는 프로세스의 변형이다.

스폰서십 도구 상자 | 대표 에너지들 동시에 스폰서하기

1. 짝을 지어(A와 B) 서로 마주보고 앉는다. A와 B는 내면의 육체적·감정적·영혼적인 중심과 완전히 만남으로써 '중심을 잡는' 시간을 갖는다.

2. A는 자신의 인생에서 강함을 경험했던 사건을 떠올리면서 강함의 에너지에 접근하고 그 에너지를 자신의 중심으로 가져온다. 강함의 에너지를 몸으로 느낄 때 서로 시선을 마주치면서 B를 초대한다.─ 나의 강함을 보세요.
B는 A와 시선을 계속 마주치면서 A의 모습에서 강함을 보거나 느끼며 말한다.─나는 당신의 강함을 봅니다.

3. A는 내면적으로 동정이나 부드러움의 에너지와 만나고, 그것을 자신의 중심으로 가져온다. 몸속으로 부드러움의 에너지를 느낄 때 A는 B와 시선을 마주치면서 초대한다.—나의 부드러움을 보세요.

다시 B는 A와 시선을 마주하면서 A의 부드러움을 보거나 느끼며 말한다.—나는 당신의 부드러움을 봅니다.

4. A는 이제 유머의 에너지로 접근하고 그것을 자신의 중심으로 가져온다. 유머의 에너지를 몸 전체로 느낄 때 A는 B와 시선을 마주치면서 초대한다.—나의 유머러스함을 보세요.

다시 B는 A와 시선을 마주치면서 A의 유머스러움을 보거나 느끼며 말한다.—나는 당신의 유머러스함을 봅니다.

5. 마지막으로 A는 자신의 중심이 느끼는 감각으로 주의를 모은다. A 자신의 몸 전체로 완전히 느낄 때 B와 시선을 마주치면서 초대한다.—나를 보세요.

B는 A의 존재를 완전히 느낄 때 말한다.—나는 당신을 봅니다.

이제는 A와 B가 역할을 바꾸어 B가 A에게 자신의 강함과 부드러움, 유머, 존재로 초대한다.

| 스폰서십 도구 상자 | 적절한 이름 짓기

여러 가지 면에서 적절한 이름 짓기는 언어적인 재구성하기의 한 유형이다. 적절한 이름 짓기는 사람들로 하여금 보다 넓은 관점을 일깨워 주는 방향으로 그들의 경험을 보고, 그 경험을 잠재적인 자원과 해결책과 만날 수 있게 해 준다. 적절한 이름 짓기는 특히 아이덴티티 수준에서의 경험들을 위해 중요하다.

앞에서 밝힌 바와 같이 적절한 이름은 자신의 최선의 것을 드러나게 하고, 상황에 관련된 다른 사람의 긍정적인 의도를 인정하는 동시에 어떤 경험에 대해서 진실을 말하는 것으로 정의될 수 있다.

한 사람의 최선의 것을 드러내면서 다른 사람을 깎아내리는 이름은 '적절한 이름' 이라고 할 수 없다. 어떤 사람을 깎아내리거나 그가 가진 자원을 부정하는 것도 적절한 이름이 아니다. 한 사람이나 다른 사람의 긍정적인 면모를 강조하면서 어떤 경험에 대한 상처나 고통을 숨기고 부인하는 것도 '적절한 이름' 이 아니다.

예를 들어 어떤 사람이 어떤 사람에 의해 상처를 받아서 화가 나 상대에게 "당신은 머저리야."라고 말했다고 치자. 이는 분명 그 경험을 이름 짓는 하나의 방법임에 틀림없고, 그 문장이 일어난 일에 대한 특정한 진실을 말하는 것일지도 모른다. 하지만 이 진술은 그 말을 하는 사람의 최선의 것을 드러내지도 않고, 긍정적인 의도를 인정하는 것도 아니다. 이는 부정적인 스폰서십의 한 형태이다.

같은 경험이 단어들로 표시될 수 있다. "당신의 행동은 나로 하여금 내가 더 강하고 자원이 충만한 상태로 있음으로써 상처받지 않을 필요가 있다는 것을 되새겨 주는군요." 이 말은 최선의 것을 잘 드러내 줌으로써 당신이 그 경험을 통해 무언가를 배우고 상대방의 아이덴티티를 부정(눈에는 눈, 이에는 이와 같은 대응)하지 않으면서도 당신의 감정적인 대응의 긍정적인 의도와 진실을 인정하게 한다.

적절한 이름 짓기의 몇 가지 다른 예는 다음과 같다.

"나는 사람들이 나를 이용하도록 내버려둔다." → "나는 나의 강함을 보이고 더 명확한 경계선을 설정할 필요가 있다."
"나는 나의 상사를 싫어한다." → "나는 나의 상사가 나를 보지 않거나 나의 가치를 인정하지 않는 것을 느낀다."
"나는 당신을 해치고 싶다." → "나의 힘을 보라."

코치나 스폰서들이 적절한 이름 짓기에 적용할 수 있는 가장 일반적인 방법의 하나는 능력이나 행동에 대해서 자아를 부정하는 아이덴티티 진술들을 카테고리화하는 것이다. 부정적인 아이덴티티 판단은 종종 특정한 행동이나 특정한 행동적인 결과를 생산하는 능력의 부족을 그 사람의 아이덴티티에 대한 진술로 해석한 결과이다. 부정적인 아이덴티티 판단을 개인의 행동이나 능력에 대한 진술로 바꾸는 것은 그 사람에게 정신적·감정적으로 끼치는 영향을 상당히 감소시키는 효과가 있다.

예를 들어 고객이 "난 실패자예요."라는 진술을 했을 경우 스폰서는 "당신은 '실패자'가 아니라 아직 성공하는 데 필수적인 모든 요소들을 마스터하지 못했기 때문입니다."라고 지적할 수 있다. 다시 말해서 이는 아이덴티티 수준을 제한시키는 판단에 대해 미리 대책을 강구하면서 문제를 해결 가능하도록 끌고 나가는 프레임워크로 바꾸어 놓는다는 것이다. 이러한 유형들의 재구성하기는 다음의 단계들을 통해 완수될 수 있다.

a) 부정적인 아이덴티티 판단을 확인하라.
나는 _____이다. (예 : 나는 다른 사람들에게 짐일 뿐이다.)

b) 부정적인 아이덴티티 판단 뒤의 긍정적인 의도를 확인하라.
(예 : 나 스스로 나를 돌보고 나 스스로 문제를 해결한다.)

c) 아이덴티티 판단 뒤에 숨어 있는 긍정적인 의도나 필요한 능력 또는 자원을 확인하라. 특히 세 가지 대표 에너지(강함, 동정심, 유머)와 중심으로 모아야 할 능력의 면에서 생각해 보라. (예 : 나 자신을 향한 동정심과 나 스스로 문제를 해결해야 할 강점)

d) 부정적인 아이덴티티 판단을 능력이나 행동 단계의 언어로 대체하라.
아마도 당신이 _____한 것이 아닐 것입니다.
(부정적인 아이덴티티의 예 : 나는 다른 사람들에게 짐이 된다), 당신이 단지 더 _____할 필요가 있을 뿐입니다.
(예 : 당신 자신에 대한 동정심과 당신 스스로 문제를 해결할 강점이 필요할 뿐입니다.)

요약하면, 이러한 유형의 '적절한 이름 짓기' 프레임 또는 리프레임은

1. 고객이 그의 영웅의 여행에서 자신이 영웅임을 인정한다.
2. 세 가지 대표 에너지들 중 하나의 존재 또는 부족의 측면에서 주요한 이슈들을 진술한다.
3. 초기의 진술이나 믿음의 긍정적인 의도를 인정하고 표현한다.

| 스폰서십 도구 상자 | 잠재성 스폰서하기

탁월한 스폰서십은 다른 사람들 속에 있는 잠재적인 특징과 성격들을 인식하고 보호하며, 그들이 경계를 타파하고 자아에 부정적인 영향을 끼치는 것들은 바꿀 수 있도록 돕는 것을 말한다. 이는 그 사람들을 위해서 '거기에 있어 주는' 기본적인 스폰서십 메시지를 커뮤니케이션하는 것이다. "나는 당신을 보고 있다.", "당신은 존재하고 있다.", "당신은 가치 있다.", "당신은 특별하다.", "당신은 무언가에 기여할 수 있다.", "당신은 여기에 속하고 환영받는다."

  긍정적인 스폰서십은 사람들이 주요한 자원과 개인적인 성격을 확립하고 강화하는 것을 돕는 심오하고 강력한 방법이다. 다음의 형태는 코치와 스폰서, 보호자가 고객들의 영웅의 여행에 도움을 주는 주요한 자원들을 확인하고 강화하는 것을 도와주는 방법이다.

1. 고객에게 바닥에 시간선을 만든 뒤 삶의 최초 지점을 표시하는 위

치에 서게 하라. 고객으로 하여금 자신의 중심과 자원들의 '원천'을 만날 수 있도록 지시하라.

2. 고객이 그동안 제대로 양육되고 보호받았다면 더욱 더 (a) 명확한 경계선들을 확립하고 (b) 장벽을 극복하고 (c) 자기 자신을 더 완전하게 발전시킬(강함이나 동정심 또는 유머 같은) 성격이나 잠재력을 선택하게 하라.

3. 고객이 그 자원이나 성격에 대한 상징을 만들고, 그것을 당신과 공유하게 하라. 당신의 내면으로 주의 깊게 듣고, 고객의 진술이 당신을 '만지게' 하라. 필요하다면 고객에게 이러한 잠재력의 실체를 실제적이고 조화롭게 '보거나' 느낄 수 있을 때까지 몇 가지 질문을 하라.

4. 고객의 옆모습을 볼 수 있도록 자리를 잡아라. 고객에게 그의 중심이나 '원천'과 만나라고 요청하고 당신도 똑같이 하라. 당신이 당신의 중심과 원천을 만나고, 고객과 조화를 이루고, 그의 자원과 잠재력을 느낄 때 고객에게 손을 내밀어라. 고객이 당신의 스폰서십을 받을 준비가 되었을 때 그는 당신의 손을 잡고 당신의 손을 그의 심장에 올려놓음으로써 당신에게 신호를 보낼 것이다. 다른 한 손은 고객의 등의 위쪽 중심(중추)에 올려놓아라.

5. 고객이 양육 받고 보호 받고 싶은 자원이나 성격에 초점을 맞추도

■ 코치는 자신이 중심을 잡고 스폰서할 준비가 되어 있다는 신호로 손을 내민다. 고객은 스폰서십을 받을 준비가 되었을 때 코치의 손을 잡고, 그 손을 자신의 심장으로 가져간다. 코치는 다른 한 손을 고객의 등의 위쪽 중추에 올려놓는다.

록 요청하고, 현재로의 시간선상을 걸으면서, 그의 삶의 사건들을 재경험하도록 하라. 두 손을 고객의 심장과 등 위쪽에 계속 올려놓은 채 당신의 주의를 고객과 고객이 양육 받고 싶어 하는 자원이나 성격에 맞추어 다음과 같은 스폰서십 메시지들을 지속적으로 반복하면서 고객이 시간선상을 따라가는 데 동행하라.
"나는 당신을 봅니다.", "당신은 여기 존재합니다.", "당신은 가치 있습니다.", "당신은 특별합니다.", "당신에게는 기여할 만한 무언가가 있습니다.", "당신은 여기에 속하고 환영받습니다."
(만약 원한다면 당신은 고객이 강화하고자 하는 성격이나 자원과 관련된 능력을 부여하는 믿음의 진술들을 추가할 수 있다. 예를 들어 "당신이 이러한 자원을 더 갖는 것은 가능합니다.", "당신은 이러한 자원들을 더 많이 가질

스폰서십 297

능력이 있습니다.", "당신은 이러한 자원들을 더 가질 자격이 있습니다.")

6. 고객이 현재에 도달하고, 더 이상의 스폰서십이 필요 없어지면 고객은 자신의 심장에서 당신의 손을 뗄 것이다. 그러면 나머지 한 손도 고객의 등에서 떼면 된다. 고객은 아마도 자원/성격들이 지속적으로 발전하도록 허용한 가운데 그의 미래를 향해 걸어갈 것이다.

7. 고객은 결국 그 자원/성격들이 완전히 발전되어 자신의 아이덴티티의 일부가 된 것을 느끼면서 시간선상에서 미래의 위치에 도달할 것이다. 고객이 미래의 위치에 도달했다면 멈추어 서서 그의 시간선을 돌아보라. 고객은 이제 그 잠재력을 위한 자신의 셀프-스폰서가 될 수 있다. 바로 그 자리에서 지나온 시간선을 돌아보면서 고객이 평생 간직할 만한 메시지를 찾아라.

8. 고객이 이 메시지를 취하고, 시간선상의 최초 지점으로 돌아가 자신의 잠재력을 만나면서 자신의 셀프-스폰서가 되어 자신의 손을 심장에 올려놓은 채 미래의 자아로부터 메시지를 전파하면서 그 시간선상을 다시 걸으며 이 프로세스를 반복하도록 하라. 당신은 아마도 고객과 떨어져서 동행할 것이다. (고객을 만지지 않으면서) 고객이 자신의 미래의 시간까지 돌아가 현재로 돌아온 경험을 당신과 공유하게 하라.

고객의 개인적인 역사를 함께 걷는 동안 스폰서는 고객에게 치료사나 티처, 구조원이 되려고 해서는 안 된다. 이 프로세스의 목적은 고객의 개인적인 역사를 변화시키거나 무언가를 '고치기 위해' 간섭하는 것이 아니다. 스폰서의 유일한 목적은 어떤 일이 일어나더라도 고객과 고객이 원하는 특징과 자원을 유지할 수 있도록 보장하는 데 있다. 이 프로세스는 고객의 개인적 역사의 외부적인 세부 사항을 바꾸는 것이 아니다. 고객에게 어떤 일이 일어나더라도 그의 중심과 내적 자원과 만날 것과 그가 항상 존재하고 누군가가 보고 있으며, 자신이 가치 있고 독특하며, 무언가에 기여할 수 있고 환영받는다는 사실을 알게 해 주는 것이다.

스폰서십 도구 상자 | 집단 스폰서십 형태

스폰서십이 한 개인에게서만 나올 필요는 없다. 사실 스폰서를 받는 경험은 종종 팀이나 그룹 전체에서 나올 때 더욱 강화된다.

다음의 형태는 몇몇 사람들이 그룹의 멤버 한 사람을 위한 다양한 믿음을 심어 주는 스폰서로서 행동할 수 있는 방법을 제공한다.

주의 : 이 프로세스는 멤버가 다섯 명일 때 가장 잘 행해질 수 있다(꼭 다섯 명이 아니어도 괜찮다).

1. 멤버 중 한 사람이 '피험자'가 되고, 나머지는 '스폰서'가 된다. 스폰서들은 피험자 주변에 둘러선다. 한 사람은 앞쪽에, 한 사람은 뒤쪽에, 또 한 사람은 왼쪽에, 또 한 사람은 오른쪽에 자리한다.

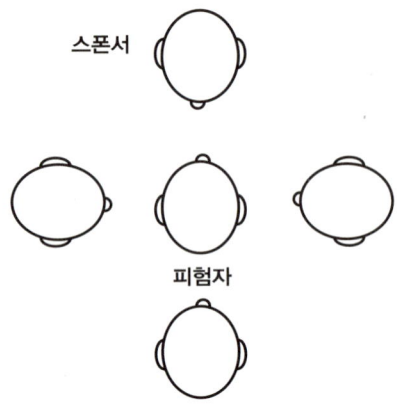

■ 스폰서들은 '피험자'를 중심으로 그룹을 형성한다.

2. 피험자는 만들고 싶은 삶의 긍정적인 변화나 성취하고 싶은 프로젝트, 꿈, 개인적인 능력, 특징을 선택한다. 자신이 원하는 상태를 획득할 수 있도록 도와주는 내적 자원들에 대해서도 깊이 생각해 본다(예를 들어 강점이나 동정심, 유머).

3. 피험자는 위에서 말한 것을 실행하면서 꿈을 성취하거나 잠재능력을 계발하기 위해서 그룹의 멤버들이 다음의 믿음을 가진 각각의 스폰서가 되도록 요구한다. 몇몇의 일반적인 믿음들은 다음과 같다.

당신은 할 수 있다.
그것은 충분히 할 만하고, 당신에게 소중하다.
당신은 능력이 있다.
당신은 그것을 가질 자격이 있다.

각각의 스폰서는 자신에게 부여된 역할과 그 역할에 맞는 믿음들에 대해서 진실로 '보고' 느끼는 것처럼 해야 한다.

4. 스폰서들은 각각 피험자가 자신에게 부여한 믿음을 마치 그 믿음을 갖고 있는 것처럼 하면서 큰 소리로 말한다.
(각각의 스폰서가 자신의 믿음을 언어화할 때는 피험자를 중심으로 시계방향으로 돌아갈 것. 스폰서들은 각각의 믿음의 진술을 또 다른 위치에서 반복한다. 스폰서가 원래의 자리에 돌아갈 때까지 이를 반복한다.)

5. 각각의 스폰서는 다른 스폰서들이 그들의 믿음을 진술하는 동안 그의 믿음 진술을 언제든지 반복해서 말할 수 있다.

6. 마지막으로 그 메시지들을 반복하고 몇 분이 지난 뒤에 각각의 스폰서는 그들의 믿음을 말로 이야기하면서 피험자의 몸을 만지면서 '앵커링' 한다. 피험자를 터치한 뒤에는, 스폰서는 말하기를 멈추고 강한 앵커링을 한 뒤 몇 분간 침묵 상태를 유지한다.

다른 그룹의 멤버들이 피험자가 되기를 자원하고, 모든 그룹의 멤버들이 피험자가 될 때까지 그 프로세스를 반복한다.
기본적인 스폰서십 메시지들을 커뮤니케이션하기 위해서는 각각의 스폰서들이 선택하거나 또는 선택당하는 또 다른 버전의 프로세스도 행해질 수 있다.

당신은 가치 있다.

당신은 중요하다 / 특별하다 / 독특하다.

당신은 뭔가 기여할 만한 것을 가지고 있다.

당신은 환영받는다. 당신은 여기에 속한다.

이 두 가지 프로세스는 '피험자'에게 매우 심오하면서 긍정적인 영향을 미칠 수 있다.

| 스폰서십 도구 상자 | 잃어버린 스폰서 회복하기

때때로 우리는 중요한 스폰서였던 사람을 잃는 경우가 있다. 그 상실은 죽음이나 헤어짐 또는 다른 어떤 형태로든 분리될 수밖에 없는 삶의 조건으로부터 기인한다. 이는 슬픔이나 배신감, 죄책감 등의 감정으로 고통을 야기하고, 어떤 사람에게는 삶의 위기를 가져오기도 한다.

그러나 우리는 내적 멘토를 갖는 것과 유사하게 스폰서를 내면화하여 자기 자신의 셀프-스폰서가 되는 방법을 배울 수 있다. 다음의 형태는 고객이 어떤 이유로 자신의 삶에서 빠져나간 과거의 스폰서와 관계를 회복할 수 있도록 도와준다. 매우 상징적이고 비유적인 프로세스이긴 하지만 이것이 감정적으로 꽤 의미 있다는 것을 알게 될 것이다.

1. 스폰서의 상실을 가장 많이 느낀 과거의 경험이나 상황을 떠올리고 그때를 주관화하여 경험해 보라.

2. 그 경험에서 빠져 나와 '자원들의 원천'을 만나고 정렬됐다는 느낌이 드는 '자원이 충만한 상태'로 중심을 잡고 들어가라.

3. 두 명의 현존하는 내적 스폰서를 당신의 '수호천사'가 되도록 하라. 당신의 스폰서였지만 더 이상 물리적으로 존재하지 않는, 그렇지만 당신이 항상 당신의 일부로 느끼는 개인들을 선택하라.

4. 오른쪽으로 살짝 돌아서 손을 이용하여 잃어버린 스폰서의 실물 사이즈로 '홀로그램'을 조각하라. 그리고는 당신의 스폰서였던 때의 그를 묘사하라. 원한다면 상징적인 표상을 만들 수도 있다.
   주의 : 부정적이거나 고통스러운 기억이 떠오를 때는 그것을 상상의 풍선에 넣어 날려 보내라(이미지는 풍선 바깥쪽에 놓고, 목소리와 소리는 풍선 안쪽에 넣는다).

5. 조각하기를 마친 뒤에는 홀로그램 속에 상징적으로 '생명을 불어넣고' 당신의 스폰서에게 가장 적합한 목소리를 부여하라.

6. 당신이 만들어 낸 스폰서의 표상을 마주한 뒤 그에게 다음과 같이 질문하라. "저를 위한 당신의 선물은 무엇인가요?" 이제 당신이 스폰서의 입장이 되어 그의 관점에서 당신의 질문에 답하라. 선물에 대한 상징을 만들어라(예 : 금색 하트).

7. 다시 당신 자신으로 돌아와 '1차적인 입장'이 되어 "잃어버린 스폰

서를 위한 나의 선물은 무엇인가?'라는 질문에 답하라. 그리고 그 스폰서에 대한 당신의 선물을 상징으로 만들어라(예 : 여러 가지 색깔의 만년필).

8. 과거의 스폰서와 선물을 교환하고, 외부의 은색 빛줄기와 당신의 마음을 연결할 수 있다고 상상하라.

9. 선물을 공유할 수 있는 현재 당신의 삶에 존재하는 다른 사람들을 보면서 스폰서에게 받은 선물에 감사하라. 당신의 행동을 통해 어떻게 이 선물을 나누고 살아 움직이게 할 수 있을지를 상상하라. 당신의 내적 스폰서를 보호자와 멘토로 이용하여 선물을 나누는 것을 도와라.

10. 당신의 과거의 스폰서가 당신을 위한 두 명의 '수호천사'에게 환영받으면서 함께 참여한다고 상상하라.

11. 당신의 선물, 당신의 내적 스폰서 그리고 당신의 '수호천사들'을 과거에 당신이 스폰서를 잃어버린 경험의 상황으로 데리고 가라. 그리고 그때 당신의 경험이 어떻게 변화되는지에 주목하게 하라.

요약

스폰서십은 사람들이 아이덴티티 수준에서 성장하고 변화할 수 있도록 지원하는 것을 말한다. 개인의 아이덴티티에 대한 감각은 자기 자신과 역할 그리고 '소명'과 관련된다. 탁월한 스폰서가 되는 것은 다른 사람들을 위해 '거기에 있어 주고', 그들을 깊은 수준에서 인식하고 인정하며, "나는 당신을 본다.", "당신은 존재한다.", "당신은 가치 있다.", "당신은 특별하다.", "당신은 무언가 기여할 만한 것이 있다.", "당신은 여기에 속하고 환영받는다."와 같은 주요한 메시지들을 커뮤니케이션 하는 것을 말한다.

스폰서십이 없는 것과 부정적인 스폰서십은 아무런 스폰서십 메시지가 주어지지 않거나 지원 대신 경멸을 받는 것 같은, 스폰서십의 반대적인 것을 받는 경우에 발생한다. 아무도 그를 보고 있지 않거나 가치가 없거나 어디에도 기여할 수 없고(또는 그들의 기여가 전혀 인정되지 않거나), 다른 사람에 의해 쉽게 대체될 수 있고 어디에도 속하지 않는다고 느낄 때 그들이 수행하는 능력과 동기는 감소한다.

탁월한 스폰서가 되는 것은 다른 사람을 돕겠다는 강한 내면적 의도와 개인적 기술의 독특한 집합을 요구한다. 스폰서십의 기술들에는 중심을 잡고 내면의 조화를 이루는 것, 다른 사람과 감정적으로 연결되는 것, 호기심과 수용성을 가지는 것, 고객이 가진 최선의 것을 드러내도록 돕는 방법으로 고객의 경험을 이름 지을 수 있는 능력, 고객의 개인적인 성장을 방해할 수 있는 자아를 부정하는 영향들을 확인하고 변형시킬 수 있는 능력들이 있다.

당신의 자원들의 원천과 적극적인 중심 잡기의 원천을 찾는 것은 어려운 상황에서도 스폰서와 고객들이 그들의 중심과 정렬, 조화를 이루게 하고 그들의 중심을 느낀 감각을 유지하는 것을 돕는 스폰서십의 도구이다.

경청 파트너십은 한 사람의 중심으로부터 다른 사람의 말을 들어주면서 중요한 삶의 상황과 결정들을 통해 그들이 깊이 생각할 수 있는 '공간'을 만들어 주는 것을 배우는 것을 말한다. 경청 파트너십은 또한 그룹이나 팀에 있어서 쌍방의 스폰서십을 격려하는 효과적인 방법이다.

한 집단의 사람들 사이에서 쌍방의 스폰서십을 격려하는 또 다른 방법은 그룹 멤버들에 대해서 자신이 관찰하고 좋아하는 것을 찾고 인정하는 연습을 하는 것이다. '나는 보고 나는 느낀다' 프로세스는 그룹이나 팀의 멤버들이 그들의 동료 그룹 멤버들의 내부와 외부에 대해 관찰한 것을 찾고 인정하게 함으로써 서로를 스폰서할 수 있는 환경을 만들어 준다.

삶의 도전을 만나는 것은 '영웅의 여행'에 비유될 수 있다. 스폰서십의 주요한 임무는 다른 사람들이 그들의 여정에서 인식하고 성공할 수 있도록 도와주는 것이다. 그러나 종종 고객들이 코치를 찾을 때 그들은 전혀 영웅처럼 느끼지 않을 때가 많다. 그들은 피해자라고 느끼면서 자신을 구조해 줄 누군가를 찾고 있다고 말할 수 있다. 이때 코치는 고객이 영웅이지 코치 자신이 영웅이 아니라는 점을 기억해야 한다. 고객의 악마들을 대신 살해하거나 고객이 안전지대에 있도록 허용하는 것은 광의의 코치가 할 수 있는 최선의 방법이 아니다. 좋은 코치와 스폰서는 고객의 자원들을 위한 보호자로서 행동하고, 고객을 자신의 소명과 맞닿을 수 있도록 함으로써 고객이 영웅의 여행을 하고 있다는 것을 인식할 수 있게 돕는 사람이다. 영웅의 여행을 지도화하는 프로세스는 도전적인 상황과 위기 내부의 '소명'을 확인하고 '피해자적'인 정신 상태에서 이동시키면서 고객이 그들의 삶에서 중요한 유형들을 추려내고 인식하도록 돕는 방법이다.

코치들은 시간선상에 주요한 요소들을 두고, 저항을 박차고 앞으로 나아감으로써 고객이 그들의 영웅의 여행을 시작하는 데 필수적인 단계들을 밟아 나갈 수 있도록 고객을 도울 수 있다. 고객들로 하여금 자기 내면의 저항들에 있는 긍정적인 의도를 인식하도록 도움으로써 겉으로 보이는 방해 요소들이 진보하는 데 한계로 작용하기보다는 '보호자들'의 형태로 변화되게 하는 것이다.

몇몇의 핵심 자원들이나 '대표 에너지'는 사람들이 아이덴티티 수준에서 효과적으로 이를 수행하고 영웅의 여행을 성공적으로 완수하는 데 필요하다. 이는 강함과 동정심, 유머를 말한다. 대표 에너지를 함께 스폰서하는 것은 코치와 고객이 서로 자신들 내부의 자원들을 보고 인정하고, 그 상호 작용에 균형과 쌍방의 자신감을 가져오는 것을 말한다.

적절한 이름 짓기는 고객이 상황과 사건들에 대해 더욱 긍정적인 관점을 갖고, 그것들이 '이름 지어져 온' 방식을 변경함에 따라 그들의 최선의 것을 드러내게 해 준다. 코치와 스폰서들이 '알맞은 이름 짓기'에 적용할 수 있는 가장 일반적인 방법들의 하나는 자아를 부정하는 아이덴티티 진술들을 능력이나 행동에 대한 진술로 바꾸는 것이다. 이는 제한하는 아이덴티티 수준에 대한 판단에 대해 문제를 더 잘 해결할 수 있는 프레임 워크로 돌려놓는다.

스폰서십의 주요 목적은 경계를 타파하고 자아를 부정하는 영향을 변형시키는 것을 돕고, 고객 내면의 긍정적인 특징과 성격들을 인식하고 보호하는 것이다. 이는 다른 사람들을 위해 '거기에 있어 주는' 기본적인 스폰서십 메시지 — "나는 당신을 본다.", "당신은 존재한다.", "당신은 가치 있다.", "당신은 특별하다.", "당신은 무언가 기여할 만한 것이 있다.", "당신은 여기에 속하고 환영받는다." — 를 커뮤니케이션하는 것에 의해 상당 부분 행해진다. 고객이 도전받는 상황들을 그들의 개인적인 역사로부터 적절한 스폰서십을 가지고 재검할 수 있을 때 — 잠재력을 스폰서링하는 형태에서처럼 — 고객들이 보다 더 완전히 (a) 건강한 경계를 확립하고 (b) 장애를 극복하고, 또 (c) 그들을 더욱 완전하게 발전시키는 것을 허용하는 과정에서 주요한 성격과 자원들이 양육되고 보호된다.

스폰서십은 단지 한 개인으로부터 기인하지 않는다. 스폰서를 받는 경험은 종종 전체 그룹이나 팀으로부터 올 때 더 강화되고 증폭된다. 이는 몇몇의 그룹 멤버들이 그룹의 다른 멤버를 위한 다른 주요한 믿음들에 대한 스폰서로서 행동하게 하는 것에 의해 완수될 수 있다.

때때로 우리는 우리에게 중요한 스폰서였던 사람을 잃는 경우가 있다.

이는 우리의 삶에 고통스러운 공백을 남기거나 우리를 슬픔이나 배신, 또는 죄의식의 감정으로 몰아간다. 그러나 우리는 내적 멘토를 갖는 것과 유사하게 스폰서들을 내면화할 수 있고, 자기 자신의 셀프-스폰서가 되는 방법을 배울 수 있다. 잃어버린 스폰서를 회복하는 형태는 고객의 삶에서 빠져나간 과거의 스폰서들과의 관계를 고객이 회복하도록 돕는 것이다.

스폰서십의 도구 상자는 여러 가지 면에서 간단하지만 스폰서의 부분으로부터의 상당한 헌신과 존재, 코치와 고객 사이의 일정 정도의 친근감을 요구하는 프로세스를 포함한다. 이 장에는 코치가 되어 본 경험이 없는 사람들에게는 어렵게 보일 수 있는 일 대 일 설정에서 행해져야 할 많은 도구들이 진술되어 있다. 중요한 것은 그것이 다음과 같은 주요한 메시지들을 보내는 것처럼 간단하다는 사실을 기억해 두어야 한다는 것이다. "나는 당신을 본다.", "당신은 존재한다.", "당신은 가치 있다.", "당신은 특별하다.", "당신은 기여할 무언가를 가지고 있다.", "당신은 여기에 속하고 환영받는다."

CHAPTER **6**

어웨이크닝

6장의 개요

정신과 영역
어웨이크너로서의 코치
알지 못하는 것
너크 - 너크
업타임
어웨이크너 도구 상자 : '업타임' 앵커 만들기
무의식으로 접근하기
어웨이크너 도구 상자 : 활동적인 꿈꾸기
활동적인 꿈꾸기 연습
어웨이크너 도구 상자 : 자유로 어웨이크닝하기
자유로의 어웨이크닝 형태
이중 구속
어웨이크너 도구 상자 : 이중 구속 초월하기
어웨이크너 도구 상자 : 긍정적인 이중 구속 만들기
베잇슨의 학습과 변화의 단계들
학습 단계 4
학습의 4단계 개요
생존 전략들
어웨이크너 도구 상자 : 베잇슨의 학습 단계를 통한 생존 전략 보완
요약

06
어웨이크닝

인간은 우리가 '우주'라고 부르는 전체의 한 부분이다. 시간과 공간 속에 제한된 한 부분. 사람들은 의식의 착시 현상처럼 자신의 생각과 느낌을 다른 사람들로부터 분리하여 경험한다. 이 착시는 일종의 감옥과 같은 것으로, 우리를 개인적인 욕망과 우리에게 가장 가까운 몇몇 사람들에 대한 애정으로 제한한다. 우리의 임무는 모든 생명체들과 자연의 아름다움 속에 존재하는 전체를 끌어안는 동정심의 범위를 넓히는 것으로, 이렇게 함으로써 우리 자신을 감옥에서 해방시키는 것이다.

_ 앨버트 아인슈타인Albert Einstein

《웹스터 사전》은 어웨이크닝awakening을 '잠에서 깨게 하다', '무관심, 무기력, 휴면 상태에서 벗어나는 것', '의식과 분별력을 갖춘 상태가 되는 것'이라고 정의한다. 우리 삶에서 성장하고 변화하는 시간들은 주로 이러한 '어웨이크닝'을 동반한다. 이는 마치 우리가 잠에서 깨어나거나 ― 스스로 부과한 무감각 상태로부터 빠져나오는 ― 눈이 멀었다가 갑자기 시력을 회복하는 것과 같다. 우리가 누구이며 무엇이 가능한지에 대한 정신적 지도가 넓어지고, 과거의 제한들을 완전히 새로운 방법으로 지각하는 것이다. 이러한 경험을 통해 우리는 낡은 사고를 깨고 '상자 밖으로 나올 수' 있다.

어웨이크닝은 종종 목적과 의미의 변화, 지각의 확장, 명확한 인지 그리고 심신의 활력을 가져온다.

어웨이크닝은 종종 인식이나 정신적인 확장으로 인식되지만 한 사람의 마음이나 감정과도 연관된다. 어웨이크닝은 종종 가장 깊은 단계에 있는 동기에 영향을 미친다. 그 결과 어웨이크닝은 사적이든 공적이든 우리의 삶에 중요한 변화를 야기하는 경우가 많다.

정신과 영역

어웨이크닝은 비전과 목적, 영적인 단계를 의미하며, 코칭과 티칭, 멘토링, 스폰서십의 단계를 훨씬 뛰어넘는다. 어웨이크닝은 내가 누구인가에 대한 아이덴티티 개념을 초월하며, 구체적인 역할과 가치, 믿음, 생각, 행동 그리고 감각을 둘러싼 더 큰 시스템의 비전을 포함하는 무언가에 대한 감각이다. 이는 우리가 우리를 둘러싼 세계에서 누구를 그리고 무엇을 지각할 것인지와 관련되며, 누구를 위해 또는 무엇을 위해 특정한 길(목적)을 선택해 왔는지에 대한 질문을 다룬다.

정신적/영적spiritual이라는 용어는 신경논리적 단계 모델에서 더 큰 시스템이나 '영역'에서의 주관적인 경험을 나타내기 위해 쓰인다. 개인 〈 가족 〈 공동체 〈 글로벌 시스템으로 우리를 넘어서서 도달하는 것을 말하는 것이다. 이는 인류학자이자 시스템 이론가인 그레고리 베잇슨이 '모든 것들을 보다 더 큰 전체로 연결해 주는 패턴'이라고 부르는 것에 대한 자각이다. 개인이라는 입장에서 보면 우리는 이러한 큰 시스템의 하부 시스템이라 할 수 있다.

'정신/영적인 것'의 수준의 경험은 광의의 코칭 자아라고 불릴 수 있다.─우리 자신에 대한 이미지, 가치, 믿음, 사상, 행동 그리고 감각을 넘어서는 감각. 이것은 우리를 둘러싼 더 큰 시스템 안에서 다른 누구 그리고 무엇과의 연결을 뜻한다. 이는 전형적으로 우리의 삶에 의미와 목적을 부여하는 더 큰 상황들을 제공하는 경험의 수준이다.

한 개인의 '비전'과 인생의 '미션' 그리고 '목적'을 완수할 때 영적 추구는 인류의 몇몇 가장 위대한 성과물 이면에 있는 동기들이다. 세계적인 리더나 천재들 가운데 많은 사람이 자신의 삶과 업적에서 이러한 종류의 영적인 안내를 중요하게 여긴다. 앨버트 아인슈타인은 자신의 물리학적 성과에 대해 이렇게 주장했다.

"나는 신이 이 세상을 어떻게 창조했는지 알고 싶다. 나는 이런저런 현상이나 좁은 범위에서의 요소들에 관심이 있는 것이 아니다. 나는 신의 생각을 알고 싶지 사소한 것들을 알고 싶은 것이 아니다."

신경논리적 단계 모델에 따르면 영적이라는 개념은 아인슈타인의 '신의 생각'이라는 말로 비유될 수 있을 것이다.

신경논리학적으로 영적인 단계의 프로세스들은 보다 크고 집합적인 신경 시스템의 유형을 형성하는 것으로, 자신과 다른 사람의 신경 시스템 사이의 관계적인 영역과 관련이 있다. 이러한 상호 작용의 영역은 때로 집단 정신이나 집단 영, 군중 의식과 같은 결과를 낳는다.

또 이러한 영역은 다른 창조물과 생명체의 '신경 시스템' 또는 정보 프로세스를 만드는 네트워크 그리고 우리의 환경도 포함한다. 그레고리 베잇슨은 이에 대해서 다음과 같이 진술했다.

개인의 정신은 육체의 내면에만 존재하지 않는다. 이는 몸 밖의 경로나 메시지들에도 내재한다. 그리고 개인의 정신에는 단순한 하부 시스템보다 더 큰 정신이 있다. 이 더 큰 정신은 신과 거의 동등하며, 사람들이 '신'이라는 말에 부여하는 뜻이기도 하다. 하지만 이는 여전히 전체적으로 상호 연결된 사회 시스템과 지구의 생태학 속에도 내재한다.(정신 생태학으로의 단계들 Steps to an Ecology of Mind, 1972)

어웨이크너로서의 코치

여러 가지 면에서 코치와 컨설턴트, 심리 치료사, 티처 그리고 리더들은 어웨이크너들이다. 더 큰 정신이나 영역과 접할 수 있게 도움으로써 자신의 학생과 고객, 협력자들에게 새로운 전망과 가능성을 열어주기 때문이다. 다른 사람들을 일깨우는 것은 그들이 비전과 미션 그리고 영적인 단계에서 성장할 수 있도록 돕는다는 것이다. 어웨이크너는 사람들에게 자신이 속한 더 큰 시스템과 자아 그리고 목적에 대한 이해를 돕고 가장 잘 자각할 수 있는 상황과 경험을 제공하고 지원한다.

어웨이크너가 되는 것은 코치나 티처, 멘토, 스폰서로서 어느 정도 능력을 가질 것을 요구하지만 어웨이크너는 그들과는 다른 차원을 가지고 있다. 만약 당신이 잠을 자고 있다면 다른 사람들을 일깨우기란 불가능하다. 즉 어웨이크너의 첫 번째 임무는 자신이 먼저 깨어나야 하고 늘 깨어 있어야 한다는 것이다. 어웨이크너는 성실함과 조화로움을 통해 다른 사람들을 일깨운다. 어웨이크너는 자신의 비전이나 미션과 항상 연결되어 있어야 하며, 다른 사람들 또한 그들의 미션과 비전을 만날 수 있게 해 줘야 한다.

어웨이크너의 또 다른 주요 목표는 사람들로 하여금 현재 갇혀 있는 '상자 밖'으로 나갈 수 있게 도와야 한다는 것이다. 즉 낡은 습관들을 부수고 나와 갈등과 딜레마에서 벗어나게 해야 한다.

덴마크의 위대한 물리학자 닐 보어Nil Bohr는 진실에는 피상적인 진실과 심층적인 진실 두 가지가 있다고 지적했다. 그에 따르면 "피상적인 진실에서는, 반대는 거짓이다. 그러나 심층적인 진실에서는 반대도 역시 진실이다." 보어는 전자와 같이 근본적인 물리 요소들은 모두 파동과 분자와 같다는 생각에 아무런 의심도 하지 않았다. 파동과 분자는 정반대 개념임에도 불구하고 전자가 에너지의 파동이라는 사실은 그들이 물질의 분자가 아님을 의미하지는 않는다.

심층적인 심리학적 진실에도 똑같은 사실이 적용될 수 있다. 예를 들어 미美와 추醜는 둘 다 심층적인 진실이다. 세상에 아름다움과 희망이 있다는 사실이 세상은 추해질 수 없다는 것을 의미하지는 않는다. 사람들이 끔찍하고 폭력적으로 행동할 수 있다는 것이 영웅적인 행위나 기적이 일어날 가능성이 없음을 의미하지는 않는다.

어웨이크너들은 종종 이와 같은 심층적인 진실을 일깨워 준다. 그리하여 그것이 모두 진실이라는 사실을 알게 되면 우리는 선택권을 갖게 된다. 우리의 에너지를 어디에 쏟을 것인가? 아름다움에 우리를 바칠 것인가, 아니면 추함에 길을 잃게 할 것인가?

때때로 '밝아질수록 그늘은 더욱 어두워진다.'는 것을 지적하는 것은 중요하다. 약간의 영적인 어웨이크닝을 경험하게 되면 사람들은 갑자기 이전까지는 보지 못했던 그늘을 보게 되는데, 이는 빛이 더 밝아졌기 때문이다.

이러한 방식의 깨어남은 대개 기분을 돋워 주지만 항상 유쾌한 것은 아니다. 따라서 사람들을 일깨울 때는 적절한 기술과 섬세함이 필요하다. 다른 사람을 일깨울 때는 그 사람이 누구이고 어떤 사람인지 상관없이 무조건 받아들여야 한다. 이와 동시에 발달과 진화의 가능성과 선택권이 주어진다. 어웨이크닝은 점진적일 수도 있고 갑작스러울 수도 있다. 어웨이크닝은 종종 그레고리 베잇슨이 '학습 4('완전히 새로운' 무언가의 창조)'라고 부른 단계의 학습으로 이끈다.

다른 사람들과 상호 작용할 때 어웨이크너는 다음과 같은 믿음을 가진다.

- 삶은 놀라운 가능성으로 가득 찬 거대한 미스터리이다.
- 우리는 삶이라는 여정에 함께 올라 있다. 그리고 이 점에서 우리는 모두 같다.
- 모든 사람들은 근본적으로 저마다 가치 있으며, 그들은 있는 그대로 훌륭하다.
- 모든 사람들은 최선의 선택을 하며, 그들은 그것이 가능하다고 지각한다.
- 과거의 그 상황으로 돌아가도 어느 누구도 그들과 다르게 대응할 수는 없었을 것이다.
- 그럼에도 불구하고 각각의 순간에 어떻게 대응할지 선택하는 것은 완전히 자유이다.

- 자신 또는 자신의 어느 부분이 '잠들어 있기 때문에' 사람들은 자신들이 가능하다고 생각하는 선택들을 제한한다.
- 사람들이 만약 자신이 가치 있고 있는 그대로 훌륭하다는 사실을 안다면 그들은 좀 더 많은 선택들을 지각할 것이고, 올바른 선택을 할 수 있을 것이다. 그리하여 어떤 방향으로든 자유롭게 진화할 것이다.

어웨이크닝과 관련된 리더십 유형은 '카리스마적' 또는 '비전을 가진' 리더십이다. 비전을 가진 리더들은 협력자들에게 목적 감각을 부여하는 비전과 미션을 가지고 있다. 카리스마적이며 비전을 가진 리더들은 다른 사람들이 따르고 싶어 하는 역할 모델이 되어 준다. 그들의 일치성과 고결함은 다른 사람들의 존경과 신뢰를 얻는다.

알지 못하는 것 Not Knowing

NLP에서 '알지 못하는' 상태라는 것은 모델링과 정보 수집에 사용되는 특별한 상태를 말한다. 어떤 사람이 '알지 못하는' 상태에 들어서면 그는 이전에 가지고 있던 가정들을 전부 놓아버리고, 특정한 상황이나 경험에 대한 새롭고 편견 없는 관점을 갖게 된다. 즉 그는 자신의 경험에 색을 입힐지도 모르는 선입견들을 피하기 위해서 탐구하고 검증해야 하는 특정한 사람이나 상황에 대해 아무것도 '모르는' 상태를 시도하는 것이다.

탐구하고 검증해야 할 특정한 사람이나 상황에 대해서 아무것도 '모르는' 시도를 하는 것이다.

'알지 못하는' 상태는 다음의 일화에서 뚜렷이 드러난다.

NLP 프랙티셔너Practitioner, 마스터 프랙티셔너Master Practitioner 그리고 모델러Modeler가 처음으로 함께 산타 크루즈에 있는 레드우드 숲으로 산책을 갔다. 가는 도중에 그들은 노란색의 바나나 달팽이를 보게 되었다. "오, 보세요." 프랙티셔너가 말했다. "산타 크루즈에 있는 달팽이들은 노란색이네요."

그 말에 마스터 프랙티셔너가 대답했다. "꼭 그런 것만은 아니에요. 우리가 알 수 있는 것은 산타 크루즈에 있는 몇몇 달팽이들은 노란색이라는 거죠."

그러자 모델러가 한 마디했다. "글쎄요, 좀 더 정확하게 말하면 적어도 산타 크루즈의 어떤 길에는, 적어도 노란색 달팽이가 한 마리는 있다는 거죠. 그것도 적어도 한 면은요."

'알지 못하는' 상태는 혁신을 꾀하고 새로운 관점들을 만들어 낸 비범한 사람들에 의해 사용되어 왔다. 예를 들어 앨버트 아인슈타인은 상대성 원리의 바탕이 된 아이디어의 상당수는 자기 스스로를 향해 마치 어린아이처럼 아무런 선입견 없이 시간과 공간에 관해 질문을 했기 때문이라고 했다.

유명한 최면 치료사 밀튼 에릭슨Milton Erickson 또한 고객과 일을 할 때는 선입견을 옆으로 내려놓고, 자신이 가정한 바를 점검했다고 한다. 고객에게 두 눈이 있었는지(혹시 그가 의안을 가진 것은 아닌지), 고객에게 두 손이 있었는지(혹시 그가 장갑을 끼고 있었다거나 의수를 가진 것은 아닌지), 고객의 머리가 벗겨지지는 않았는지(혹시 그가 가발을 쓰고 있는 것은 아닌지) 등을 말이다.

세계적인 명성을 가진 치유자이자 티처인 모셰 펠덴크라이스Moshe Feldenkrais는 다음과 같이 주장했다. "나는 모든 것을 마치 처음인 것처럼 시작한다. 그리고 조수나 비평가들이 나에게 질문하는 것보다 더 많은 질문을 나에게 던진다." 에릭슨처럼 '알지 못하는' 상태에 자신을 놓고, 모든 일을 처음인 것처럼 함으로써 그는 보다 창의적이며 많은 것을 깨닫게 되고, 고객과 좀 더 밀접한 관계를 유지할 수 있다. 나아가 결코 근거 없는 전제를 제안하는 먹이로 전락하지 않는다.

그 결과 아인슈타인이나 에릭슨, 펠덴크라이스 같은 사람들은 다른 사람들이 그 시대의 선입견과 가정들로 인해 정체되어 있을 때 새로운 발견을 할 수 있었던 것이다. 펠덴크라이스는 다음과 같이 지적했다. "이와 같은 사고 형태는 종종 자신의 생각이 실패했을 때보다 위대한 지식을 가진 전문가가 있을 때 성공한다."

그러므로 알지 못하는 것은 '어웨이크닝'에 이르는 강력한 성공의 길이며, '상자 밖으로 나오기'위해 코치와 그들의 고객들에게 있어 중요한 기술이다.

너크-너크 Nerk Nerk

'알지 못하는' 상태를 획득하기 위해서 이용할 수 있는 방법 가운데 하나가 바로 '너크-너크' 캐릭터를 이용하는 것이다. '너크-너크'는 NLP 트레이너인 토드 엡스타인Todd Epstein이 정보 수집과 모델링의 프로세스를 쉽게 할 수 있도록 발명한 허구적인 캐릭터의 이름이다. '너크-너크'는 사람과 똑같은 신경 시스템과 육체적인 특징들을 가지고 있지만 지각적·언어적·문화적인 가정은 전혀 갖고 있지 않은 가상의 우주 외계인의 이름이다. '너크-너크'는 공부를 통해 인간이 사용하는 모든 언어를 습득했지만 언어적인 커뮤니케이션을 나눌 때 대부분의 사람들이 습관적으로 하는 것처럼 삭제하거나 일반화하거나 왜곡할 수는 없다. '너크-너크'는 감각 기관에 근거하여 구체화된 묘사와 지시만을 이해하고 대응할 수 있다.

또한 엡스타인은 한 사람의 지속적인 경험과 관련한 이전의 정신적인 지도와 가정을 배제한 상태를 만드는 프로세스를 좀 더 쉽게 하기 위해

'너크-너크'라는 캐릭터를 사용했다.

코치가 '너크-너크' 상태가 될 때, 그는 기존의 가정들을 내려놓고 특정한 상황이나 경험에 대한 새롭고 편견 없는 관점을 얻게 된다. 그러한 상태를 만드는 것은 어웨이크너에게 있어 기본적인 기술이다. 다음을 한번 시도해 보라.

몇 분간 당신이 너크-너크라고 상상하고 마치 이전에 한 번도 본 적이 없는 것처럼 당신 주변의 익숙한 사물들을 살펴보라. 당신이 마치 외계인인 것처럼 텔레비전을 보거나 사람들의 상호 작용을 관찰하라. 당신은 어떤 유형의 것에 집중할 것인가? 그리고 당신이 평소에 알고 있던 것과 다르게 느껴진 패턴의 유형은 무엇인가?

만약 당신이 이러한 관점에서 당신의 고객들을 관찰하고 그들의 이야기를 듣는다면 당신은 그들에게 어떠한 질문들을 할 수 있을까? 그들의 문제나 삶의 상황들에 관해 어떤 것에 주목하고 어떤 것을 지각할 것인가?

업타임 Uptime

'알지 못하는' 상태는 또한 '업타임'의 상태와 유사한데, 이때 사람의 모든 감각 채널은 외부에 맞춰져 있다. 업타임 상태에서는 내부적인 대화나 이미지 또는 감정적인 긴장 같은 내부적인 요소는 완전히 배제된다. 모든 감각적인 자각은 '지금 여기'에 있는 외부 환경에 초점이 맞춰져 있다.

NLP에서 사용된 업타임의 개념은 NLP의 창시자인 리차드 밴들러 Richard Bandler와 존 그라인더 John Grinder에 의해 이론화되었다. 그 용어는 초기의 컴퓨터 용어에서 빌려왔다. '업타임'은 컴퓨터가 정보를 입력하고 있음을 의미한다. '다운타임'은 컴퓨터에 입력된 정보를 내부적으로 프로세싱하고 있음을 나타낸다.

업타임은 어웨이크닝을 위한 또 다른 강력한 자원이다. 이는 본질적으로 우리를 둘러싼 세상에서 한 층 더 나아간 어웨이크닝을 향한 문을 열어 주는 감각들을 일깨운다. 다음의 절차를 사용하면 당신과 고객들의 내부에서 업타임 상태를 앵커링하고 증진시킬 수 있다.

| 어웨이크너 도구 상자 | '업타임' 앵커 만들기

1. 잠시 앉거나 걸어 다니면서 마음에 드는 실내나 실외의 장소를 찾아라.

2. 주변 환경을 관찰하면서 당신의 감각을 외부의 것들에만 집중한다.

a) 사물 보기 : 당신의 환경 속에 있는 다양한 사물과 색상, 움직임을 전체적으로 그리고 세부적으로 바라보라.

b) 공기의 온도 그리고 당신 주변에 있는 사물의 감촉과 형태, 단단함 등을 느끼고, 앉거나 움직일 때마다 피부와 근육의 느낌을 느껴라.

c) 당신 주변에 있는 다양한 소리의 톤과 소리의 발생지의 차이 듣기 : 당신의 호흡과 음조의 변화 그리고 당신 주변의 모든 목소리들의 박자를 들어라.

d) 당신 주변의 공기와 사물의 냄새 맡기 : 어떤 냄새가 더 강하고 어떤 냄새가 더 미묘한지 주목하라. 원한다면 입으로 맛의 변화를 표현하라.

이처럼 각각의 시스템에 접근하면서 눈을 감거나 귀를 막거나 코를 막는 등의 방법으로 다른 채널을 차단하는 연습을 하라. 어떠한 내부적인 대화나 내부적인 그림, 느낌을 배제한 상태로 각각의 감각 시스템으로만 접근하라.

3. 오른손으로 왼쪽 손목을 잡는다. 각각의 시스템에 연속해서 접근할 수 있다고 생각하고 당신이 사용하고 있는 감각 채널에 완전히 접근할 수 있을 때에만 손목을 꼭 조인다. 당신 주변의 경험들을 더 많이 보고 듣고 느끼고 더 정확하게 그 냄새를 맡을 수 있었다면 손목을 더 꽉 쥐어라.

4. 동시에 모든 표상 체계에 맞추기 시작하여 모든 채널을 통해 당신의 주의를 당신 외부에 집중시켜라. 이것을 성공적으로 할 수 있을 때 손목을 꽉 쥐어라.

5. 단지 팔을 뻗어서 손목을 잡기만 해도 아무런 의식적 노력 없이 외부의 환경으로 향하게 될 때까지 이 프로세스를 반복하라.

무의식으로 접근하기

'알지 못하는 것'과 '업타임'은 사람들이 무의식의 프로세스에 접근할 수 있도록 돕는 특별한 상태들이다. 거의 모든 창조적이고 성공적인 수행자들은 그들의 업적과 성취에서 무의식 프로세스의 중요성을 인정한다. 보호와 가이드, 코칭, 티칭, 멘토링, 스폰서십을 모두 적용했다면 그 다음부터는 프로세스의 단계에서 벗어나 스스로 가동할 수 있도록 무의식의 능력을 최대한 배양하는 것이 중요하다.

예를 들어 많은 창조적인 사람들은 문제나 과제를 직접 해결하려고 집중하고 있을 때가 아닌 아침에 일어나 샤워를 하는 시간처럼 평범한 순간에 기발한 아이디어가 떠올랐다고 한다. 많은 사람들이 그 효과에 대해 다음과 같이 말한다. "나는 내가 완전히 지쳐서 더 이상 아무것도 넣을 수 없을 때까지 머릿속을 정보로 가득 채웁니다. 그리고는 잠을 자러 갑니다. 그리고 나서 아침에 일어나면 답을 알게 됩니다."

모차르트는 음악을 작곡하는 자신의 창조적인 프로세스를 '즐겁고 선명한 꿈'이라고 묘사했다. 레오나르도 다빈치는 벽을 응시하면서 무의식 연상을 자극하는 프로세스를 제안하기까지 했다. 나아가 백일몽을 꾸는 것과 유사한 정신 상태를 만드는 방법에 대해서도 묘사했다.

의식과 무의식 사이의 유대 관계는 '어웨이크닝'에서 매우 주요한 요소이다. 사실 많은 어웨이크닝 경험들이 의식을 이미 알려진 무의식의 수준으로 가지고 오는 것과 관련되어 있다.

지그문트 프로이드는 "정신적인 프로세스들은 본질적으로 무의식적이다."라고 지적하면서 "의식적인 것은 단지 정신적인 실체에서 분리된 행동과 그 일부분일 뿐이다."라고 했다.

프로이드는 우리의 신경 시스템 내부에서 일어나는 대부분의 프로세스들이 우리의 의식적인 자각 밖에서 일어난다고 주장했다. 그러면서 "무의식적인 정신 프로세스의 수용은 세상과 과학에서의 새로운 방향을 향한 결정적인 단계들을 드러낸다."고 하면서 다음과 같이 말했다.

> 우리는 정신적인 프로세스의 의식 또는 무의식을 단지 그것의 성격 가운데 하나로 생각할 뿐 결정적인 것으로 생각하지 않기로 한다. 각각의 프로세스는 처음에는 무의식의 심리적인 시스템에 속한다. 일정 조건 하의 이러한 시스템에서 의식 시스템으로 한층 더 나아갈 수 있다.

세상에서 뭔가에 정통하며 탁월한 실력을 보여 주는 사람들은 의식과 무의식이 서로 긴밀한 관계를 맺고 있다. 그들은 지속적으로 우리가 '의식'이라고 부르는 작은 부분과 무의식의 방대함 사이의 관계의 질을 발전시키고 개선할 방법을 찾는다. 의식은 무의식이라는 더 큰 단위로 피드백하고, 관계의 질에 영향을 미친다.

전문적 기술이나 지식을 경험하는 사람들 또한 이러한 관계가 지속적인 프로세스이며, 시간이 흐름에 따라 지속적으로 향상된 진화라는 것을 이해한다.

의식/무의식의 관계의 질을 발전시키는 것은 연습과 자발성 사이의 균형과 관련된다. 때로는 '아무런 목표를 갖지 않는 것을 목표로 삼을 수도 있어야 한다. 우리가 무언가를 배울 때 굳이 목적이 있어서가 아니라 순전히 자발적으로 행동해야 할 때가 있는 것처럼 말이다.

우리가 해야 하는 것이 단지 자발적으로 행동해야 하는 것일 때가 있다. 이 순간에는 자기 반성이라는 것이 없다. 의식과 무의식의 정신 사이와 우리와 우리 외부의 세계 사이에 시스템적인 고리가 있을 뿐이다.

예를 들어 합기도 같은 무술은 매트 위에서 연습해야 한다. 적수를 만난다 해도 자신에게 말을 걸고 당신이 하는 일에 대한 생각을 멈추지 않는다. 어떤 작전을 쓸 것인지 미리 생각해 놓지도 않는다. 당신은 외부 세계와 춤추고 있기 때문에 적수와 맞닥뜨리기 전까지는 무엇을 할지 알 수 없다.

그레고리 베잇슨은 마스터가 언제 인식적인 의식과 정신의 '빈틈없는 사고'를 하고, 언제 좀 더 창의적이고 무의식적인 '느슨한 사고'를 해야 하는지 안다고 말했다. 최면 치료의 권위자인 밀튼 에릭슨Milton Erickson은 의식과 무의식의 정신 사이의 상호 작용에 대해 묘사하기 위해서 말과 기수의 비유를 사용했다. 말은 무의식이라 할 수 있고, 기수는 의식이라고 볼 수 있다. 물론 말을 한 번이라도 타 본 경험이 있는 사람은 기수가 가고 싶은 방향과 말이 가고 싶은 방향이 다를 때 무슨 일이 벌어질지를 알 것이다. 어느 누구도 목적지에 도달하지 못하고, 많은 시간과 에너지를 소진하게 된다.

그러므로 지속적으로 당신의 의식과 무의식의 프로세스 사이의 관계를 발전시킬 방법과 전략을 짜야 한다. 이를 위한 전형적인 방법은 명상과 기도 그리고 자기 최면이다. 그레고리 베잇슨은 이들을 가리켜 마음 전체가 완전하고 정직하게 참여할 것을 요구하는 프로세스들이라고 한다.

명상과 기도, 자기 최면의 상태들은 '알지 못하는 것'과 '업타임'과 다음과 같은 것들에 의해 분류된다는 점에서 유사하다.

a. 주변에 보이는 것에 집중(중심과 반대되는)
b. 외부의 소리들에 초점을 맞춤(내적 대화의 부재)
c. 이완된 생리학(감정적 또는 신체적 긴장 없이 접근)

이들은 우리의 의식과 무의식 사이에 다리를 놓는 주요 성격들이다. 꿈꾸기는 변성되거나 '의식적인 것이 아닌' 상태이다. 이는 당신의 사고와 학습 프로세스를 개선하고 새로운 정보를 재점검하거나 통합하는 데 사용될 수 있다. 어떤 측면에서 당신이 하루를 잘 보냈는지, 미래를 어떻게 변화시키고 싶은지에 대해 알아내려는 의도를 가지고 당신의 하루를 재검토할 때 당신의 꿈들을 사용할 수 있다. 꿈꾸기는 질문과 도전 또는 당신이 해야 하는 선택에 대한 대답을 찾기 위해 사용될 수 있다. 무의식은 문자나 물질적인 용어가 아니라 관계와 유형 그리고 관계의 유형들의 용어로 프로세스가 진행된다. 꿈을 꾸는 동안 무의식은 매우 비유적으로 의식으로 드러난다. 따라서 꿈을 일종의 비유로 받아들이고 그 속에 담겨 있는 교훈을 이해하고 믿는 것이 최선이다.

| 어웨이크너 도구 상자 | 활동적인 꿈꾸기 active dreaming

'활동적인 꿈꾸기'는 NLP트레이너이자 계발자인 쥬디스 드루지어Judith

Delozier가 오랫동안 아메리칸 인디안 그룹에게 영감을 받아 만든 어웨이크닝의 도구이다. 활동적인 꿈꾸기는 잠을 자거나 백일몽 중에 얻을 수 있는 의도를 설정하는 것과 관련된 프로세스이다. 그것의 의도는 해답을 얻거나 문제를 풀거나 결정을 내리거나 더 많은 정보를 얻거나 무언가를 좀 더 잘 이해하려는 데 있다. 의도들은 전형적으로 목표나 결과보다 좀 더 일반적인 용어들로 진술된다. 예를 들어 어떤 사람이 이렇게 말할 수 있다. "나의 의도는 안전하고 편안한 상태에서 무언가를 꿈꾸는 것이다." 그 의도는 무의식의 프로세스를 인도하며 필터와 가이드로서의 기능을 한다.

이에 대한 대답은 문자로 표현되거나 상징적일 수 있다. 어떤 사람은 다음 날 아침에 일어나 이러한 깨달음을 얻을 수도 있다. "5년 전에 헤어진 남자 친구에게 가지고 있던 분노를 이제는 날려 보낼 때이다." 또 어떤 사람은 산책을 나가 나무에서 떨어지는 낙엽을 상상하고 있는 자신을 발견할 수도 있다. 이 사람은 의식적으로는 그 낙엽이 무엇을 상징하는지에 대해서는 알 수 없겠지만 왠지 모르게 가볍고 편안한 기분이 들 것이다.

상징을 탐구하는 한 가지 방법은 상대방의 입장(2차적인 입장)을 취해 보는 것이다. 예를 들어 떨어지는 낙엽을 상상했던 사람은 잠깐 동안 자신이 낙엽이나 나무가 된 모습을 상상하는 것이다. 이를 통해 상징과 원래의 의도 사이의 관계를 발견할 수 있다.

다음의 활동 용지는 활동적인 꿈꾸기를 돕기 위한 것이다. 이는 고객들이 그들의 의식과 무의식의 프로세스들 사이의 고리를 개선시키고, 그들이 갖고 있는 어떤 프로젝트나 문제 또는 변화에 대한 더 깊은 통찰력을 갖게 하는 데 도움을 줄 것이다.

활동적인 꿈꾸기 연습

1. '의도'를 마음속으로 생각하라.
   (예를 들어서 내려야 하는 결정, 풀고 있는 문제, 좀 더 독창적이었으면 하는 것, 더 알고 싶은 주제 등)

2. 다음을 통해 '알지 못하는 것' 또는 '업타임'의 상태를 만들어라.
   a. 주변에 보이는 것에 집중하라.
   b. 외부 소리에 집중하라(모든 내부의 대화는 끊는다).
   c. 신체를 이완하라(감정적이거나 신체적인 긴장이 없는 상태).

3. 이 상태를 유지하며 10분간 산책하라. 산책하는 동안 '당신을 향해 튀어나오는' 것처럼 보이거나 관심이 가는 것에 주목하라. 나무나 잔디, 바람, 새소리 등.

4. 이러한 현상이 있다면(하나 이상일 수도 있다) 각각의 상징이나 물체의 관점(2차적인 입장)을 취해 보라. 그 상징이나 물체의 특징은 무엇인가? 예를 들어 당신이 만약 나무였다면 당신은 어떤 특징을 가졌을 것 같은가? 세상이 변하고 물체나 사람들이 다른 속도로 움직일 수도 있다. 또한 당신의 아래쪽은 고정되어 있지만 위쪽은 움직일 수도 있다.

5. 그 물체나 상징들에 대해 2차적인 입장을 취함으로써 발견한 지식과 특징들을 모두 취하고, 원래 당신의 의도와 관련하여 3차적인 입장 또는 메타 포지션을 만들어라. 원래의 의도에 대해 어떤 새로운 소식과 정보, 이해를 얻게 되었는지 탐구하라.

어웨이크너 도구 상자 | 자유로 어웨이크닝하기

수많은 영적인 훈련과 연습의 목적은 어웨이크닝이다. 한 예로, 불교 선종을 배우는 학생들은 선 마스터와 서로 상호 작용하는데, 선禪 마스터는 화두를 던진 뒤 학생이 관습적인 생각과 자각을 깨고 나와 자유로워질 수 있게 도와준다. 화두는 선 마스터들이 제자들로 하여금 깨달음을 얻게 하기 위해 이성의 장벽인 '의식적인 정신'의 장벽을 타파하도록 돕는 데 사용하는 명상의 한 주제이다.

화두는 주로 위대한 선의 지도자가 한 말이나 어떤 질문에 대한 대답으로 구성되어 있다. 예를 들어 한 스님이 동산Dongshan에게 "누가 부처인가?"라고 물었고, 그 대답으로 "씨앗 3개입니다."라는 말을 받았다고 하자. 이와 같은 비이성적인 화두에 대해 명상함으로써 선을 공부하는 학생들은 다른 유형의 사상과 직관, 영감을 얻을 수 있다.

화두의 '해답'은 아인슈타인의 격언인 "문제를 일으키는 것과 같은 수준 또는 유형의 사고로는 그 문제를 풀 수 없다."의 고전적인 예가 잘 보여 주고 있다.

화두에 대한 해답을 얻기 위해서는 논리적인 수준을 '뛰어넘어' '상자에서 벗어나 생각' 해야 한다. 이것이 일어날 때는 이것이 싸움의 원천이 되기보다는 창조력과 '깨달음' 을 위한 자극제가 되어야 한다.

그레고리 베잇슨은 화두를 다루는 것이 심리학적인 이중 구속들(psychological double binds, 딜레마)을 다루는 것과 많은 부분에서 일치한다고 주장했다. '이중 구속' 은 어디에도 정답이 없어 보이는 상황을 말한다.─어떠한 대답과 행동을 하든 '그릇된 것' 이라는 말이다. 베잇슨은 그러한 구속들은 정신병을 야기하는 주요한 요소이지만 만약 그 사람이 적절한 단계의 사고와 지각으로 전환할 수 있다면 위대한 창조력과 자각의 원천이 될 수 있다고 믿었다.

일례로, 베잇슨은 종종 선 훈련의 일반적인 특징들을 인용했다. 선 마스터가 막대기를 들어 한 학생의 머리 위에 올리고는 이렇게 말했다. "네가 만약 이 막대기가 실제라고 생각한다면 나는 이걸로 너를 때릴 것이다. 만약 네가 이 막대기가 실제가 아니라고 생각한다면 나는 이것으로 널 때릴 것이다. 이것이 진짜 나무 막대기냐, 아니냐?" 학생이 마스터가 이중 구속을 만들기 위해 사용한 단계의 사고에 머무른다면 그는 매우 난처한 상황에 처할 것이다. 그러나 만약 학생이 막대기에 손을 뻗어 막대기를 잡고 노래를 부르거나 '칼싸움' 을 하는 척을 한다면 그는 이중 구속을 초월함과 동시에 관계의 상황을 전환하게 된다. 이는 베잇슨이 '학습 단계 3' 이라고 부른 단계이기도 하다(이러한 프로세스는 이들을 학습 단계 4로 이끈다.)

자각의 증가와 의식의 확장, 사고 프로세스들의 가정과 한계의 도전을 중점으로 삼는 선 불교의 특징과 수행은 '어웨이크닝' 의 프로세스에 유용한 통찰력을 제공한다. 다음은 NLP 트레이너이자 개발자인 리차드 클

라크Richard Clarke가 코칭에서 30년 이상 사용해 온 선 훈련과 NLP를 결합한 것에서 영감을 받은 어웨이크닝 워크이다.

자유로의 어웨이크닝 형태
프로세스를 시작하기에 앞서 어웨이크너는 고객의 아이덴티티와 '영적인 것'을 완전하고도 무조건적으로 수용할 수 있어야 한다.

1. 고객으로 하여금 원치 않으며, 그다지 성공적이지 않은 삶의 모습에 대해 곰곰이 생각하게 하라. 그러한 삶의 모습들의 기본적인 패턴에 주목하라. (예를 들어 어떤 사람이 "이번에도 내가 그동안 변화하려고 시도했을 때와 별반 다르지 않을 것이에요. 나는 그걸 알 수 있어요. 결코 잘되지 않을 것이고, 나는 또 희망을 잃겠죠. 이러한 가정 환경에서 뭘 기대할 수 있단 말인가요?") 고객에게 자신의 인생에 나타난 수많은 삶의 패턴과 그로 인한 결과들 그리고 그것이 고객의 삶에 끼친 방법들을 회상하라고 지시하라.

   a. 이 패턴으로부터 자유로워지면 어떻게 될 것 같은지를 생각해 보고, 이 패턴이 그의 인생에 더 이상 존재하지 않는다면 삶이 어떻게 달라질 것 같은지 곰곰이 생각해 보게 하라.

   b. 그리고 나서 이 패턴이 자신에게 무엇을 의미하는지를 물어보라. 즉 그 패턴을 유지하는 것이 그의 삶에 어떤 영향을 미칠지 그리고 어떤 긍정적인 기능을 할 것 같은지 점검하라. 예를 들어 이것이 책임을 회피하거나 다른 사람들에게 받는 비난이나 지배에서 자

유롭게 해 주며, 다른 사람들에게 영향력을 미치고, 관계를 맺게 하고, 자신에게 맞는 아이덴티티를 느끼게 해 주는 등의 긍정적인 면을 발견하게 하라. 고객에게 그러한 '이점'들이 가치 있다면 그 원하지 않는 행위를 그만두기보다는 오히려 그가 그것들을 어떻게 받아들일 수 있을지를 탐구하라.

이러한 과제들에 대해 고객과 논의하면서 고객의 아이덴티티와 고객들의 대답에 담겨 있는 '영적/정신적인 것'을 무조건 수용하라.

2. 이제 고객에게 존경을 담아 매너 있게 이렇게 말하라. "당신은 자유롭습니다. 이제 당신의 여생은 자유로우며, 자유롭게 행동하고, 그렇게 생각하고 믿을 수 있을 것입니다. 당신이 무엇을 하든지 당신은 늘 인정받을 것입니다. 당신이 삶에서 어떤 것을 바꾸든 그렇지 않든 당신은 지금 이대로도 완벽하며, 앞으로도 그럴 것입니다. 당신은 자유롭습니다. 그렇기 때문에 당신은 정말로 이러한 패턴을 지속할 수 있고, 괜찮을 것입니다. …… 그런데 왜?"

3. 고객으로 하여금 이 질문에 대해 주의 깊게 생각해 보게 하라. 그리고 이 질문에 대한 그의 내면의 대응에 주목하게 하고 그것을 당신과 공유하게 하라. 이 반응은 종종 그 패턴이나 고객에 대한 다른 믿음을 불러일으키기도 한다. (예를 들어 "너무 오랫동안 이래 왔기 때문에 바꿀 수 없을 것이에요. 게다가 나는 가족 / 동료들 / 상사로부터 각 단계마다 저항을 받게 될 것이에요."라고 말할 수 있다.)

4. 초점을 바꿔 단계 2에서의 코멘트를 반복하라. 그리고 이 질문을 고객에게 상기시켜라. "당신은 자유롭습니다. …… 그렇기 때문에 당신은 정말로 이러한 패턴을 지속할 수 있고, 괜찮을 것입니다. …… 그런데 왜?"

5. 다시 고객에게 진심으로 이 질문에 대해 고려해 보게 하라. 그리고 이 질문에 대한 그의 내면의 대응에 주목하고 그것을 당신과 공유하게 하라.

6. 이 프로세스를 여러 번 반복하라. 매 회 고객에게 "당신은 자유롭습니다. …… 그렇기 때문에 당신은 정말로 이러한 패턴을 지속할 수 있고, 괜찮을 것입니다. …… 그런데 왜?"

몇 번 반복하면 고객은 이 이슈에 관한 그의 전형적인 합리화에서 벗어나 그 패턴에 대한 통찰력을 얻을 수 있을 것이다. 결국 고객은 그의 습관적인 사고 유형들인 '상자 밖'의 자신과 오래된 믿음 그리고 가정들로부터 자유로운 순수한 선택을 할 수 있다는 새로운 자각을 가진 자기 자신을 발견하게 될 것이다.

코치는 밀쳐내는 일이 없기 때문에 고객은 자신의 내적 지도에 좀 더 가까이 가게 되고, 과거에는 가능하지 않았던 자기 발견을 하게 된다. 따라서 코치는 "그런데 왜?"라고 물을 때 순수한 호기심과 수용적인 자세로 무조건 고객의 이야기를 받아들이는 것이 매우 중요하다.

이중 구속 Double Bind

앞에서 이중 구속의 개념에 대해 잠시 다루었다. 이중 구속이란 본질적으로 '결코 이길 수 없는' 상황을 말한다. 다시 말해서 '당신이 해도 잘못되고, 당신이 하지 않아도 잘못되는' 상황인 것이다. 이중 구속이라는 개념을 만들어 낸 그레고리 베잇슨에 따르면, 그러한 딜레마의 근저에는 창조력과 감정적인 혼돈이 있다고 한다. 이것의 차이점은 그 사람이 그것을 인식하고 적절한 방법으로 그 구속을 능가할 능력이 있느냐 없느냐의 여부이다.

이중 구속의 본질적인 구조는 다음과 같다.

만약 당신이 A를 하지 않으면 당신은 (생존하지, 안전하지, 즐겁지, 한 사람으로서 괜찮지 등) 못할 것이다. 그러나 만약 당신이 A를 한다면 당신은 (생존하지, 안전하지, 즐겁지, 한 사람으로서 괜찮지 등) 못할 것이다.

샐럼 마녀 재판은 The Salem witch trials은 그러한 구속의 고전적인 사례이다. 어떤 사람이 마녀인지 아닌지를 테스트하는 방법이 그 사람을 묶어 물속에 집어던지는 것이었다고 한다. 만약 그 사람이 물에 떠서 살아나면 그 사람은 마녀로 판정되어 사형에 처해졌다. 그러나 그 사람이 물에 빠져 질식해서 죽으면 마녀가 아니라는 판정을 받았다. 그러나 이미 그 사람은 죽은 뒤였다.

고객들이 그런 식으로 '재판에 회부된' 듯한 느낌을 받는 것은 흔한 일이다. 하루하루의 일상 속에서, 마녀 재판만큼 극단적이진 않더라도 이러한 이중 구속의 상황은 종종 일어난다. 예를 하나 들어 보겠다. 한 남편이 자신의 아내에게 어떤 주제에 대해서 어떻게 생각하느냐고 물었다. 그 말에 아내가 화를 내면서 "그건 당신이 상관할 바가 아니에요."라고 대답했다. 이 말에 남편이 아내에게 아무 말도 하지 않으면 그는 그녀의 의견에 대해 '상관하지 않는' 남편이라고 비난 받을 수 있다. 이 두 메시지의 의미를 제대로 파악하지 못하고 적절하게 대응하지 못하는 것은 무능력한 남편이라는 느낌을 가지게 할 것이기 때문이다.

이러한 이중 구속의 상황은 비즈니스에서도 발생한다. 업무량이 너무 많아서 제대로 처리하지 못하는 사람이 있다. 그가 업무 중 일부만을 처리하면 나머지 일은 못한다는 의미가 된다. 그것은 또한 그 일을 처리하지 못한다는 것을 의미하기도 한다. 어떤 경우든 그는 일을 처리하지 못하는 사람이 되는 것이다.

비즈니스에서 자주 발생하는 또 다른 이중 구속은 '인원 감축'의 프로세스와 관련된다. 조직 내 인원을 감축해야 하는 임무를 맡고 있는 관리자는 직원의 성공과 회사의 이익이라는 이중 구속에 사로잡힌다. 만약 관리자가 직원들을 줄이면 그들은 수입이 없어질 것이고, 집을 잃게 될지도 모른다. 그렇게 되면 관리자는 직원의 성공이라는 바람을 이루지 못하게 된다. 반대로 인원을 감축하지 않으면 회사는 이윤을 창출하지 못하고, 심할 경우 파산할 수도 있다. 어떤 경우든 원하는 결과를 얻을 수 없게 되는 것이다. 결국 관리자는 직원의 성공이라는 목표에 실패하거나 회사의 성장이라는 목표에 실패하는 이중 구속의 상황에 놓이게 된다.

가장 심한 이중 구속의 상황은 중요한 상호 작용의 관계에서 발생한다. 그것은 권력 투쟁이다. 이때 한 사람은 다른 사람을 부정적으로 스폰서링하고, 또 그 사람은 상대방이 부적당하다는 것을 보여 주려고 한다.

그 예로, 베잇슨은 정신 분열증 진단을 받고 입원한 한 소년에 대해 이야기했다.

병원에 입원한 지 며칠이 지나자 소년은 이제 문병객을 맞을 수 있을 만큼 안정을 찾았다. 그러던 어느 날, 그 소년의 엄마가 문병을 왔다. 아들을 만난 엄마는 아이를 향해 "엄마를 안아 주지 않겠니?" 하고 물었다. 소년은 의무적으로 팔을 둘러 엄마를 안았다. 그런데 그가 그녀를 안는 순간 소년의 엄마는 눈에 띨 정도로 몸이 경직되어 편안해 보이지 않았다. 비언어적인 메시지에 대한 반응으로 그 소년은 혼란스럽다는 듯 팔을 풀었다. 엄마가 물었다. "뭐가 잘못됐니? 엄마를 사랑하지 않는 거니?" 더욱 혼란스럽고 불편해진 소년은 긴장하기 시작했고, 시선을 다른 곳으로 돌렸다. 아들의 행동을 보며 엄마는 "넌 정말이지 감정을 조절하는 법을 배워야겠구나."라고 타일렀다. 이러한 상호 작용은 소년이 화가 난 나머지 폭력을 휘두르게 만들었고, 결국 물리적으로 몸이 묶일 때까지 반복되었다.

소년과 그의 엄마의 상호 작용은 샐럼의 마녀 재판만큼 극적이지는 않지만 이중 구속을 성립시키는 모든 요소들이 존재한다. 첫 번째 메시지는 "네가 만약 나를 안지 않으면 너는 나를 사랑하지 않는 것이다(그러므로 나는 널 받아들이지 않을 거야)."이고, 두 번째 메시지는 "만약 네가 나를 안으면 너는 나를 불편하게 만들 것이고, 나는 움츠러들 것이다(그러므로 나는 널 받아들이지 않을 거야)."이다.

또한 이 예는 세 번째 메시지를 담고 있는데, 그것은 소년의 딜레마에 대한 반응에서 드러난다. "넌 정말이지 감정을 조절하는 법을 배워야겠구나."라는 말은 그녀의 불일치가 아니라 아들이 감정을 조절하는 데 무능력한 것이 문제의 원인이라는 것을 의미한다. 즉 "네가 혼란스러운 감정을 느끼는 것은 너에게 뭔가 문제가 있고, 너는 문제나 혼동의 원인이다."라는 것을 암시한다는 것이다.

이 세 번째 메시지는 이중 구속 유형에서 중요한 부분이다. 개인의 불쾌함이나 혼란스러움을 (1) 무능력 또는 (2) 힘을 가진 사람의 부정적인 의도로 이중 구속에 처해 있는 사람의 입장에서 해석하게 된다(현실의 역전). 세 번째 메시지는 또한 전형적으로 아이덴티티 단계에서 이루어지며, 이는 본질적으로 '부정적인 스폰서십 메시지'이다. 개인이 혼란을 느끼는 것은 아이덴티티 단계에서 결점이 있다는 것을 내포한다. 다시 말해, 이중 구속 상황에서의 고민은 당신의 성격에 어떤 결함이 있다는 것을 의미한다는 것이다. 이것이 바로 사람들을 감정적으로 가장 참을 수 없게 만드는 이중 구속의 세 번째 측면이다.

| 어웨이크너 도구 상자 | 이중 구속 초월하기

이중 구속에 빠지는 것은 마치 악몽을 꾸는 것과 같다. 악몽을 꾸고 있다면 당신을 위협하거나 당신을 쫓아오는 위험을 피해야 한다. 뛰거나 숨거나 누군가에게 도움을 요청할 수도 있고, 현실에서는 불가능하지만 날거나 변신할 수도 있다. 그러나 악몽에서 벗어나는 최고의 방법은 잠에서 깨어나

는 것이다.

NLP 트레이너이자 계발자인 팀 홀봄Tim Hallbom과 수지 스미스Suzi Smith는 이중 구속 상황에서 '어웨이크닝' 할 수 있도록 고객을 돕기 위해 멀티플 메타 포지션multiple meta positon을 취하는 프랙티스를 제안한다. 메타 포지션을 취하는 것은 전형적으로 우리가 이전에 다룬 '3차적인 입장(현재 상황을 관찰자의 관점에서 바라보는 것)'을 취하는 것과 관련된다. 이러한 관점의 변화는 그 상호 작용에 연관된 당신과 다른 사람들에 대해 진술할 때, '3인칭' 언어(그, 그녀, 그들은, 그들을 등)를 사용하면 보다 쉬워진다. 만약 이처럼 지각 위치를 변경할 수 있다면 그 상황과 관련된 감정적인 강도는 감소할 것이다.

그러나 다양한 단계를 가진 이중 구속의 특징 때문에 종종 단순한 객관화만으로는 충분하지 못할 때가 있다. 이런 경우 이중 구속 상황을 다루기 위해서는 세 번째 자리(당신 자신을 바라보는 당신 자신을 바라보기), 또는 네 번째 자리(당신 자신을 바라보는 당신 자신을 바라보는 당신 자신을 바라보기)의 객관화를 할 수 있어야 한다. 필요할 경우 그 프로세스는 더욱 확장될 수도 있다(잠재적인 메타 포지션의 수에는 제한이 없다).

각각의 새로운 단계의 객관화는 개인이 그 상황으로부터의 감정적인 강도를 떨어뜨릴 뿐만 아니라 그가 좀 더 넓고 현명한 관점에서 바라볼 수 있게 한다.

당신은 다음의 방법을 사용하여 고객이 이중 구속 상황에서 빠져나와 새로운 선택을 할 수 있도록 도울 수 있다.

1) 당신이 이중 구속에 처했던 상황을 회상해 보라.

2) 육체에서 벗어나 마치 이탈한 것처럼 자유롭게 움직일 수 있다고 상상하고, 그 상황 속의 당신과 상대방을 바라보라. 당신을 그 속에 속한 사람이 아닌 관찰자라고 생각하고 '거기서' 상호 작용하고 있는 '그들'을 바라보라. 이때 이러한 관점에서 어떤 새로운 자각이나 이해 또는 배움을 얻을 수 있는지 살펴보라.

3) 관찰자의 몸에서 벗어나 자유롭게 움직일 수 있다고 상상하고, 벗어난 그 상황에서 당신과 상대방을 바라보는 당신 자신을 바라보라. 여기서 다시 이러한 관점에서 얻을 수 있는 새로운 자각이나 이해 그리고 배움이 무엇인지 주목하라.

4) 당신이 도달할 수 있는 각각의 새로운 관찰자의 입장에서 단계 3을 반복하라. 아마도 당신은 내적 평화와 지혜를 가져다주는 일종의 '영적인 관점'과 자각을 얻게 될 것이다. 이러한 상황에 대한 '신의 생각'은 무엇일까?

5) 각각의 관찰자의 관점으로 다시 돌아가 각각의 관찰자의 입장에서 얻은 자각과 이해, 배움을 가지고 원래의 상황을 되짚어 가라. 이중 구속에 처했던 상황 속에 다시 들어가 보면 이전과 다른 경험을 하게 될 것이다.

| 어웨이크너 도구 상자 | 긍정적인 이중 구속 만들기

앞에서 언급한 것처럼 가장 도전적인 이중 구속의 상황은 부정적인 스폰서십의 메시지를 포함하는 특성을 가지고 있다. 다시 말해서 "만약 당신이 한다면 잘못된 것이다.", "만약 당신이 하지 않는다면 잘못된 것이다." "만약 당신이 결정하지 못한다면 당신은 잘못된 것이다." 이는 어웨이크닝의 반대 결과를 불러일으킨다. '완전히 의식적이고 깨달음이 있으며 감식력이 있는 상태가 되고', 더 많은 지혜와 명확함, 창의력을 가지는 대신 혼란스럽고 곤란하며 멈춤의 상태가 된다.

이중 구속을 해결하는 방법 가운데 하나는 다각도의 긍정적인 스폰서십 메시지들을 받을 수 있는 상황을 설정하는 것이다. 그것은 바로 "당신이 한다면 당신은 괜찮습니다.", "당신이 하지 않아도 당신은 괜찮습니다.", "당신이 결정하지 못한다 해도 당신은 괜찮습니다."라는 확언을 받는 것이다. 이것은 '긍정적인 이중 구속'을 만들어 아이덴티티 단계에서 허가와 지원을 받는 무엇을 하든지 간에 반드시 이기는 상황을 만든다.

자유로운 어웨이크닝 형태와 유사하게 이러한 유형의 지원은 행위로부터 아이덴티티를 분리시키고, '상자 밖' 사고로 문제를 바라보고, 그 상황과 관련하여 순수하게 자신의 믿음과 가정, 선택들에 대해 생각할 수 있게 해 준다.

자유로운 어웨이크닝의 주요한 점들 가운데 하나는 긍정적인 이중 구속과 일반적인 이중 구속을 다루는 것이 심층 진실에 대한 닐 보어의 원칙(심층 진실에서는 반대 상황 역시도 진실이라는 개념)을 고객이 경험할 수 있도록 도와준다는 것이다. 심층적인 진실에 대한 자각은 보다 지혜롭고 올바른 선택을 할 수 있도록 한다. 긍정적인 이중 구속의 목표는 고객이 그들 자신과 그들의 행위 패턴에 대한 심층적인 진실을 더 많이 자각할 수 있도록 돕기 위함이다.

긍정적인 이중 구속은 많은 유형의 상황을 다루어야 하는 어웨이크닝의 유용한 도구이다. 다음은 고객에게 특정한 긍정적인 스폰서십 메시지들을 보내 긍정적인 이중 구속 상황을 만들어 낸다. 한 사람이 고객에게 이 모든 메시지를 전달하는 것도 가능하지만 이 프로세스는 4명의 구성원으로 이루어진 그룹 형태일 때 가장 효과적이다.

1. 고객으로 하여금 곤란하거나 쉽게 결정하지 못하는 행동 패턴이 있는지 떠올려 보라고 한다. 그것은 아마도 원하거나 원하지 않는 것 중 하나일 것이다(예 : 자꾸 미루는 것, 책을 쓰는 것, 직업을 바꾸는 것, 관계를 끊는 것 등).

2. A와 B는 고객의 어느 한쪽에 서서 다음과 같은 메시지를 반복하라.
A : "당신이 한다면 당신은 괜찮습니다."
B : "당신이 하지 않아도 당신은 괜찮습니다."
A와 B가 함께 : "당신이 결정하지 않아도 당신은 괜찮습니다."

3. 동시에 C는 다음의 메시지를 반복한다:
"당신의 삶과 행동에는 더 큰 목적이 있습니다."
"당신에게는 좋은 결정을 할 능력이 있습니다."
"당신은 당신의 더 큰 자아와 당신의 무의식을 믿을 수 있습니다."

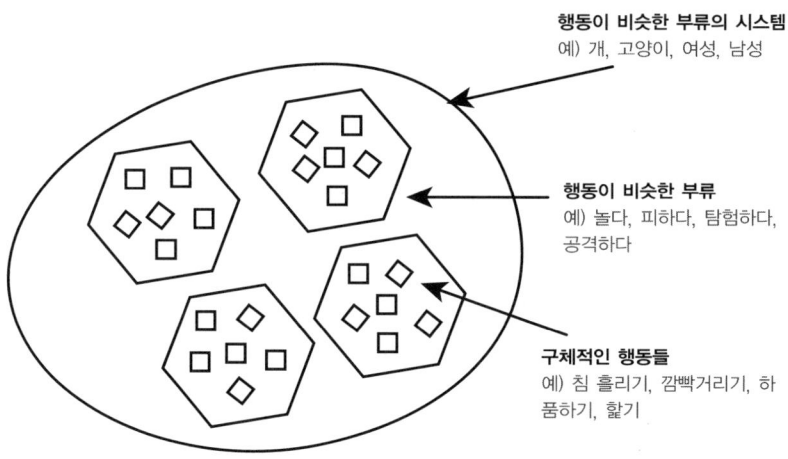

■ 다른 행동 단계들에서의 변화와 관련된 학습의 다른 단계들

"당신은 올바른 선택을 하도록 안내 받을 것입니다."
"당신은 삶의 도전들을 효과적으로 다룰 능력이 있습니다."
"당신은 강하고 동정심이 많으며, 쾌활해질 수 있습니다."
"당신은 학습할 수 있습니다. 그리고 학습을 통해 중요한 것을 배울 수 있습니다."

2번에서 상황이나 목적이 '괜찮습니다'가 아니라 '당신은 괜찮습니다'를 강조하고 있음에 주목하라. "당신이 미루거나 또는 미루지 않더라도 당신은 괜찮을 것입니다."라고 말하는 것은 "당신이 미루거나 미루지 않더라도 괜찮습니다."와는 다르다. '괜찮습니다'인 'It is ok'에서의 'It'이라는 용어는 개인의 아이덴티티에 대한 메시지라기보다는 행위에 대한 일반적인 판단을 암시한다. 이 활동의 중요한 부분은 무슨 일이 일어나건 간에 고객의 아이덴티티 단계에서 괜찮을 것이라는 것을 강조하는 것이다. 이는 고객이 그의 아이덴티티를 문제 행위로부터 분리할 수 있도록 도와주고 고객에게 선택의 자유를 준다.

3번의 메시지들은 주요한 자원과 믿음을 기억하게 하여 고객이 탁월한 결정을 내리고 그의 길을 찾을 수 있도록 돕는다.

이 프로세스를 경험한 고객들은 2번의 메시지들이 기본적으로 내면의 갈등과 몸부림을 중화시켜 준다는 사실을 알게 된다. 3번의 메시지들은 현명하고 적절한 결정을 내리고 문제를 해결하는 데 필수적인 자원들을 가지고 오게 해 준다.

베잇슨의 학습과 변화의 단계들

어웨이크닝의 프로세스는 경험과 인식의 이동 단계들 가운데 하나이다. 사람들은 종종 다른 단계의 일들에 반응하는 것에 대해서 이야기한다. 예를 들어 어떤 경험이 한 단계에서는 부정적이었지만 다른 단계에서는 긍정적이었다고 말할 것이다.

우리의 뇌 구조와 언어, 인식 시스템에는 자연적인 위계 질서나 경험의 단계가 있다. 각각의 단계는 그 단계 바로 밑의 정보를 조직하고 이끈다. 상위 단계의 무언가를 바꾸는 것은 필연적으로 하위 단계에 변화를 준다. 하위 단계의 변화가 상위 단계에 영향을 줄 수도 있지만 반드시 상위 단계에 어떤 변화를 주는 것은 아니다.

그레고리 베잇슨은 네 가지 기본적인 학습과 변화의 단계들을 증명했다. 각 단계는 하위 단계보다 추상적이지만 개인에게 더욱더 강한 영향을 끼친다. 베잇슨은 버트란드 러셀의 논리적 유형들의 수학적 이론에 기반하여 학습의 논리적 단계들을 구분했다. 각 단계는 그것이 작동하는 다음 낮은 단계에서의 수정적인 변화와 개선을 통해 작용한다.

베잇슨은 다음과 같이 말했다.

- 학습 단계 0은 반응의 구체성에 의해 특성화될 수 있다. (즉 특정한 환경에서 특정한 행위를 하는 것처럼 말이다.) 그런데 이 반응은 옳든 그르든 반드시 수정해야 되는 것은 아니다.

- 학습 단계 1은 대안들의 집합 내에서 선택하는데, 실수한 것을 수정하는 반응에 있어서의 구체적인 변화이다.

- 학습 단계 2는 학습 단계 1의 프로세스에서의 변화이다. 예를 들어 선택이 이루어진 대안들의 집합에서의 수정적인 변화 또는 일련의 사건들이 중단된 방식의 변화이다.

- 학습 단계 3은 학습 단계 2의 프로세스에서의 변화이다. 예를 들어 선택이 이루어진 대안들의 집합 시스템에서의 수정적인 변화를 말한다.

예를 들어 파블로프와 그의 개를 생각해 보라. 파블로프는 개에게 사료를 줄 때마다 벨을 울리는 동작을 반복하여 개가 벨 소리만 들어도 침을 흘리도록 길들일 수 있었다. 개에게는 벨 소리는 곧 먹이라는 학습이 된 것이다. 그 결과 개들은 파블로프가 벨을 울리기만 해도 사료가 없어도 침을 흘리기 시작했다.

베잇슨의 학습 모델의 단계에 따르면 사료를 주면 개가 침을 흘리는 기본적인 행동은 학습 단계 0에 해당된다. 이는 미리 프로그램된 것이고 불가능하지는 않더라도 완전히 소멸시키기 어려운 유전된 본능적인 반응이다.

사료를 보고 냄새를 맡는 기본적인 반응에서 벨 소리를 들으면 침을 흘리는 반응으로 확장되는 것이 학습 단계 1의 예이다. 반복과 강화를 통해서 개는 침을 흘리는 특정한 반응(하품을 하거나 뺄거나 눈을 깜빡이는 행동과 같은 다른 반응들과 반대되는)을 벨이라는 특정한 자극으로 연결시키는 것을 배운다.

학습 단계 2는 '선택이 이루어진 대안들의 집합에서의 변화'와 관련된다. 이는 일단 개가 벨 소리에 침을 흘리는 단계를 거쳤다면 개가 벨소리를 들었을 때(단지 침 흘리는 양을 늘리거나 줄이는 것과는 반대되는) 완전히 새로운 반응(짖거나 도망가는 것)을 해야 함을 의미한다. 침을 흘리는 것은 '먹는' 행위 집합의 한 구성 요소이다. 다른 대안들의 '집합'은 '놀기', '피하기', '탐험', '공격' 등이 될 것이다. 이 단계에서 변화를 만드는 것은 학습 단계 1에서보다 훨씬 더 복잡하다.

학습 단계 3은 보다 더 큰 변화이다. 베잇슨은 학습 단계 3은 '선택된 대안들의 집합의 시스템에서의 변화'라고 했다. 예를 들어 개는 대안들의 집합 시스템 중 하나이다. 다른 동물(고양이, 새, 사람, 늑대 등)은 다른 시스템을 구성할 것이다. 학습 단계 3을 완성하기 위해서는 파블로프의 개들로 하여금 벨소리가 울릴 때 개가 아닌 고양이처럼 행동하게(야옹 소리내기, 나무 타기 등) 해야 한다. 이는 베잇슨이 지적한 것처럼 상당히 도전적이며, 실질적으로 불가능한 것이다(비록 어린아이들이 동물이나 자연을 흉내내는 것이 취미일지라도 말이다.).

그러므로 베잇슨의 구조에서 간단하고 기계적인 반사 행동이란 '학습 단계 0'의 경우를 말한다. 학습 단계 0 프로세스들은 습관이나 중독 그리고 고정되어서 더 이상 바꾸기 힘들어 보이는 유형의 것들이다. 학습 단계 0은 많은 사람들과 조직에게 일반적인 사건의 상태이다. 우리가 하는 대부분의 행위들은 무의식적인 습관으로, 그렇기 때문에 우리 주변의 변화에 효과적으로 적응하고 조정하기가 어렵다. 이는 종종 부정적

의미에서의 몰두나 저항, 부정적 의미의 자기 만족, 비효율성을 야기하기도 한다.

행위적인 조건 반사나 정신 운동적 학습psychomotor learning, 프로세스 리엔지니어링 그리고 질적 향상은 사람들과 조직이 가진 특정한 행위와 행동을 변화시키는 조작이다.―학습 단계 1. 학습 단계 1은 본질적으로 행위적인 유연성에 관한 것이다. 제자리에 있는 행위의 절차와 패턴들을 업데이트하고 개선하는 것이다. 학습 단계 1은 사람들이 '다양한 인정', 즉 행동이나 내면의 경험, 사고 프로세스에 대한 자각을 더 잘 계발할 수 있도록 도울 때 가장 효과적이다. 이는 대조 분석과 피드백 등 기본적인 코칭과 티칭 테크닉을 제공하는 것이다.

정책과 가치 그리고 우선순위와 같은 더 높은 단계의 프로세스를 바꾸는 것은 대안 전체의 집합을 다루는 조작과 관련 지을 수 있는데, 이것이 바로 학습 단계 2이다. 예를 들어 회사가 '제품' 보다는 '서비스'를 지향하기로 한다면 이는 모든 절차와 행위 그리고 다른 사람들로부터 받은 영향과 절차의 새로운 집합의 확립을 아우르는 큰 규모의 변화들을 요구할 것이다.

학습 단계 2에서의 변화에 대한 또 다른 예는 탐험적인 행위에서 회피로, 공격에서 탐험 또는 놀이로의 갑작스러운 전환이라 할 수 있다. 이처럼 급작스럽고 극적인 전환은 믿음과 가치의 전환을 필요로 한다. 예를 들어 어떤 사람이 특정한 상황을 '위험하다고' 생각한다면 그는 '놀이'라는 부류보다는 '회피' 행위를 선택할 가능성이 높다. 반대로 어떤 사람이 특정한 상황을 '안전하다.'고 믿는다면 그는 '싸움' 이나 '도주'의 부류에 있는 행위들을 선택할 가능성이 낮다.

이에 대한 좋은 예로 2001년 9·11사태 이후 비행기를 이용하는 여행객 수가 급감한 것을 들 수 있다. 이는 비싼 항공 요금이나 낮은 서비스(학습 단계 1의 예가 될 수 있는)로 인한 점진적인 변화가 아니었다. 오히려 비행이라는 것이 더 이상 '안전하지 않다.'는 믿음에서 야기된 급격하고 강렬한 전환이었다. 이처럼 학습 단계 2의 영향들은 학습 단계 1의 영향들보다 더 급격하고, 더 멀리까지 영향이 미친다.

우리는 메타 포지션을 취함으로써 학습 단계 2의 변화를 꾀할 수 있다. 즉 자신을 객관화하여 자신의 행동을 상황 속에서 고려해 보고, 다른 '대안들의 집합'과 비교해 보는 것이다. 이는 멘토링의 주요 목표들 가운데 하나이기도 하다.

'각인Imprinting'과 성격 계발은 대안적인 행위들의 전반적인 '시스템들'에 변화를 주는 것과 많은 연관이 있는데, 이것이 바로 학습 단계 3이다. 이러한 '시스템'의 전환은 본질적으로 아이덴티티 단계에서의 변화와 연관된다. 이는 우리의 행위 범위를 현재의 역할이나 대안들의 '집합' 바깥쪽의 가능성을 포함하는 방향으로 확장하는 것과 연결된다. 한 예로, 인터넷과 '신경제'는 많은 회사들로 하여금 완전히 새로운 경영과 마케팅의 시도를 가져왔고, 때로는 그들이 기존에 편안함을 느꼈던 것에서 벗어나 새로운 분야로 확장해 가도록 강요했다.

모델링이나 벤치마킹, 타인들과 '2차적인 입장'을 취하는 것은 학습 단계 3의 프로세스를 지원한다. 그들은 우리의 현재 자아와 아이덴티티에 대한 감각의 문지방 그리고 한계를 뛰어넘을 수 있게 해 준다. 베잇슨이 주장한 것처럼 "인간이 학습 단계 3을 획득하는 정도로는 …… 그의 '자아'는 일종의 무관련성을 취할 것이다." 베잇슨은 "학습 단계 3에서의 변화는 상당히 어려우며, 어떤 사람이나 포유류에게 이러한 수준의 수행을 요구하는 것은 때때로 병을 일으킬 정도로 어렵다."고 말했다. 이것이야말로 사람들의 아이덴티티 확장을 지원하는 스폰서십의 중요성을 입증한다고 할 수 있다.

학습 단계 4

앞서 세 가지 단계들을 넘어서서 베잇슨은 학습 단계 4의 가능성에 대해서도 암시했다. 학습 단계 4는 어떤 종種의 한 개인적 구성원이 획득하는 것은 불가능하며, 집합적으로 그 종 전체가 획득하는 것만 가능하다고 믿는 학습의 단계이다. 학습 단계 4는 현재 하고 있는 행위들의 시스템에 적합하지 않은 완전히 새로운 행위들을 확립하는 것이다. 학습 단계 4는 진실로 혁명적인 유형의 학습으로, 행위의 완전히 새로운 유형이나 시스템을 창조하는 것이다.

우리의 선조들이 두 발로 서서 첫 번째 단어를 말했을 때 그들은 기존의 대안들의 집합에서 그 단어들을 선택한 것은 아니다. 그렇다고 해서 이미 존재하고 있던 다른 종이나 생물들을 따라한 것도 아니었다. 그들은 지구에서 우리의 역할을 혁명적으로 바꾼 완전히 새로운 무언가를 만들어 낸 것이었다.

천재들의 행동은 종종 학습 단계 4의 성격을 가지고 있다.—우리를 둘러싼 주변 환경을 이해하고 상호 작용하는 방식에서 혁명을 이끄는 전대미문의 것이며 변형적인 것이었다.—실리콘 밸리의 세계에서 사람들은 종종 '진화적인' 것과 '혁명적인' 기술의 차이점을 구분한다. 진화적인 기술이란 현존하는 어떤 것이 중요한 방향으로 그것의 기능성이나 특성들을 확장하고, 그것을 또 다른 기술과 통합하여 진보를 이루어 내는 기술을 말한다. 혁명적인 기술이란 바꾸거나 새로운 산업을 만들어 내고, 사람들이 일하거나 커뮤니케이션하는 방법을 변형시키는 기술을 말한다. 예를 들어 인쇄기나 자동차, 비행기, 라디오, 텔레비전, 개인용 컴퓨터, 인터넷 같은 것이 혁명적인 기술로 여겨진다.

'어웨이크닝'은 베잇슨 모델에서 학습의 각 단계에 수반되지만 학습 단계 4에서의 어웨이크닝이 가장 심오하고 변형적이다. 학습 단계 4의 혁명적인 측면은 어웨이크닝의 유형의 예로 단지 자신의 '상자 밖'으로 나오는 것뿐만 아니라 완전히 새로운 집합의 상자들을 만들기 시작한다.

베잇슨이 제시한 것처럼 학습 단계 4를 구성하는 통찰력과 어웨이크닝들은 대부분 개인을 초월한 더 큰 시스템 또는 '영역'에 원천을 둔 영감이나 계시의 형태로 온다.—베잇슨은 이를 '더 큰 정신' 또는 '연결하는 패턴'이라 했고, 아인슈타인은 '신의 생각' 또는 '우주'라고 했다.

학습 단계 4로의 접근은 우리의 무의식의 정신과의 강한 연결을 요구하고, 어떠한 단정이나 해석 없이 중심으로 모여 있고 모든 가능성에 열려 있는 '알지 못하는 것', '업타임', '적극적인 꿈꾸기'의 상태들로부터 파생된다. 이러한 특별한 상태들은 우리로 하여금 우리 주변의 더 큰 '영역' 또는 '정신'에 현존하는 가능성들로 무의식적으로 걸어 들어갈 수 있게 해 준다.—우리는 이 단계를 학습과 경험의 '영적인' 단계라고 부른다.

학습의 4단계 개요

베잇슨의 학습의 단계들을 요약하면 다음과 같다.

- **학습 단계 0**은 아무런 변화가 없는 단계를 말한다. 개인이나 집단, 조직이 관습적이거나 '상자 속에' 갇힌 반복적인 행위들이다.
  예 : 습관이나 저항, 관성.
- **학습 단계 1**은 점진적인 그리고 점증적인 변화를 말한다. 행위의 융통성과 유연성을 통해 수정하고 적응하는 것이다. 이러한 수정들이 개인적인 집단이나 조직의 능력을 확장할 수는 있지만, 그들은 여전히 '상자 안'에 있다.
  예 : 새로운 절차와 능력을 확립하고 가다듬는 것. 학습 단계 1은 코칭과 티칭의 초점이다.
- **학습 단계 2**는 빠르고 지속적이지 않은 변화이다. 이것은 전혀 다른 카테고리와 부류의 행위에 대한 반응을 즉각적으로 변환하는 것이다. 이는 본질적으로 한 종류의 '상자'에서 다른 상자로 옮겨 가는 것을 말한다.
  예 : 정책이나 가치, 우선순위의 변화. 학습 단계 2는 멘토링의 프로세스가 가장 효과적이다.
- **학습 단계 3**은 진화적인 변화이다. 이는 현재의 개인이나 집단, 조직의 아이덴티티의 경계를 뛰어넘는 중요한 변형들에 의해 특징지어진다. '상자' 밖에 있는 것뿐만 아니라 '건물' 밖에 있는 것이라고

할 수 있다.

  예 : 역할이나 브랜드 또는 아이덴티티의 변형. 이 단계에서의 이동은 탁월한 스폰서십을 요구한다.

- **학습 단계** 4는 혁명적인 변화를 말한다. 이는 완전히 새롭고, 독특하고, 변형적인 무언가로 어웨이크닝하는 것이다. 학습 단계 4에서는 개인이나 집단, 조직이 상자 밖, 더 나아가 건물 밖에 있으며, 새로운 세상에 있다.

  예 : 이전에는 완전히 알려지지 않았던 가능성의 세계로 문을 열어 주는 완전히 새로운 반응이나 기술, 능력을 말한다.

베잇슨의 단계들은 코치들이 고객을 돕는 방법을 찾을 때 매우 유용한 또 다른 지도를 제공한다. 환경 변화에 의해 이루어진 새로운 결과와 변화에 대한 요구는 고객들이 학습 단계 0에 갇힌 행위와 유형과 대면하게 한다. 그러면 고객들이 목표에 도달하여 현재 상태에서 원하는 상태로 이동할 수 있도록 하기 위해서는 어떤 단계(1,2,3,4)에서의 학습이 이루어져야 하는지 의문이 생길 것이다.

다른 유형의 삶의 상황이나 변환은 다른 단계의 학습을 불러오고 요구한다. 고객이 원하는 상태에 도달하고, 그 학습의 단계를 용이하게 해 줄 적합한 접근법과 지원법을 적용하기 위해서는 요구되는 학습의 단계를 확인하는 것이 중요하다. 종종 개인이나 조직은 자신도 모르게 학습 단계 1의 해결책을 학습 단계 2나 3에 적용하려고 한다. 그러나 이는 비효율적일 뿐만 아니라 종종 문제를 더 심각하게 만들기도 한다.

어떤 과제나 목표는 몇몇 또는 모든 단계의 학습을 요구하기도 한다.

인생의 주요한 변환이나 이중 구속 상황을 극복하는 것은 학습 단계에서의 조정을 요구하는데, 때로는 학습 단계 4를 포함하기도 한다. 다양한 단계의 학습과 변화를 요구하는 것은 '생존 전략들'을 업데이트하는 것이다.

생존 전략들 Survival Strategies

생존 전략들은 주로 어린 시절에 확립되는, 심층적이고 때때로 무의식적인 내면의 유형들을 말한다. 전형적인 생존 전략들은 싸우기(공격하기), 도피(탈출) 그리고 멈추기(마비)이다. 생존 전략은 삶과 관계에 대한 우리의 접근을 구체화하는 근본적인 메타 프로그램의 일종으로, 우리의 핵심 프로그래밍과 기능의 부분을 형성한다. 그것은 우리가 공유하고 다른 동물들로부터 진화해 온 가장 심층적인 프로그래밍이다. 모든 생명체는 반드시 어떤 형태의 생존 전략을 개발해야 한다.

이러한 근본적인 전략들은 우리의 삶에서 다양한 형태를 취한다. 예를 들어 움츠리거나, 작아져 보이지 않으려고 노력하거나, 텅 비거나, 자신의 느낌을 객관화하거나, 항복하거나, 소극적이 되거나, 공격자를 유혹하려 하거나 영토를 지키기 위해 모든 희생을 아끼지 않는 것 등을 말한다.

부분 '생존'은 육체적인 생존을 넘어 아이덴티티에 대한 감각과 개인적인 고결함, 주요한 믿음과 가치들, 우리가 바쳐 온 중요한 역할과 관계들을 보호하거나 보존하는 것으로 확장된다.

모든 전략들과 함께 우리는 생존 전략들과 관련한 다양한 가능성을 가지고 그것들을 상황에 따라 융통성 있게 적용해야 한다. 그러나 종종 우리는 한 가지 전략에 집착하거나 그것의 효과를 지나치게 일반화하는 경우가 있다. 이는 부적절한 결과를 초래할 뿐만 아니라 종종 실제로 그 상황을 확대시켜 어떤 면에서는 보다 더 위험한 상태로 우리를 노출시키는 역설적인 결과를 가져오기도 한다.

한 예로 육식 동물은 저마다 생존 전략을 가지고 있다고 알려져 있다. 예를 들어 곰이 습격해 왔을 때는 가만히 누워 죽은 척하는 것이 가장 효과적이다. 반대로 퓨마에게 습격을 당했을 때는 물러서지 말고 가능한 한 크게 보이도록 서서 천천히 뒤로 물러나는 것이 가장 효과적이다. 잘못된 전략을 시도했다가는 끔찍한 결과를 불러올 수 있다.

그러므로 중심 잡기, 수용하기, 용서하기, 전념하기, 융통성 발휘하기 같은 새로운 가능성을 포함한 선택 사항을 확장하면서 생존 전략을 정기적으로 점검하고 강화하며 업데이트하는 것이 중요하다. 이것들은 우리의 존재에 매우 심층적이고 치명적일 정도로 중요하기 때문에 생존 전략을 바꾸는 것은 피상적인 조정과는 차원이 다르다. 생존 전략을 업데이트하는 것은 주요한 삶의 상황들을 점검하고 새로운 자원들을 몇 가지 단계에서 이러한 경험들로 가져오는 것이다.

어웨이크너 도구 상자 | 베잇슨의 학습 단계를 통한 생존 전략 보완

다음은 고객들이 진부하고 비효율적인 생존 전략들을 확인하고 업데이트할 수 있도록 돕기 위해서 그레고리 베잇슨의 논리적인 학습 단계를 활용한 것이다. 학습 단계 0에서 4까지 시스템적으로 이동하게 한다.

학습 단계 1·2·3은 우리가 학습 단계 4의 가능성을 획득할 수 있게 해 주는 사다리와 같다. 이 프로세스는 각 단계를 성공적으로 학습하는 데 꼭 필요한 조정과 변화를 만들 수 있게 해 주는 다양한 접근법과 지원을 제시하며, 학습 단계 4의 능력을 지원하기 위해서 각 단계를 통해 얻은 통찰력과 지식을 쌓게 해 준다. 그 프로세스는 다음과 같은 단계들을 통해서 고객들을 이끈다.

1. 비효율적임에도 불구하고 오래된 생존 전략에 계속해서 빠지게 되는 문제 상황이나 관계에 대해 생각해 보라(학습 단계 0). 그 경험을 떠올리며 내면적으로 그때의 경험을 다시 체험해 보라. 그 상황에 대한 당신의 반응을 실제로 시연해 보거나 역할극을 하면서 생존 전략의 구조를 확인하라(공격에 저항하거나 도피하거나 멈춰 서서 관찰하거나 움츠려들거나 눈에 띄지 않게 하는 것 등). 그 패턴이 생존 전략의 조합이나 결과와 관련될 수 있음을 기억하라.

2. 상황에서 살짝 물러나 그 행동의 유형에 대해 곰곰이 생각해 보라. 그 상황에서 당신이 정신적 · 신체적으로 어떻게 반응하는지에 주목하라. 당신이 더 많은 내면의 힘과 부드러움을 갖고 즐거움을 누릴 수 있다면 어떻게 당신의 행위를 조정하고 적응시킬 것인지를 고민하라(학습 단계 1). 당신의 현재 행동을 어떻게 다양화할 수 있을지 탐구해 보는 몇 가지 가능성을 역할극으로 꾸며 보라(과장하기, 기 꺾기, 바꾸기 등). 당신이 더 많은 융통성을 발휘할 수 있도록 도와줄 당신의 코치나 티처에 대해 생각해 보라.

3. 상황에서 조금 더 뒤로 물러나 '관찰자'의 입장에 서서 문제 상황에 있는 '당신 자신'을 바라보라.

a. 지금까지 어떻게 이 상황을 카테고리화하고 분류해 왔는지 주목하라. 당신에게 생존의 과제란 무엇인가? 당신과 타인 또는 '생존'의 상황으로서 당신을 자극하는 상황에 대해 어떠한 믿음들을 가지고 있는가?

b. 당신이 완전히 다르거나 자원이 충만한 방법으로 행동하거나 반응했던 다른 시간과 상황을 생각해 보라(학습 단계 2). 예를 들어 '업타임' 상태처럼 말이다. 다른 부류의 행위를 실행 가능하게 했던 상황으로 돌아가라.

c. 그 상황에 대한 '믿음의 다리'를 만들어라. 다른 상황에서도 자원이 충만한 상태에서 행동할 수 있게 한 그 믿음은 무엇인가? 그 문제 상황에서 새로운 부류의 행위를 지원하기 위해서 당신에게 필요한 믿음은 무엇이었는가? 당신이 그 믿음을 유지할 수 있도록 도와준 인생의 중요한 멘토에 대해 생각해 보라.

d. 문제 상황으로 되돌아가 그 문제 상황에서 당신이 '마치' 그 믿음을 이미 가지고 있으며, 그 믿음에 기반한 다른 부류의 행위들을 가진 것처럼 행동해 보라. 무엇이 달라지는가?

4. 다시 뒤로 물러나 당신의 밖으로 나와 삶 속에서 가능했던 행위의 범주와 당신 자신에 대해 곰곰이 생각해 보라. 당신의 것과 완전히 다른 범주의 행동(아이덴티티)과 완전히 다른 시스템의 가능성에 대해 고려해 보라(학습 단계 3).

a. 그 상황에서 당신과는 완전히 다른 전략을 가진 사람이나 동물, 생물을 찾아보라. 그 행위의 시스템을 가진 역할 모델을 확인하고, 완전히 '그의 입장'에 서 보라(2차적인 입장). 필요하다면 '믿음의 다리'를 만들어서 그

모델의 지각 위치로 들어가라. (예 : 당신이 완전히 다른 입장을 취하기 위해서는 어떠한 믿음이 필요한가?)

b. 그 역할 모델의 관점에서 볼 때 그 모델로서 당신을 비유한다면 무엇이 될까? 그 모델로서 당신의 소명은 무엇인가? 당신이 누구인가에 대한 지각을 확장할 수 있도록 도와준 당신의 스폰서에 대해 생각해 보라. 그리고 문제 상황으로 다시 들어가 '마치' 당신이 그 모델인 것처럼 반응하고, 당신이 만들어 낸 비유와 소명을 적용해 보라.

5. 학습 단계 3을 넘어 조금 더 뒤로 물러나 중심에 집중하고 모든 가능성을 향해 마음을 열고, 어떠한 단정이나 해석도 하지 않는 상태인 '알지 못하는 것'의 상태로 들어가라. 그레고리 베잇슨이 말한 '연결하는 패턴', '더 큰 정신', 아인슈타인이 말한 '신의 생각', '우주'라고 부른 곳까지 당신을 열어라. 무엇이 가능한지에 대한 당신의 관점을 넓혀 준 당신 인생의 어웨이크너에 대해 생각해 보라. 그리곤 이 상태를 위한 앵커나 상징을 만들어라. 상태를 유지하기 위해 앵커나 상징을 이용하여 각 학습의 다른 단계들을 통해 뒤로 물러났다가 다시 문제의 상황으로 들어가 자발적으로 행동하라. 현재의 어떤 행동들이 시스템에 맞지 않는가?(학습 단계 4)

이와 같은 프로세스는 고객으로 하여금 많은 종류의 과제를 해결할 수 있게 해 준다. 생존 전략과 이중 구속들에 추가하여 고객이 난처해하는 상황에 적용될 수 있다.

요약

어웨이크닝은 비전과 목적, 영적인 단계에서 사람들이 성장하고 진화할 수 있도록 돕는다. 어웨이크너들은 사람들이 그들의 소명과 무의식적인 자원들 그리고 그들이 속한 더 큰 시스템에 대해 더 위대한 인식을 계발할 수 있도록 도와준다. 이는 고객들이 현재 갇혀 있는 '상자'에서 '밖으로 나오도록' 도움으로써 완성된다. 낡은 습관들을 타파하고, 갈등과 이중 구속을 초월하며, 비효율적인 생존 전략들을 업데이트하게 된다.

깊은 통찰력과 영적인 깨어남을 얻는 주요한 조건은 '알지 못하는 것'의 상태를 획득하는 능력이다. '알지 못하는 것'의 상태에 들어설 때 우리는 기존에 가지고 있던 가정들을 내려놓고, 특정한 상황이나 경험에 대한 신선하고 편견 없는 관점을 갖게 된다.

업타임은 어웨이크닝을 향한 또 다른 문이다. 업타임 상태에 있는 것은 우리의 관심을 '지금 now 여기 here'에 두는 것, 즉 우리의 감각을 완전히 주변 세계를 향해 여는 것이다. 이를 통해 우리는 의식적인 가정과 방해 요소를 제거하고 무의식적인 능력으로 가는 확실한 채널을 만들 수 있다.

의식과 무의식 사이의 연결은 '어웨이크닝'의 주요한 요소이다. 여러 가지 면에서 어웨이크닝은 의식을 이미 알려진 무의식의 단계로 가져온 결과이다.

활동적인 꿈꾸기는 의도를 설정하고 다음의 상태로 들어감으로써 의식과 무의식 사이의 채널을 활용하는 방법이다.

- 주변의 보이는 것만을 사용한다(자신의 내면으로 보는 것과 반대 개념).
- 귀를 외부의 소리들에 집중한다(모든 내면의 대화를 끈다).
- 몸을 이완시킨다(감정적 또는 신체적 긴장이 없는 접근).

활동적인 꿈꾸기 프로세스로부터 발생하는 지식과 정보는 종종 상징적이거나 비유적이어서 특정한 상황이나 일반인들의 삶과 관련하여 다른 단계들의 의미를 고객들이 인식할 수 있도록 자극한다.

자유로의 어웨이크닝은 고객의 현재 삶을 제한하는 유형들인 '상자 밖으로 나오게' 하고, '이제껏 문제를 만들어 온 사고방식과는 다른 종류의 사고방식'을 찾도록 하는 광의의 코칭 형태이다. 고객에 대한 완전하고 무조건적인 수용을 제공함으로서 어웨이크너는 고객이 자신의 정신적인 지도와 믿음, 가정을 보다 깊게 대면할 수 있는 상황을 만들어 이제껏 가능하지 않았던 자아를 발견할 수 있게 해 준다.

이중 구속은 승산이 없는 상황으로, 이를 해결하기 위해서는 통찰력과 어웨이크닝이 필요하다. 이중 구속을 둘러싼 조건들은 일반적으로 혼란스럽고 난처하며 어찌할 바 모르는 상태, 곧 '어웨이크닝'과는 정반대의 결과를 만든다. 이중 구속의 초월이란 그 상황으로 인해 연상되는 감정적인 상처와 부정적인 스폰서십 메시지들이 없는 상태에서 고객들이 이중 구속 상황으로부터 자신을 객관화하고, 그것에 대해 곰곰이 생각하게 만드는 다각도의 '메타 포지션들'을 취하게 하는 것을 말한다. 이는 고객이 새로운 통찰력과 선택, 해결책을 찾을 수 있는 더 넓고 현명한 관점을 가져다 준다.

긍정적인 이중 구속은 전형적인 이중 구속에 깊이 새겨진 부정적인 스폰서십 메시지들을 위한 해독제가 되며, 비생산적인 삶의 패턴들로 인한 제한을 능가하는 통로를 형성한다. 긍정적인 이중 구속은 내면의 갈등이나 어려움을 중화하는 한편 혁신적인 생각을 하고 현명하고 생태학적인 결정을 내리는 데 반드시 필요한 자원을 자극하는 다각도의 긍정적인 스폰서십 메시지들을 보낸다.

그레고리 베잇슨의 학습 단계들은 고객이 성공적으로 현재의 사고 패턴과 행위의 상자에서 벗어나 점층적으로 발전하고 혁명적으로 변화를 경험하도록 돕는 코치와 어웨이크너들에게 중요하면서도 유용한 길잡이 역할을 한다.

베잇슨의 학습 단계는 단계 4에서 완결되는데, 단계 4는 완전히 새롭고 변형적인 아이디어와 행동들을 가져오는 능력을 말한다. 학습 단계 4의 진정한 원천은 개인을 넘어 우리를 둘러싼 더 큰 시스템이나 '영역' 속에 있다. 학습 단계 4로의 접근은 우리의 무의식과의 강한 연결을 요구하고, 중심으로 집중하고, 어떠한 단정이나 해석을 하지 않는 상태에서 모든 가능성을 향해 마음을 여는 것을 말한다. 이는 우리 주변의 더 큰 '영역' 또는 '정신' 안에 존재하는 통찰력 속으로 들어갈 수 있게 한다.

특히 학습 단계 4는 학습 단계 0에서 굳어진 비효율적인 생존 전략들을 업데이트한다. 생존 전략들은 어린 나이에 확립되는 심층적이고 무의식적인 내면의 패턴들(예 : 싸우기, 도피하기, 가만히 있기)이다. 생존 전략들을 업데이트하는 것은 고객이 삶을 변형시키는 통찰력과 어웨이크닝에 도달할 수 있도록 하기 위해 각 단계에서 발생한 통찰력과 지식을 쌓아 가면서 고객을 학습 단계 0에서 4로 시스템적으로 이끌어 나가는 것을 말한다.

CHAPTER **7**

결론

7장의 개요
....
보호자에서 어웨이크너까지 정렬된 경로 창조하기
광의의 코치의 정렬 과정

07
결론

이 책의 목적은 탁월한 코치가 되는 데 필요한 기법과 도구들을 탐색하는 데 있다. 이것은 보호자에서 어웨이크너에 이르는 많은 지원과 역할을 통합하는 것이다. 각 장에서 우리는 각 단계마다 코치들이 알아야 할 필요가 있는 변화의 단계와 문제 형태들에 대해 집중적으로 소개했다. 각각의 변화의 단계들을 위해서 우리는 각 단계에 관해 사람들이 효과적으로 수행하고, 배우고, 향상시키는 데 필요한 지원들과 관련된 기법, 특징 그리고 리더십 스타일을 정의했다.

다음의 표에는 이러한 상호 관계들이 잘 묘사되어 있다.

각 장의 주요한 부분은 각각의 단계를 위한 탁월한 성과와 학습 그리고 변화 과정을 돕기 위해 보호자와 가이드, 코치, 티처, 멘토, 스폰서, 어웨이크너라는 각각의 지원 역할의 상황에서 사용될 수 있는 기법 도

변화 단계	주요 이슈	코칭	리더십
환경	언제 & 어디서	가이드, 보모	예외 상황만 관리
행동	무엇	코치	간헐적인 보상
능력	어떻게	티처	지적 자극
가치 & 믿음	왜	멘토	영감을 주는
아이덴티티	누구	스폰서	개인적 고려
영적/정신적	누구를 위해 무엇을 위해	어웨이크너	카리스마적인 비전적인

■ 코치들이 제공하는 지원의 단계들

구 박스와 형태 그리고 연습을 제공하는 것이다. 이러한 도구와 기법의 대부분은 신경 언어 프로그래밍(NLP)의 원칙과 기술에 의해서 도출되고 영감을 받은 것이며, 코칭-모델링 연결 고리라고 말할 수 있는 것들에 의해서 발견된 것들이다.

특히 모델링의 중요성은 다음과 같은 도구와 과정을 통해서 강조되고 있다.

- 인터비전
- 비교 분석과 지도 교차시키기
- T.O.T.E. 도출
- 상대방 입장
- 메타 위치

코칭 모델링 연결 고리는 주어진 정보를 효과적으로 다루기 위해서 사람들이 필요로 하는 것이 무엇인지와 탁월한 결과를 성취하기 위해서 어떻게 해야 하는지에 대한 지식을 결합한다. 모델링은 코칭에 대해서 주요한 임무와 활동이 어떻게 하면 가장 잘 수행될 수 있는지에 대해서 정의하게 한다. 그리고 코칭은 모델링에 대해서 사람들이 모델링된 것을 내면화하고 실천할 수 있게 도와주도록 한다.

보호자에서 어웨이크너까지 정렬된 경로 창조하기

이 책의 각 장에서 소개된 각 단계의 도구와 지원 도구들은 서로 배타적인 것이 아니라 기본적인 방식에서 서로 보완적이라는 것을 알아야 한다. 하위 단계는 상위 단계를 지원하고, 상위 단계는 하위 단계에 프레임과 방향을 제공한다. 각 단계의 도구와 지원 도구는 고객이 그들의 꿈과 비전을 현실화하는 데 도움을 주기 위한 것들이다. 각각의 단계마다 분리되어 소개되어 있긴 하지만 그 도구와 역할들은 서로 조합되었을 때 가장 효과적이다.

보호자에서 어웨이크너로의 경로를 구성하고, 스타일을 종합하고 정렬하는 최고의 방법은 코칭 도구 상자에서 마지막 도구로서 역할을 담당한 경험적 소회의 형태일 것이다.

광의의 코치의 정렬 과정

이 과정은 탁월한 코칭 상태를 만들고 정렬하기 위한 것이다. 먼저 보호자, 가이드, 성과 코치, 티처, 멘토, 스폰서와 어웨이크너의 단계를 공간에 배치한다. 각 단계마다 그 단계에 필요한 자원과 집중해야 할 것에 대해 명확히 해야 한다.

하기 전에 몇 가지를 미리 생각함으로써 다음 단계를 준비해야 한다.

a. 인생에서 단계별로 당신을 효과적으로 도와주거나 지원해 준 역할 모델을 생각한다.
b. 각 단계에 맞는 지원이 어떤 것인지를 확실히 느끼기 위해 각 상황에 맞는 역할 모델의 입장이 되어 본다.
c. 각 단계에서 당신이 성공적인 코치가 되었다면 당신은 어떻게 그 역할을 할 수 있을지 그리고 어떻게 리더십을 발휘할 수 있을지 생각해 본다.

각 단계마다 그 역할에 맞는 자세와 움직임, 목소리와 내적 상태를 확인하고 가져 본다.

어웨이크너	스폰서	멘토	교사	코치	보모/가이드
비전을 주는	개인적인 고려	영감을 주는	지적 자극	간헐적 보상	예외의 의한 관리
영적/정신적	아이덴티티	가치와 믿음	능력	행동	환경
6	5	4	3	2	1

1. 당신이 원하는 코치가 되어 있다고 상상해 보라. 당신은 언제 어디서 코치로 불리고 싶은가? 그 상황을 떠올렸으면 마치 당신이 그 환경에 있는 것처럼 주관화하라. 환경의 특징적인 것들을 보고 듣고 느껴라. 그 환경을 보다 더 잘 이해하고 관리하기 위해 어떤 자원들이 필요한지를 생각하라.

   A. 당신의 환경을 지원해 준 보모나 가이드를 떠올려라. 당신이 보살핌이나 지식을 필요로 했을 때 그가 어떻게 도와주고 지원해 주었는지를 생각하라. 당신이 효과적으로 보호받고 안내받은 상황을 떠올리고, 그것이 당신이 필요로 하는 물리적인 지원이나 정보를 얻는 데 얼마나 중요하게 작용했는지를 생각하라. 당신을 위해 기꺼이 좋은 보모나 가이드 역할을 해 준 사람의 특징을 떠올려라.

   B. 이제 그러한 보모나 가이드 가운데 한 사람을 선택한 뒤 그 사람의 신발과 옷을 입고 그 사람이 되어 보라. 다른 사람의 보모가 되고 가이드가 되는 것이 어떠한 것인지를 느껴 보라. 신체적인 보호나 지식으로 다른 사람을 위해 무언가를 준비하고 기꺼이 돕는 것이 어떤가?

   C. 이제 당신이 보모나 가이드 역할을 하고 있다고 생각하고 보모나 가이드의 에너지를 가져 보라. 몸으로 그 강한 에너지를 느끼고, 신체적으로 어떻게 표현되는지를 발견하라. 당신의 자세와 제스처 그리고 목소리에서 보모나 가이드의 느낌이 느껴지는가? 당신의 마음에서 예외적인 상황, 즉 상대방이 잘못하고 있을 때 그것을 기꺼이 돕고 싶다는 마음이 일어나는가?

당신의 신체적인 표현에서 좋은 느낌이 일어날 때 환경 단계에 당신을 강하게 앵커링하라. 그리고 계속 진행하라.

2. 뒤로 한 발짝 물러나 코치 단계로 들어가라. 당신이 선택한 환경에서 성공적이고 효과적인 코치가 되기 위해 필요한 행동들에 대해 생각해 보라. 성공적인 코치로서 당신은 무엇을 하고 있을 것 같은가? 당신의 몸이 어떤지 느끼고, 당신이 피드백을 받고 용기를 얻기 위해 어떤 행동들을 하고 있는지 확인해 보라. 성과를 내기 위해 당신이 가장 중요하게 생각하는 영역은 무엇인가?

A. 당신의 인생에서 당신을 위해 코치가 되어 준 사람들을 떠올려 보라. 그들은 어떻게 당신이 목표를 설정하도록 도와주었고, 새로운 도전을 하려고 할 때 어떻게 격려해 주었으며, 어떤 식으로 피드백을 해 주었는가? 또 그들은 당신이 성과를 냈을 때와 그렇지 못했을 때 일어날 일들에 대해 당신이 어떻게 알게 했는가? 그들의 피드백과 격려가 당신 안에 있는 최선을 이끌어 내는 데 어떤 도움을 주었는가? 그리고 시간이 지나 그들의 도움이 당신을 발전시키고 향상시키는 데 어떤 도움을 주었는지 생각해 보라.

B. 이제 당신이 그러한 코치 중에 한 명이 되어 그 사람의 신발을 신고 옷을 입고 그 코치가 되어 본다. 성공적인 코치가 된다는 것이 어떤 것인지를 느껴 보라. 명확한 목표를 설정하고, 사람들이 좀 더 도전하도록 격려하고, 좋은 피드백을 준다는 것은 어떤 느낌인가?

C. 또한 당신이 다른 사람들을 위한 코치 역할을 하고 있다고 생각하라. 코치의 에너지를 강하게 느껴 보라. 당신의 몸에서 전해지는 느낌을 강하게 느껴 보라. 그리고 당신의 자세와 제스처, 목소리에서 나오는 느낌과 표현을 잘 관찰하라. 몸과 마음에서 코치의 에너지가 느껴지고 당신 안에 결단과 세심함, 집중의 느낌이 드는가? 당신의 결단과 세심함 그리고 집중이 다른 사람으로 하여금 명확한 목표 설정을 하게 하고, 피드백을 주고, 도전을 격려하고 싶은 마음이 들게 하는지를 확인하라. 당신의 몸과 마음에서 좋은 느낌이 들면 행동 단계에 있는 당신에게 앵커링을 하라. 그리고 계속 진행하라.

3. 한 발 뒤로 물러나 티처의 단계로 들어가라. 당신이 선택한 환경에서 성공적인 코치가 되기 위해 필요한 능력들을 생각해 보라. 코치로서 당신은 어떻게 당신의 목표를 달성할 것 같은가? 그 환경에서 어떤 인식 전략이나 정신적인 능력이 자신과의 싸움에서 당신에게 가장 도움이 될 것 같은가? 당신은 어떤 영역에서 가장 지적인 자극을 받는가?

A. 당신의 인생에 가장 큰 도움을 주었던 티처를 생각해 보라. 그들은 당신이 새로운 관점을 갖고, 새로운 방식으로 상황과 문제들을 생각할 때 어떻게 도움을 주었는가? 당신의 마인드가 살아 있고, 기꺼이 무언가를 배울 준비가 되어 있을 때처럼 지적으로 강하게 자극을 받는다는 것이 어떠한 것인지를 떠올려 보라.

B. 티처 중에 한 사람을 선택하여 그 사람의 신발과 옷을 입고 그 사람이 되어 보라. 좋은 티처가 된다는 것이 어떤 것인지를 느껴 보라. 다른 사람을 지적으로 자극하고, 그들이 자신의 명석함과 이해 그리고 세상에 대한 지도를 좀 더 확장하는 데 도움을 주는 것은 어떤 것 같은가?

C. 다른 사람을 위해 티처 역할을 하고 있는 순간을 생각하라. 다른 사람들이 새로운 아이디어를 찾고, 좀 더 명확한 생각을 하도록 도와준다고 생각하라. 티처의 에너지를 강하게 느껴 보라. 당신의 몸에서 전해지는 느낌을 느끼고, 당신의 모습과 제스처 그리고 목소리에서 나타나는 것들을 확인하라. 그러한 느낌을 통해 티처의 에너지를 확인할 수 있고, 당신 안에서 지적인 호기심과 광명의 상태가 만들어지고 있다는 느낌을 받을 수 있다. 당신의 몸과 마음에 좋은 느낌이 들 때 능력 단계에 있는 당신에게 앵커링을 하라. 그리고 계속 진행하라.

4. 한 발 뒤로 물러나 멘토의 단계로 들어가라. 당신이 선택한 환경에서 성공적인 코치로서 당신에게 동기를 부여하고 당신은 이끄는 가치나 믿음은 무엇인지 생각해 보라. 이 환경에서 당신은 왜 성공적인 코치가 되는 것이 중요한지, 당신과 당신의 고객이 가장 소중한 사람이라고 영감을 주는 핵심 가치와 주요한 믿음은 무엇인지를 생각해 보라.

A. 당신의 인생에서 멘토가 되어 준 사람을 떠올려 보라. 그들은 당신의 인생에서 어떻게 긍정적인 방식으로 내면의 가치와 믿음을 형성하는 데 도움

을 주고 영향을 주었는가? 미래에 대한 강한 믿음을 확신한다는 것이 어떤 것인지, 자기 자신에게 최고의 대우를 해 준다는 것이 어떤 것인지를 떠올려 보라.

B. 당신 인생의 중요한 멘토 가운데 한 명을 선정하고 그 사람이 되어 보라. 멘토가 된다는 것이 어떤 것인지를 느껴 보라. 당신의 말과 행동으로 다른 사람을 격려하는 것이 어떤 것인지 그리고 다른 사람이 우러러 보는 모델이 된다는 것이 어떤 것인지를 생각해 보라.

C. 당신이 다른 사람을 위한 멘토 역할을 한다고 생각해 보라. 멘토가 되어 그의 마음을 만져 주고, 믿음을 강하게 하는 데 도움을 주고 있다고 생각해 보라. 멘토의 강한 에너지를 느껴 보라. 당신의 몸에서 전해지는 느낌을 느껴 보고, 당신의 자세와 제스처 그리고 목소리를 통해서 멘토의 강한 에너지가 표현되는 것을 느끼고, 당신 안에 다른 사람에게 영감을 주고 동기를 부여하는 상태가 만들어진다고 생각하라. 당신의 몸과 마음에서 좋은 느낌이 들 때 믿음과 가치 단계에 있는 당신에게 앵커링을 하라. 그리고 계속 진행하라.

5. 한 발 뒤로 물러나 스폰서의 단계로 들어가라. 당신이 선택한 환경에서 성공적인 코치로서 당신의 아이덴티티와 당신이 누구인지 그리고 앞으로 당신이 어떤 사람이 될 것인지에 대해 생각하라. 코치로서 당신의 역할과 소명은 무엇인가?

A. 당신의 인생에서 당신만을 위해 스폰서가 되어 준 사람 그리고 당신을 있는 그대로 봐 주고 축복해 준 사람을 생각해 보라. 당신을 있는 그대로 소중하고 가치 있고 특별하게 생각하고, 당신이 세상에 기여할 만한 것을 가지고 있으며 환영받고 존중받게 하는 데 그들의 세심함과 인정이 어떤 역할을 했는지 떠올려 보라. 강한 자존감이란 어떤 것인지 그리고 한 사람으로서 당신이 누구인지에 대한 인정이 어떤 것인지를 떠올려 보라.

B. 당신 인생에서 매우 중요한 스폰서들 가운데 한 사람의 입장이 되어 보라. 그 스폰서의 시각으로 주위를 둘러보라. 당신의 잠재성을 다른 사람들에게 인정받고, 성장하고, 보호받는다는 것은 어떠한 느낌인가?

C. 당신이 다른 사람을 위한 스폰서가 되었다고 생각하라. 가장 기본적인 단계에서부터 당신은 그들을 존중하고 인정해 준다. 또한 개인적인 차원에서 관심을 주고, 그들이 중요한 사람이라고 느끼게 하고, 그들이 차별화된 일을 할 수 있을 것이라고 생각하게 만든다. 스폰서의 강한 에너지를 느껴 보라. 당신 몸에서 전해지는 느낌을 느끼고, 당신의 자세와 제스처 그리고 목소리에서 스폰서의 에너지가 전해지는 것을 느껴 보라. 또 당신 내부에서 안정적인 중심이 느껴지게 하고, 그 느낌을 강하게 느껴 보라. 그리고 그 느낌이 외부의 다른 사람들과 좀 더 깊은 관계를 맺고 싶어 하는 느낌을 가져 보라. 당신의 몸과 마음에서 좋은 느낌이 들 때 아이덴티티 단계에 있는 당신에게 앵커링을 하라. 그리고 계속 진행하라.

6. 한 발 뒤로 물러나 마지막 단계인 어웨이크너 단계로 들어간다. 당신

이 선택한 환경에서 성공적인 코치로 불리는 당신에게 있어 보다 큰 비전과 정신적인 목적은 무엇인지 생각해 보라. 당신은 무엇을 위해 그리고 누구를 위해 당신 자신과 당신의 자원을 사용하는가? 당신이 속한 시스템보다 더 큰 시스템, 마인드 그리고 우주는 무엇인가? 그리고 당신은 보다 더 큰 시스템에서 어떤 역할을 하고 싶은가?

A. 당신의 인생에서 당신의 어웨이크너가 되어 준 사람, 당신이 보다 더 큰 시스템인 마인드나 세상에 대해 새롭게 의식하고 인식하고 감사한 마음을 갖게 해 준 사람을 생각해 보라. 그들은 어떻게 당신의 정신적인 지도를 확장하여 '당신이 누구인지' 그리고 '이 세상에서 가능한 것은 무엇인지' 등을 깨닫게 했는가? 그들은 어떤 방법으로 당신의 오래된 영역이나 경계 그리고 제한을 완전히 새로운 방식으로 인식하게 가능성을 열어 주었는가? 새로운 목적과 의미, 확장된 인식, 명확한 인식과 감정적 신체적인 회복에 대해 느낀다는 것이 어떤 것인지를 발견해 보라.

B. 당신의 인생에서 중요한 어웨이크너 가운데 한 사람의 입장이 되어 보라. 다른 사람을 위한 어웨이크너의 역할을 한다는 것이 어떤 것인지를 느껴 보라. 다른 사람들의 오래된 마인드를 상자 밖으로 나오게 하여 완전히 새로운 가능성을 인식하게 하는 데 결정적인 역할을 함으로써 다른 사람들이 성공하도록 돕는 것이 무엇이라 생각하는가?

C. 다른 사람을 위한 어웨이크너가 되어 그들이 자신의 존재를 인정하는 것을 돕고, 그들이 자신의 내면과 일치되어 자신의 비전과 미션에 더욱 충

실하도록 돕는다고 생각해 보라. 어웨이크너의 에너지를 강하게 느껴 보라. 당신의 몸에서 전해지는 느낌을 느끼고, 당신의 자세와 제스처 그리고 목소리에서 전해지는 느낌을 확인하라. 그리고 당신 스스로 일치되고 성실한 상태를 만들고, 당신의 비전과 목적이 완전히 정렬되는 것을 확인하라.

7. 지금 몸과 마음에 전해지는 그 느낌을 그대로 간직한 채

A. 한 발을 앞으로 내디디며 스폰서의 위치로 나아가라. 어웨이크너의 기술과 자원들을 그대로 가지고 나아가라. 당신의 인생에서 당신이 알고 있는 더 큰 비전과 목적으로 당신의 스폰서를 깨워라. 당신의 스폰서를 깨워 당신 내부에 있는 근원과 접촉하게 하고 다른 사람들과도 연결되게 하라. 스폰서에 어웨이크너를 혼합하라. 더욱더 강력해진 새로운 몸과 마음을 느끼고 표현해 보라.

B. 다시 한 발 더 앞으로 나아가 멘토의 위치로 들어가라. 어웨이크너와 스폰서의 기술과 내적 자원을 모두 가지고 멘토의 위치로 들어가라. 당신의 멘토를 스폰서하고 일깨워라. 그래서 당신의 스폰서가 당신과 고객을 위해 가장 소중한 것이 무엇인지에 대한 영감을 줄 수 있는 핵심 가치와 주요 믿음에 집중하게 하라. 멘토에 어웨이크너와 스폰서를 혼합하라. 더욱더 강력해진 새로운 몸과 마음을 느끼고 표현해 보라.

C. 한 발 앞으로 나아가 티처의 위치로 들어가라. 어웨이크너와 스폰서 그리고 멘토의 기술과 내적 자원을 모두 가지고 움직여라. 당신의 티처를 멘

토하고, 스폰서하고, 일깨워라. 그래서 당신의 티처가 지적으로 자극받고, 지적으로 자극을 주고, 성공적인 코치로서 자신과의 싸움에서 자신에게 가장 도움이 되는 인식 전략과 정신적인 능력에 마음껏 접근하도록 하라. 티처에 멘토와 스폰서 어웨이크너를 혼합하라. 더욱더 강력해진 새로운 몸과 마음을 느끼고 표현해 보라.

D. 한 발 더 앞으로 나아가 코치의 위치로 들어가라. 어웨이크너와 스폰서, 멘토 그리고 티처의 기술과 내적 자원을 모두 가지고 움직여라. 코치를 가르치고, 멘토하고, 스폰서하고, 그리고 일깨워라. 그래서 코치가 자신의 비전과 소명, 가치와 믿음, 전략을 보다 구체화하도록 하라. 그리고 다른 사람들에게서 최선의 것을 이끌어 내는 데 도움이 될 수 있는 결단력과 섬세함, 집중 상태를 유지할 수 있도록 지원하라. 코치에 티처, 멘토, 스폰서 그리고 어웨이크너를 혼합하라. 더욱더 강력해진 새로운 몸과 마음을 느끼고 표현해 보라.

E. 다시 한 발짝 더 앞으로 나아가 보모와 가이드의 위치에 들어가라. 어웨이크너와 스폰서, 멘토, 티처, 코치의 기술과 내적 자원을 모두 가지고 움직여라. 당신의 보모나 가이드를 코칭하고, 가르치고, 멘토하고, 스폰서하고 그리고 일깨워라. 그래서 당신의 보모나 가이드가 필요할 때마다 모든 것에 기꺼이 다가갈 수 있도록 하라. 이 과정에서 처음 당신이 정했던 환경을 떠올려 보라. 처음 설정했던 환경이 완전히 달라졌고, 당신 앞에 펼쳐진 환경에서 즐겁게 반응하고 수행하는 것을 확인하라.

8. 모든 단계에서 발견되고 느낀 몸과 마음, 내적 자원과 기술들을 우리가 원하는 코치에 하나의 모습으로 정렬되도록 혼합한다. 이 상태를 상징할 수 있는 것들을 발견하라. 당신은 유능한 보모이고, 당신은 좋은 가이드이며, 당신은 경쟁력 있는 코치이고, 당신은 지적인 호기심을 자극하는 티처이며, 당신은 효과적인 멘토이고, 당신은 헌신적인 스폰서이며, 당신은 어웨이크너이고, 당신은 진정 성공한 코치이다. 이 믿음을 강하게 느껴라. 그리고 그 믿음을 느끼면서 앵커링하라.

코치에서 어웨이크너로의 이 여행을 충분히 즐기셨기를 바란다. 이 책이 보호자와 가이드, 코치, 티처, 멘토, 스폰서 그리고 어웨이크너로서 당신의 미션과 소명을 지원하기 위한 가장 효과적인 로드맵과 도구가 되었기를 바라며, 앞으로도 계속 그렇게 되기를 바라는 것이 나의 진심이다.

핵심 용어

코칭의 6단계

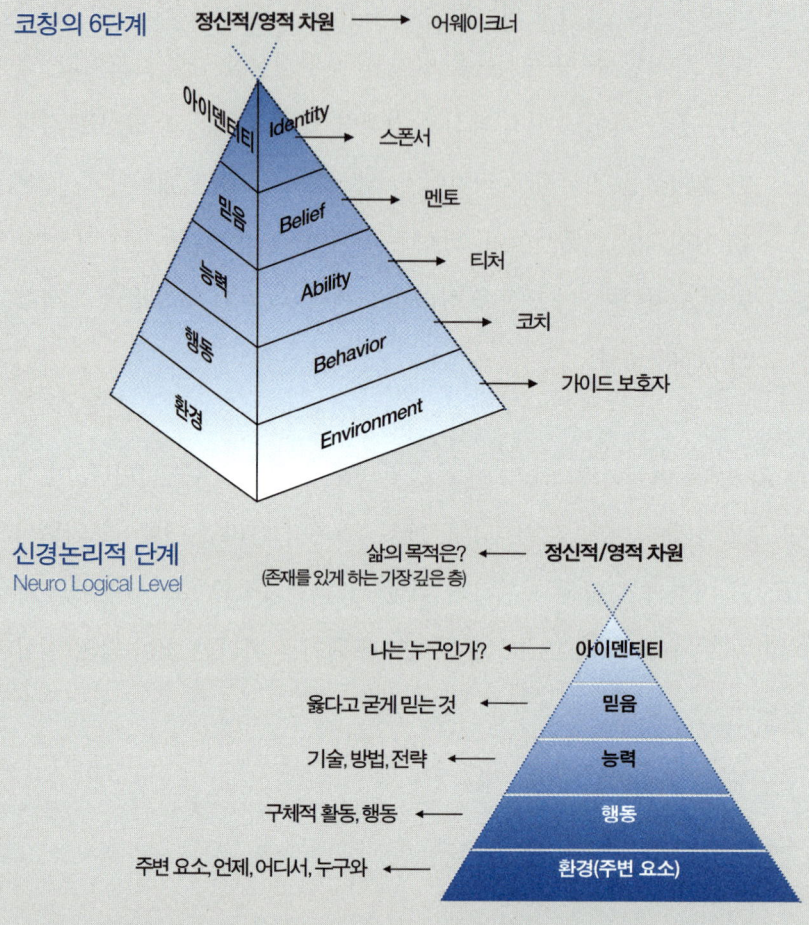

신경논리적 단계
Neuro Logical Level

성공과 변화 학습의 6단계

변화 단계	주요 이슈	지원	리더십
환경	언제 & 어디서	가이드·보모	예외 상황만 관리
행동	무엇	코치	간헐적인 보상
능력	어떻게	티처	지적 자극
가치 & 믿음	왜	멘토	영감을 주는
아이덴티티	누구	스폰서	개인적 고려
영적/정신적	무엇을 위해 누구를 위해	어웨이크너	카리스마적인 비전적인

NLP전략 연구소

NLP전략연구소는 NLP를 기반으로 '개인과 조직의 인생Life'과 '비즈니스Business에서의 성공과 변화를 위한 전략'을 연구하는 기관이다. NLP전략연구소는 참여와 체험 그리고 성과 중심의 새로운 교육과 코칭 프로그램을 운영하고 있다.

◆ 현재 NLP 전략연구소에서 진행하는 프로그램

기업 IN-HOUSE 프로그램
- 핵심 인력, 팀원을 깨우는 코칭(3일 과정)
- 네 안에 잠든 거인을 깨워라(2일 과정)
- 영웅의 도전, 'Fire Walking'(1일 과정)

국제 공인 NLP 전문가 프로그램
- NLP Practitioner Certificate Course
- NPL Master Practitioner Certificate Course

청소년 리더십 프로그램
- 차세대 청소년 리더십 & 코칭 프로그램(3박 4일 과정)
- 영재 리더십 & 영재 코칭(3박 4일 과정)
- 교사들을 위한 NLP와 코칭(3일 과정)

NLP 전략연구소는 이 밖에도 '리더십', '여성 리더십', '아버지 학교', '사회복지 전문가를 위한 과정', '세일즈', '커뮤니케이션' 등 다양한 분야의 강의와 컨설팅을 진행하고 있다.